47都道府県・
日本一百科

菊地 俊夫 著

丸善出版

はじめに

　「日本一百科」の執筆のきっかけは、それぞれの都道府県には誇るべき「お国自慢」があるだろうと考えたからである。最近のさまざまなメディアでは、「魅力的な都道府県のランキング」や「行ってみたい都道府県のランキング」、あるいは「住んでみたい都道府県のランキング」などが紹介され、上位や下位にランキングされたことにより喜んだり悲しんだりの状況を生みだしている。特に、下位にランクされた都道府県はなぜ下位なのかとか、ランク付けの根拠がおかしいのではないかなどの疑念をもち、憤慨することも少なくない。しかし、すべての都道府県には自慢すべき日本一があり、それらを誇りに思うべきであるという考えが本書の基本的な出発点である。加えて、本書の基本的な考え方は、都道府県における日本一の根拠をさまざまな統計書や報告書に準拠して示すことである。しかし、各種統計の数値は流動的であり、毎年変化している。そのため、日本一の順位が変化することも少なくなく、なるべく変動の少ない項目を取り上げているが、統計年度の取り方で順位が変わってしまうことを承知してもらいたい。

　「日本一百科」の構成にも工夫を凝らしてある。都道府県それぞれの記載は大きく3つのパートに分かれている。1つ目は各都道府県の概要であり、日本一の項目に結びつくような自然環境や歴史・文化環境、および社会・経済環境を説明している。2つ目は都道府県それぞれの日本一を説明するパートで、本書の中核部である。このパートではやみくもに日本一の項目を説明するのではなく、日本一をいくつかのタイプに分けて説明している。つまり、それぞれの都道府県の日本一の項目は自然に関する日本一と産業に関する日本一、および生活文化に関するものに分けて説明している。このよう

に、日本一の項目を体系的に説明することにより、総花的で羅列的な説明を避けることができ、それぞれの都道府県の日本一は自然的なものが多いのか、産業・社会的なものが多いのか、あるいは生活文化的なものが多いのかの特徴を理解することができる。最後のパートは、それぞれの都道府県の日本一の項目を踏まえたまとめと、さらに詳しく知りたい人のための参考文献を2つ紹介している。

「日本一百科」の中核部である項目の説明の仕方にも工夫を凝らしている。日本一の項目を紹介することは重要であるが、さらに重要なことはなぜにその項目が日本一なのかという理由である。その理由は必ずしも一つではないかもしれないが、本書ではなるべく理由の説明を試みるようにしている。筆者が専門とする地理学では、このような理由の説明は大きく2つの方法で行われている。一つは「環境決定論」であり、もう一つは「環境可能論」である。環境決定論は環境によって理由づけされるものであり、ミカンの生産量が日本一であれば、その理由が温暖であるという気候で説明されるものである。当然のことながら、環境には自然だけではなく、歴史・文化や社会・経済も含まれる。しかし、多くの場合、地形・地質や土壌や気候などの自然環境が理由づけの重要な要因になっている。一方、環境可能論は人間の工夫や技術革新によって既存の環境を改善することで日本一となるものである。例えば、水稲作に適した環境は高温多湿であるため、北陸地方や東北地方は本来、水稲作の不適地であった。しかし、品種改良や保温折衷苗代などの技術革新により、北陸地方や東北地方は日本有数の水稲作地帯になっている。以上に述べてきたように、日本一の理由づけは環境決定論と環境可能論を適宜使い分けながら説明されている。決して、環境決定論の短絡的な説明に陥らないように配慮したつもりである。

最後に、以下のような本書の利用の仕方を勧めたい。一つは、本書の執筆の契機となった「お国自慢」の材料として使ってもらいたい。本書を執筆して改めてわかったことだが、それぞれの都道府県には知られていない日本一が多い。それらを知り、その理由がわか

るだけでも本書の価値は十分であろう。さらに本書の価値を高める使い方として、比較地誌の考え方をもつことを勧めたい。比較地誌とは場所と場所との比較であり、それを通じて場所の共通性や異質性を理解することである。本書の構成や説明の工夫も比較地誌を念頭においているため、それぞれの都道府県を比較することは容易にできる。それぞれの都道府県の日本一を比較することで、地域の共通性や異質性を理解することにつながり、さらに都道府県の理解を深めることができる。例えば、北関東の群馬県と栃木県と茨城県を比較すると、日本一の項目に違いがあるが、それらに共通した性格があることもわかる。

　いずれにせよ、読者の皆様が最終的に本書を使って「お国自慢」の話で盛り上がっていただければ、望外の喜びである。

2024年8月
　ふるさとの栃木県を自慢したい思いに駆られながら

菊 地 俊 夫

目　　次

各都道府県の「日本一」一覧　vii

第Ⅰ部　日本の風土、そこで暮らす人々と産業

1. 日本の自然と風土　2

2. 日本に暮らす人々　5

3. 日本の風土に育まれた産業　8

第Ⅱ部　都道府県別 日本一ガイド

北海道 14 /【東北地方】青森県 20 / 岩手県 25 / 宮城県 31 / 秋田県 36 / 山形県 42 / 福島県 48 /【関東地方】茨城県 53 / 栃木県 59 / 群馬県 65 / 埼玉県 71 / 千葉県 76 / 東京都 82 / 神奈川県 87 /【北陸地方】新潟県 92 / 富山県 98 / 石川県 104 / 福井県 109 /【甲信地方】山梨県 114 / 長野県 120 /【東海地方】岐阜県 126 / 静岡県 132 / 愛知県 138 /【近畿地方】三重県 144 / 滋賀県 149 / 京都府 155 / 大阪府 161 / 兵庫県 167 / 奈良県 173 / 和歌山県 178 /【中国地方】鳥取県 183 / 島根県 188 / 岡山県 194 / 広島県 200 / 山口県 205 /【四国地方】徳島県 210 / 香川県 215 / 愛媛県 220 / 高知県 226 /【九州／沖縄】福岡県 232 / 佐賀県 237 / 長崎県 242 / 熊本県 247 / 大分県 253 / 宮崎県 258 / 鹿児島県 264 / 沖縄県 270

巻末付録

付録1 人口密度に関する都道府県別ランキング　276
付録2 高齢化率（65歳以上の人口の割合）に関する都道府県別ランキング　277
付録3 1世帯当たりの家族数に関する都道府県別ランキング　278
付録4 住宅の広さ（畳数）に関する都道府県別ランキング　279
付録5 10アール(a)当たりの米の生産性に関する都道府県別ランキング　280
付録6 キャベツの収穫量に関する都道府県別ランキング　281
付録7 ジャガイモの収穫量に関する都道府県別ランキング　282
付録8 豚枝肉生産量に関する都道府県別ランキング　283
付録9 リンゴの生産量に関する都道府県別ランキング　284
付録10 ブドウの生産量に関する都道府県別ランキング　285

索　引　286

各都道府県の「日本一」一覧

※下記で挙げている用語は日本一に関するキーワードであり、具体的な内容は本文を参照されたい

都道府県名	自 然	産 業	生活文化・その他
北海道	湿原と湿地、カルデラ、温泉数、寒さ	ジャガイモ、タマネギ、乳牛、バター、漁業	食料自給率、直線道路、駅数、水道・光熱費
青森県	ブナの蓄積量、ソメイヨシノ	リンゴ、ニンニク、アンズ、サバ缶詰	銭湯文化、睡眠時間、縄文遺跡
岩手県	リアス海岸、地底湖、鍾乳洞	ホップ、リンドウ、生漆、日本短角牛、アワビ、木炭	県立病院数、民間農場、木造一本彫の仏像
宮城県	低い山、ガン・カモ	パプリカ、セリ、メカジキ、銀鮭、ワカメ	かまぼこの消費量、鉄道車両基地
秋田県	広い盆地、深い湖、強酸性温泉、広い干拓地	ダリア、ラズベリー、じゅんさい、スギ	理容所・美容所の数、持ち家率、バスケットボール、脳血管疾患の死亡者数
山形県	滝の数（落差5m以上）、ブナの天然林、大ケヤキ	さくらんぼ、セイヨウナシ、ワラビ、原木ナメコ、タラの芽	三世代同居率、消防ポンプ自動車、醤油の消費金額
福島県	清流	夏秋キュウリ、ツルムラサキ、桐材、医療用機械器具部品	納豆、桃の支出額、饅頭の支出額
茨城県	ネモフィラ	レンコン、ピーマン、ハクサイ、栗、芝、イワシ類、鯉、塩化ビニール樹脂、ビール	高い仏像
栃木県	標高の高い湖	カンピョウ、イチゴ、モヤシ、ウド、シャッター、プラスチック製靴	ゴルフ場数、古い学校
群馬県	温泉の自噴湧出量、温泉の硫黄成分含有量、コンクリートダム	こんにゃく芋、キャベツ、モロヘイヤ、乳酸飲料、ボールペン	乗用車台数、光栄電気事業体の発電所数、モグラ駅
埼玉県	川幅	里芋、ユリ、節句人形・雛人形、アイスクリーム、段ボール	ショッピングモール、地下放水路、市の数
千葉県	人工海浜	落花生、カブ、ナシ、マッシュルーム、スズキ、醤油の生産額、石油製品・石炭製品	懸垂型モノレール、テーマパーク、空港の貨物取扱量、港湾区域、貝塚

都道府県名	自　然	産　業	生活文化・その他
東京都	排他的経済水域	切葉、ブルーベリー、オフセットの印刷物	人口、大学数、都市公園数、高い塔、初詣の参拝者数
神奈川県	入湯税収入	家庭用合成洗剤、シャンプー・ヘアリンス、ガソリン	シュウマイの消費量、通勤時間、Jリーグのチーム数
新潟県	河岸段丘、山脈、最低気温、ハクチョウ類	米、マイタケ、チューリップ切り花、米菓、カトラリー、石油ストーブ	神社数、清酒の消費量、新幹線の駅数
富山県	急流な河川、滝の落差、ダムの堤高	水田率、チューリップの球根、医薬品製造所、住宅用アルミニウム製サッシ	持ち家住宅延べ床面積、ブリの消費量、女性学級・講座数
石川県	トチの木、発雷回数	ニギス、金属箔	生け花・茶道教室数、饅頭と羊羹以外の和菓子、チョコレート菓子
福井県	恐竜化石、水仙群生地	六条大麦、ナツメ、サワラ、眼鏡フレーム、羽二重	電力、男女の労働人口比率
山梨県	日照時間、古い桜	ブドウ、モモ、スモモ、ワイン、ミネラルウォーター、貴金属装身具、数値制御ロボット	空き家率、図書館数
長野県	百名山、大雪渓、蝶の種類、駅の標高、海から遠い場所	セロリ、レタス、ブナシメジとエリンギ、カーネーション、味噌、時計、ギター	健康寿命、博物館数
岐阜県	滝の数、ダム	陶磁器（食器）、タイル、包丁、提灯、木製机・テーブル・椅子	喫茶代、農村景観、面積の広い市町村
静岡県	深い湾、河口幅、湧水、汽水湖の周囲長	普通温州みかん、芽キャベツ、葉ショウガ、荒茶、カツオ、プラスチックモデル、ピアノ	緑茶の消費量、国体少年サッカー
愛知県	人工河川	シソ、フキ、キク、バラ、洋ラン、アサリ、洋菓子、普通自動車	在留ブラジル人人口、仏教寺院数
三重県	砂礫海岸	菜花、サツキ、イセエビ、錠・鍵、ゴムホース	格式の高い神社、ナローゲージの鉄道、海女

都道府県名	自　然	産　業	生活文化・その他
滋賀県	湖、ラムサール条約登録湿地	自然公園面積、アユ、製造業の割合、はかり、麻織物	平均寿命、寺院数、ケーブルカー
京都府	高い杉の木、植物園	ホンシメジ、ちりめん類、ネクタイ、地域団体商標出願数と登録数	大学数（人口10万人当たり）、国宝の建造物、上水道、牛乳、漬物
大阪府	河川の支流の数、可住地面積率	シュンギク、じゅうたん、毛布、石鹸、液晶パネル、野球用品	全国高等学校野球大会の優勝回数、救急出動、アーケード商店街、大きい古墳
兵庫県	低い中央分水界、ため池の数	イカナゴ、イノシシ、日本酒の生産量、マーガリン、手引きのこぎり、線香類、ハンカチーフ	古墳の数、吊り橋、消防団員数
奈良県	大きい村、人工林	靴下、墨、貝ボタン、割りばし	核家族世帯、古い木造建築、古い仏像、国宝建造物数
和歌山県	落差のある一段の滝、短い川、遠くから富士山が見える場所	ウメ、ミカン、柿、グリーンピース、山椒	営業距離の短い単独の鉄道、しらす干しの消費量
鳥取県	大きな池	らっきょう、二十世紀梨、ハタハタ	人口、社会体育施設数、カニの消費量と消費金額、ちくわの消費金額
島根県	汽水域、温泉のラドン含有量	牡丹、アナゴ、ウルメイワシ、シジミ	注連縄、灯台の灯数、サバの消費量、教育費
岡山県	晴れの日の数	黄ニラ、清水白桃、フナ、学生服、畳表	高い場所に建つ現存天守の城、棚田、古い庶民の学校
広島県	アカマツ林	クワイ、ワケギ、レモン、牡蠣、ウスターソース、ヤスリ	スポーツ観戦費用
山口県	カルスト台地、低い火山、天然記念物数	フグ類、アンコウ、魚肉ソーセージ	ガソリン、アーチ形木橋、長い私道
徳島県	渦潮、波の化石、断崖、低い自然の山	シロウリ、スダチ、生シイタケ、発光ダイオード、果実缶詰	サツマイモの消費量

各都道府県の「日本一」一覧

都道府県名	自 然	産 業	生活文化・その他
香川県	流域面積の狭い一級河川、大きいため池、狭い海峡	オリーブ、うちわ、衣料用ニット手袋	うどん、総延長の長い商店街のアーケード
愛媛県	細長い半島、小さい在来馬	伊予柑、キウイフルーツ、マダイ、タオル、手漉き和紙	古い温泉、低い支出額
高知県	森林率、低い可住地面積割合	ナス、ニラ、ミョウガ、シシトウ、ユズ、ソウダガツオ、備長炭	明るい灯台、カツオの消費量
福岡県	――	タケノコ、カイワレダイコン、パクチー、蓼、筆筒、ゴム底布靴、タイヤ	タラコ、滑走路1本当たりの発着数
佐賀県	干満差、人工林	耕地利用率、二条大麦、ハウスミカン、エビ、海苔、シリコンウェーハ	薬局数、タイの消費量、海苔の消費額
長崎県	島の数、温度の高い温泉	ビワ、アジ、サバ、タイ、ブリ、サザエ、クロマグロ、フグ	バス代、カステラ
熊本県	名水百選の選定数、地下水都市	トマト、スイカ、デコポン、い草、馬肉	低い上水道給水人口比率、装飾古墳、水路橋、石段
大分県	温泉数、地熱発電量、トンネル数	カボス、乾シイタケ、真竹、デジタルカメラ	都道府県指定の建造物文化財件数、吊り橋
宮崎県	降水量、照葉樹自然林、柱状節理	土地生産性、キュウリ、キンカン、日向夏、ライチ、スギ、ムロアジ、焼酎	低い消費者物価地域差指数、餃子
鹿児島県	長い樹齢の杉、年間噴火回数、ツルの渡来数、離島面積と離島人口	オクラ、ソラマメ、サツマイモ、茶葉、豚、ブリ、カンパチ、ウナギ	――
沖縄県	西にある場所、年平均気温	ゴーヤー、シークワーサー、パイナップル、バナナ、マンゴー、サトウキビ、クルマエビ、もずく	合計特殊出生率、第3次産業事業所率、かつお節・削り節、ハンバーガーショップ、ミネラルウォーター

第Ⅰ部

日本の風土、
そこで暮らす人々と産業

1. 日本の自然と風土

　日本はユーラシア大陸の東岸と日本海を挟んで対峙し、ヨーロッパからみれば「極東」と呼ばれるように、大陸の東に位置する。また、日本は主に日本海と太平洋に囲まれた島国で、国土の約75%を山地が占めている。日本の国土の中央には3,000メートル級の脊梁山脈が走る。これらの脊梁山脈は日高山脈、木曽山脈、赤石山脈、四国山地、紀伊山地、九州山地などで構成され、北海道から九州まで背骨のように連なっている。脊梁山脈は急峻であるため、隣接地域の往来の大きな障害となり、それぞれの地域で独自の文化が育まれ、日本の風土にさまざまな地域性をもたらした。また、脊梁山脈から流れる河川は急勾配となっている。これは、源流の山地から河口の海までの距離が短いためである。日本の三大急流は富士川、球磨川、および最上川とされているが、それらよりも主に富山県を流れる常願寺川（平野部の勾配が1/100）が急流となっている。急勾配の河川では大雨になると大量の流量が一気に平野部に流れ下るため、洪水や土石流などの災害が起こりやすい。他方、脊梁山脈からは信濃川や利根川、あるいは石狩川や北上川などの日本有数の大河川も流れ出し、下流には関東平野や新潟平野、あるいは石狩平野や北上平野などの沖積平野が形成されている。これらの平野は農地開発され、水稲などの農産物の生産基地として日本の食を支えている。しかし、これらの平地は海岸近くにポケット状に広がっているため、日本の風土が「山がち」であることに変わりない。

　日本の脊梁山脈には多くの活火山（過去1万年以内に噴火した火山や現在も活発な活動のある火山）がある。日本の活火山は111と世界全体の7.1%を占めている。そのため、日本の風土を性格づけるものとして火山は重要である。とりわけ、関東地方と中部地方にまたがる浅間山や九州地方の阿蘇山や桜島は現在も活動中の火山として知られている。火山は噴火により、溶岩流や火砕流、あるいは火山泥流により多くの被害をもたらしてきた。また、火山噴火による降灰も農地や現代の生活基盤（上下水道、道路、電線など）に影響を及ぼしている。火山灰により武蔵野台地や根釧台地、あるいはシラス台地のような平坦で比較的広い土地がつくられたが、水はけがよく乏水性の土地であったため、水田開発は行われず、畑地として利用されてきた。火山の立地とともに、脊梁山脈には中央構造線などの多

くの構造線があり、その周辺には大小の断層が発達している。そのため、地震や地殻変動の影響を受けた脆弱な地質に起因する土砂災害も起こりやすい。このように火山や地殻変動などにより、さまざまな自然災害が発生しやすい風土となっているが、温泉や良質な水、および成層火山の美しい景観などの恵みも少なくない。実際、山梨県と静岡県の県境にある富士山は成層火山であり、その美しさは日本風土のシンボルにもなってきた。そのため、富士山は古代から現代までの日本文化の精神的な支柱としての役割が評価され、世界文化遺産として登録されている。

　日本の島国としての大きな特徴は南北に長く、南は亜熱帯の北緯20度、北は亜寒帯の北緯45度まで広がることである。基本的には、日本は中緯度に位置し、偏西風による大気の流れと海に囲まれていることの影響を受けて、四季の変化が明瞭にみられ、海洋性気候の特徴をもつ。しかし、南北に長い国土と脊梁山脈の影響で、北日本と西南日本、および太平洋側と日本海側の気候の地域的な差異が著しい。例えば、冬にシベリア高気圧の影響を強く受ける北日本は、緯度の割には寒冷で、積雪も多く、そのことが温暖な西南日本との地域的な差異にもなる。また、偏西風と脊梁山脈の影響により、冬季の日本海からの湿った大気は脊梁山脈の西側で降雪となり、乾いた大気となって脊梁山脈の乾燥をもたらすことになる。これは、日本海側の地域の豪雪と太平洋側の乾燥した晴天という日本の冬の典型的な天気分布となって現われる。このような気候の地域的な差異は日本の風土や生活文化にさまざまな影響を与えている。例えば、桜の開花は鹿児島市で3月中旬、東京で3月下旬、青森市で4月中旬、札幌市で4月下旬と南から北へと移っていく。また、伝統的な家屋景観に関しても、田の字型の間取り（漢字の田の字のように4つの部屋を配置）の民家は温暖な西日本に多く、広間型の間取り（土間と広間と寝室の3つの部屋の配置）の民家は寒冷で雪の多い北日本で多くみられた。さらに、私たちの日常の食生活でも、野菜の収穫時期が南と北で異なるため、日本各地で生産される野菜は市場への出荷時期を調整することで季節に関係なく店頭に並べられている。

　中緯度に位置する日本の風土の大きな特徴の一つに、豊かな降水量がある。日本の年平均降水量（2020年現在）は1,668mm（世界平均の約2倍）であり、基本的には生活や産業に困らない水が確保されている。しかし、日本では毎年、水不足となることも少なくない。その原因としては、人口1人

当たりの降水量が世界平均の4分の1程度と低いことが挙げられる。また、降水量の季節的な変動が大きいことも水不足の大きな原因の一つである。実際、ほとんどの地域では梅雨期や台風期に降水が多く、日本海側の地域では冬期にまとまった降雪もあるが、梅雨や台風の季節、あるいは冬季を除いた時期は降水が比較的少ない。降水量の季節的な変動は河川の流量にも影響を及ぼし、降水期には水害が日本各地で発生している。水不足や降水期の水害に備えて、さらに効果的な水利用を促進するためダムの建設が行われている。日本の降水量の約50％は利用されずに海に流れているため、ダムによる貯水の有効利用は重要である。

　温暖で降水量の多い日本の風土は、気候環境に応じて常緑広葉樹林や落葉広葉樹林や針葉樹林などの多くの森林を育んできた。日本の森林面積は2,505haであり、国土の約70％を占めている。国土における森林の割合の世界平均は約31％であり、日本の割合はそれの2倍以上であり、先進国においてもフィンランドに次いで2番目に高い数字となっている。つまり、日本は森林資源に恵まれた「緑」の多い国土といえる。しかも、四季のある風土と相まって、落葉広葉樹林は春の新緑、夏の深緑、秋の紅葉、そして冬の落葉と景観を変えることで人々に季節感と安らぎを与えてきた。また日本の森林では、木の実や下草として灌木類、山菜類、あるいはキノコ類などが人間の食料として利用されるだけでなく、昆虫や爬虫類、あるいは鳥類や動物の生息を助けてきた。いわば、日本の森林は豊かな生物多様性をもたらしていた。しかし、日本の森林は都市化や経済発展の影響を受けて年々縮小する傾向にある。かつて日本の森林の多くは、里山として私たちの生活と密接に結びつき、薪炭や堆肥などの材料の供給地として必要不可欠なものであった。第二次世界大戦後、石油やガスや電気などが使用されるようになると薪炭は不要となり、化学肥料が使われるようになると落葉による堆肥も不要になった。さらに宅地化の進展により、都市にアクセスしやすい森林は宅地に変化した。森林の縮小は、「緑」豊かな日本の風土の特徴を弱めるだけでなく、山がちな地盤の脆弱性や降水による土砂災害の危険性からの防御力も弱めることになっている。

2. 日本に暮らす人々

　豊かな自然に恵まれた日本の風土に居住する人々は、2023年1月1日現在で1億2,242万人余りである。個々の人口が同じ体重と仮定して地理的にちょうどバランスを取れる重心の位置は人口重心となり、その位置や変化で人口分布の状況や変化を知ることができる。19世紀後半以降、日本の人口重心は琵琶湖の西岸から東岸に移動し、20世紀前半にかけて北東方向に少しずつ移動した。これは、日本の人口が基本的に西日本に多く分布していたことと、北前船経済圏や新たな土地開発による北陸や北海道の発展が反映されたことによるものであった。20世紀中頃以降になると、人口重心は首都圏や中京圏、および太平洋ベルト地帯の人口増加を反映して南東方向に移動するようになり、その傾向は現在も続いている。実際、1965年の人口重心は岐阜県山県郡美山町円原であったが、2020年のそれは岐阜県関市中之保であり、55年間に約30km移動している。

　現在の日本の人口を都市別にみると、東京（区部）が2020年現在で約973万人と最も多く、順次、横浜市（約378万人）、大阪市（約275万人）、名古屋市（約233万人）と続き、人口規模の1位の都市と2位の都市との差が著しく大きいことがわかる。東京のように突出した人口規模をもつ都市はプライメイトシティ（首座都市）と呼ばれ、一極集中の都市システムの特徴を呈している。世界的にみると、プライメイトシティの典型はフランスのパリや東南アジアの首都などにみられ、人口だけでなく、政治や経済、および文化などが一つの大都市に集中している。日本においても、東京は一極集中を象徴する大都市であり、人、モノ、金、情報などの一大集積地になっている。東京のような大都市に人口が流入する一方で、大都市の周辺地域では人口が流出し、過疎化が大きな問題となっている。

　日本において過疎地域が目立ってきたのは、高度経済成長を契機に地方から大都市への人口流出が激しくなってきてからである。日本の法令的には、過疎地域は財政力指数に基づく財政要件、および人口減少率や高齢者率や若年者率などの人口要件によって定義されており、いわば人口が著しく減少し、それにともなって地域社会の活力が低下している地域である。日本における過疎地域の市町村が全市町村に占める割合は1996年で37.4%であったが、2010年には44.9%に、そして2022年には51.5%に増加している。

第Ⅰ部　日本の風土、そこで暮らす人々と産業　5

このことは、確実に過疎地域が拡大していること、地方と大都市との格差も拡大していることを示唆している。実際、過疎地域の市町村の割合が高く、過疎化が進展している地域は北海道や東北地方、北陸地方、山陰地方、四国、および九州に目立っており、首都圏や中京圏や近畿圏などの大都市圏では過疎化の進展は目立っていない。これらの大都市圏では鉄道や道路などの交通インフラの整備や新たな住宅地（ニュータウン）開発により、大都市の近郊や近郊外縁部に人口が定着するようになり、現時点では深刻な人口減少が抑制されている。さらに、新幹線通勤や働き方改革による在宅勤務などの普及により、大都市に集中した人口はその近郊や近郊外縁部に分散する傾向にある。

　日本の人口に関わる課題において、高齢化と少子化は重要である。日本における人口の高齢化率（総人口に占める65歳以上の人の割合）は、1950年の4.9％から2023年の29.1％に上昇し、今後も上昇し続けると予想されている。日本の高齢化率を地域別にみると、高齢化率が高いのは秋田県や山形県、島根県、山口県、高知県など東北地方や山陰地方、および四国などの地域である。一方、比較的高齢化率が低いのは沖縄県を除けば、東京都や神奈川県、愛知県、滋賀県、福岡県など大都市圏に位置づけられる地域である。つまり、日本における人口の高齢化も過疎化ほどでないが、中心と地方という地域構造が暗示されている。世界的にみると、2023年現在で高齢化率の最も高い国は日本であり、順次、イタリア（24.5％）、フィンランド（23.6％）、マルティニーク（23.5％）、プエルトリコ（23.4％）、ポルトガル（23.3％）、ギリシャ（23.1％）、クロアチア（22.7％）、ドイツ（22.7％）と続いている。WHOと国連の定義によれば、高齢化率14％以上で高齢社会、21％以上で超高齢社会となるため、現在の日本は超高齢化社会といえる。このような社会の形成は日本の風土の住みやすさや高度な医療福祉の整備状況を反映しているが、その一方で少子化も反映している。

　合計特殊出生率（15〜49歳の年齢別の出生率を合計したもの）は少子化の状況を把握する際に用いられる指標であり、日本においては第二次世界大戦前に4であったが、1950年頃から2に低下し、その後に緩やかに上昇する時期もあったが、全体的には低下する傾向にあり、2022年には1.26に低下した。地域別にみると、沖縄県や宮崎県などの九州、香川県や高知県などの四国、および島根県や鳥取県などの山陰地方で高く、東京都や神奈川

県などの東京大都市圏と大阪府や京都府などの京阪神圏で低い。また世界的にみると、アフリカの多くの国々で4以上と高く、先進国と呼ばれる国々では2以下と低い。先進国においても日本の合計特殊出生率は低く、さまざまな対策が必要になっている。全体的には、少子化は日本でも世界でも生じている課題であり、その傾向は大都市圏や先進国で目立っている。これらの少子化の大きな原因の一つは女性の社会進出と価値観の多様化であり、女性の社会進出の機会が多い大都市や先進国で少子化は進んでいる。そのため、働く女性をサポートする体制や法制度が少子化対策として日本をはじめ各国で整備されるようになり、その整備状況が合計特殊出生率に反映されている。

　日本の風土に暮らす人々は日本人だけではない。日本に居住する外国人（外国人登録者）は、2022年現在で約308万人（日本の人口の約2.5%）であり、その割合は1992年に1%を超えてから急速に上昇している。外国人居住者で最も多いのは中国からの人々で全体の24.8%を占めており、順に、ベトナム（15.9%）、韓国（13.4%）、フィリピン（9.7%）、ブラジル（8.8%）と続く。中国や韓国からの居住者の多くは第二次世界大戦前からの居住者やその子孫でオールドカマーと呼ばれる。一方、ベトナムやフィリピンなどの東南アジア諸国やブラジルなどのラテンアメリカからの人々の多くは1980年代以降の日本産業の労働力不足を補うために居住するようになり、ニューカマーと呼ばれる。外国人居住者の多い地域は、東京や神奈川県、千葉県などの東京大都市圏と愛知県を中心とする中京圏、および大阪府や兵庫県を中心とする京阪神圏であり、いずれも大都市圏で自動車や電気機器などの製造業が多く立地している地域である。製造業に限らず、農産物の収穫作業など労働力を多く必要とする産業では、外国人労働力が必要とされ、ブラジル人が多く居住する群馬県大泉町のように、外国人居住者が集住する場所が点的に分布する傾向にある。

　外国人居住者の多くは日本の経済や産業に魅かれてやってきたが、外国人観光客は日本の風土や歴史文化に魅かれてやってくる。その数は2013年に1,000万人を超え、2019年には3,000万人以上となった。その後、コロナ禍の影響で急減したが、2023年からは東京都と千葉県、および大阪府と京都府での観光を中心に回復しつつある。

3. 日本の風土に育まれた産業

　日本の風土に育まれた産業といえばまずは農業がある。特に水稲作は温暖湿潤な気候と河川によって形成された沖積平野に適応して弥生時代から各地に普及し、食糧となるだけでなく日本文化の基底にもなっている。水稲作には河川や用水などからの水の利用とコントロールが不可欠であり、それは個人で行うことは難しく、共同で行わなければならなかった。さらに水稲作は労働集約的な農業であるため、田植えや稲刈りに多くの労働力を必要とし、それらの作業も「結」などをつくり共同で行っていた。水稲作に関連した一連の共同作業は地区や集落、あるいは隣近所でまとまって行われ、ムラ共同体が必然的につくられた。このムラ共同体が個人主義の社会とは異なり、全体主義的で地縁を重視する社会や日本の精神的な風土をつくってきた。また、米は食糧であるが、江戸時代までは金銭と同様の価値をもつものとして考えられ、日本経済の根幹にもなっていた。実際、江戸時代の大名家の規模はその領内で生産される米の量（石高）で判断され、武士の給料も米の石高で定められていた。したがって、水稲作が可能であるかどうかが土地の価値を決めていた。東京西郊の武蔵野が江戸時代の新田開発まで放置されていたのは、乏水性台地で水稲作に適さなかたためである。また、水稲は基本的に温暖湿潤な環境に適しており、水稲の生産性は西日本で高く、北日本で低いとされてきた。しかし、水稲は食糧として重要であるため、その増産と生産性の向上が求められ、栽培技術を工夫したり品種改良したりして、水稲作は北日本や北海道でも十分な生産量を得られるようになった。第二次世界大戦前の東北地方や北海道地方の水稲作は量や質の面で劣っていたが、第二次世界大戦後は量、質ともに西日本の産地を凌駕し、多くのブランド米が生産されている。

　日本の農業の性格を的確に示す言葉として「米と繭」の経済構造がある。米は基本的な食糧として生産されており、繭は江戸時代後期から昭和前期にかけて日本が世界に向けて輸出した商品である。養蚕業の発達によって、桑園が台地や低丘陵地につくられるようになり、畑地利用が大きく変化した。しかし、桑は温暖な環境を適地とし、降霜を嫌う樹木である。そのため、桑の栽培の仕方は日本各地の風土を反映したものとなった。例えば、桑葉の収穫方法には地面近くの高さのものを収穫する根刈り、地面より少し

離れた高さで収穫する中刈り、地面からかなり離れた高さのものを収穫する高刈りがあり、降霜の生じやすい地域の桑園は高刈りで収穫された。また、養蚕も温暖な環境に適していたため、温暖な地域では繭の生産は年5回程度（春蚕、夏蚕、初秋蚕、秋蚕、晩秋蚕）行われた。他方、寒冷な地域の繭の生産は年2回から3回程度であったが、寒冷な環境で病虫害が抑制されるという利点があった。このように、養蚕業は昭和前期まで日本農業の商品生産を支えていたが、生糸の需要が化学繊維の発明と普及により減少し、養蚕業は衰退していった。養蚕業の衰退後、日本各地では新たな商品生産が模索された。多くの地域では養蚕業から果樹栽培に転換し、現在では日本を代表する果樹の栽培地に発展している。さらに、第二次世界大戦後には農業における商品生産を発展させるため、選択的拡大部門として野菜栽培や畜産業が適地適作に基づいて奨励され、現在の野菜生産や畜産の大規模地域が生まれた。

　日本における近代的な工業も養蚕業と関連して発展してきた。繭から生糸を生産する製糸業は江戸時代後期に家内的手工業として長野県や群馬県や山梨県などの養蚕地域で盛んに行われた。明治期になり輸出商品としての生糸の増産が求められるようになると、明治政府はヨーロッパから導入した製糸技術を習得し普及させるため、1872（明治5）年に官営の富岡製糸場を設けた。この製糸場はフランス式の蒸気動力で繰糸機などを動かし、大量の生糸を生産できた。いわば、富岡製糸場は日本における工業の近代化の先駆的役割を担ったため、現存施設は世界文化遺産に登録されている。このようなフランスやイタリアからの器械製糸の技術は日本各地に普及する一方で、中小の工場は外国製の製糸器機をアレンジした木製繰糸器械（諏訪式繰糸機）を用いて生糸生産を行った。日本各地では　家内工業としての座繰製糸と関連して、人力織機による織物業も家内工業として発達していた。明治期以降、製糸業の近代化にともなって、織物業も動力織機を用いて廉価で大量に生産できるようになり、繊維工業の発展を決定づけた。また、自動織機の開発はその後の日本を代表する製造業や機械工業の礎となっている。例えば、現在の「トヨタ自動車株式会社」の前身は、豊田自動織機製作所における自動車部であった。

　日本の工業の次なる変貌は、明治後期から第二次世界大戦後の高度経済成長期にかけての重工業化である。重工業化は近代製鉄所として1880年に

操業した釜石製鐵所や1901年に操業した銑鋼一貫製鉄所の八幡製鐵所により本格的なものとなった。製鉄所は鉄鉱石ないし石炭の産地周辺に立地する原料立地型と、鉄鉱石や石炭の輸入に便利な港湾に立地する港湾立地型とがある。日本の製鉄所は当初、原料立地型であったが、有用な地下資源の多くを輸入に依存しなければならないため、その後の製鉄所やそれに関連した鉄鋼業は港湾立地型になった。このような港湾立地型の工業の立地は資源の少ない日本の風土を反映したものであり、石油化学工業などにもみられた。その結果として京葉・京浜工業地帯や中京工業地帯、および阪神工業地帯などの太平洋沿岸に連続した工業地帯が形成された。しかし、日本の重工業が世界的に卓越していた時代は20世紀後半に陰りをみせ、重工業をはじめ多くの工業が人件費の低廉な中国や東南アジアに立地移動するようになり、産業の空洞化と呼ばれる現象が生じた。そのような状況のなかで、新たな工業として高度な技術を必要とする精密機器製造やIT産業などがさまざまな条件に基づいて立地するようになった。これらの新しい工業は必ずしも港湾に立地する必要はなく、内陸の静かな地方都市に立地したり、製品を空輸しやすいように空港近くに立地したり、あるいは余剰労働力を利用できる農村地域に立地したりとさまざまであった。

　次に、日本における商業についてみると、商業は都市や中心地の基本的な機能であり、モノを売買するために人々が都市や中心地に集まる。そして、モノの売買や人々の集まりの規模が大きくなるにつれて、あるいは日常品の買い物から家具や家電などの買い回り品の買い物に変化するにつれて、商業地は農村中心地から地方都市、地方中心都市、広域都市、大都市へと変化する。このような中心地や都市で栄える商店街の様相は高度経済成長期以降に変化するようになる。一つの大きな変化は、自動車交通の発達により、広い駐車場をもつ大型のショッピングセンターやショッピングモールが都市郊外に立地するようになり、都市内部の中心商店街が衰退してきたことである。特に、中心商店街の衰退は地方都市で顕著であり、商業活動を中止した店舗の目立つシャッター通り商店街が特徴的な景観になっている。他方、ショッピングセンターには多様な店舗や飲食店、そして映画館やスポーツジムまでも集まり、「集積の利益」や「規模の経済」を最大限に活かして集客している。もう一つの大きな変化は、宅配やインターネットの普及にともない、消費者が店舗で商品を購入することが減り、コ

ンピュータの画面上での商品の売買が増えたことである。このような商品の売買は中心商店街の特定の店舗、特に書籍店舗や電気機器販売店舗や衣料品店などに影響を与え、最終的には廃業につながることもある。他方、このような新しい商品の売買は物流にも影響を与え、消費者のニーズに対応して多様な商品を即座に届けるため、大規模な物流センターが大都市近郊の高速道路インターチェンジ付近に建設されている。

　近年、日本の産業で目覚ましく発展しているのは観光産業であり、それは日本の風土を最もよく活かした産業の一つである。そもそも、日本の観光は政治的・社会的秩序が安定し、貨幣経済の進展とともに経済的に豊かになった江戸中期以降に発展し、それは参勤交代などにより幹線道路の整備や日本各地の情報の広まりによって拍車がかかった。日本の伝統的な観光は湯治と寺社巡りであり、それらに関連した物見遊山であった。日本における湯治は水稲作と関連し、田植後や稲刈後の農閑期の骨休めとして利用され、江戸後期には日本各地の温泉番付がつくられ、温泉観光は大衆的なものとなった。また、寺社巡りもお伊勢参りや大山参りなどが普及し、七福神巡りなども身近な地域で行われることで、大衆観光として一般的なものとなった。これらの観光は基本的に日本風土に関連した多様な自然資源と文化資源に、そして日本人のライフスタイルに基づくものであり、そのことは現代の日本人の観光の仕方や楽しみ方とほとんど変わらない。

　旅行・観光消費動向調査（2019年）によれば、国内旅行先としては東京都が9,077万人と多く、次いで大阪府（5,438万人）、千葉県（4,338万人）、神奈川県（3,882万人）と続いており、大都市におけるモノと情報の豊かさやアミューズメント性やサブカルチャーなどの魅力が現代日本人の多くを惹きつけていることがわかる。他方、北海道（3,678万人）や京都府（2,974万人）、長野県（2,908万人）、広島県（2,287万人）、および栃木県（1,782万人）も国内旅行先の上位に位置づけられ、日本風土における伝統的な文化資源や豊かな自然資源も引き続き観光の魅力となっていることがわかる。特に、これらの観光地では世界自然遺産や世界文化遺産の登録が観光の誘引に大きな役割を果たしてきた。2023年現在で日本の世界自然遺産と世界文化遺産の登録数はそれぞれ5件と20件である。さらに、日本風土の自然や文化はジオパークや生物圏保存地域、あるいは伝統的建造物群保存地区などで保全され、適正に観光利用されている。

第Ⅱ部

都道府県別
日本一ガイド

① 北海道

日本一の直線道路　美唄市 website より

北海道の概説

　北海道は都道府県のなかで最も北に位置し、最も広く、その面積 (83,423.84 km²) は日本の国土の約20％を占めている。明治期初頭に開拓使が設置され、北の大地の開発が本格的に進められた。1886 (明治19) 年以降、地方行政官庁の「北海道庁」が開発や殖産振興や人々の生活を管轄し、地域単位としての北海道が定着した。中央部には北見山地や石狩山地、および日高山脈などの脊梁山脈が連なり、それらの山地から天塩川や石狩川や十勝川などの比較的大きな河川が流れ出し、石狩平野や十勝平野、あるいは名寄盆地や上川盆地などによる平地と、脊梁山脈の火山の火山灰土壌による根釧台地は農牧業発展の基盤となっている。また、北海道の周辺の海は水産資源に恵まれているため、漁業も発達し、沿岸部には釧路や根室などの漁業基地となる都市が立地している。しかし、都市の分布や人口密度は分散的で、道庁所在地の札幌市の人口が約196万人と最も多い。次いで旭川市 (約32万人) や函館市 (約24万人) の人口が多いが、札幌市に人口が集中していることがわかる。札幌市には人だけでなく、モノや金や情報なども集中している。

北海道の日本一

◆自然
◎日本一の湿原と湿地　　釧路湿原は釧路平野にあり、その面積は約2万6,000haに及び、釧路市と川上郡標茶町と阿寒郡鶴居村、および釧路郡釧路町にまたがっている。その区域は釧路湿原国立公園に指定され、その中の中心部の7,863haはラムサール条約湿地に登録されている。湿原では、釧路川が蛇行して流れ、小さな湖沼が点在する沼沢地になっている。泥炭層の土地は未開発の土地であったが、第二次世界大戦後に牧草地などの開発

が計画された。しかし、釧路のタンチョウ及びその繁殖地の指定やラムサール条約の登録地、および国立公園の指定などを通じて、自然環境の保護・保全が行われた。湿原には約700種の植物とともに、日本最大の淡水魚のイトウなどの動物も多く生息し、タンチョウなどの鳥類の繁殖地や休息地になっている。自然資源を活用したエコツーリズムも行われており、遊歩道や展望台の設置、あるいは川下りや湿原内を走るJR釧網本線からの観察などにより自然の保護・保全と観光の両立が図られている。

◎日本最大のカルデラ　屈斜路カルデラは北海道東部の弟子屈町に位置し、東西約26km、南北約20kmに及ぶ。カルデラは約3万年前に激しい火山の噴火活動の後、火山が円形に陥没して形成された。カルデラ内には、屈斜路湖と摩周湖のカルデラ湖があり、屈斜路湖は日本最大のカルデラ湖でもある。また、摩周湖は日本一の透明度を誇る湖といわれ、その湖の色は摩周ブルーといわれている。屈斜路はアイヌ語で湖の出口（クッチャロ）を意味し、屈斜路湖を源とする釧路川が釧路湿原を流れている。

◎日本一の温泉数　環境省「温泉利用状況」によれば、2020年現在、都道府県別の温泉地の数は234か所で最も多い。道内には千島火山帯と那須火山帯が縦横に走り、有珠山や十勝岳や駒ヶ岳などの活火山が多く分布する。それらの火山に関連した火山性温泉が多いが、非火山性温泉（地下深くで温められた地下水の湧出）も少なくない。泉質では食塩泉が多いが、単純温泉や重曹泉、硫黄泉、石膏泉、酸性泉、鉄泉などバラエティに富んでいることが道内の温泉の特徴である。知名度の高い登別温泉はアイヌ語の白く濁った川（ヌプルッペ）を意味し、9種類の多彩な温泉が楽しめる。また温泉地数と関連して、年間温泉宿泊者数も約1,231万人（2022年）と日本で最も多い。

◎日本一の寒さ　気象官署で観測された日本一の最低気温は、1902年1月25日における北海道旭川市の－41.0℃である。また、北海道森林気象観測所の記録では、1931年1月27日における歌登町上幌別の－44.0℃がある。このような最低気温は道北地域、特に名寄盆地や上川盆地で観測されることが多く、それらの地域は日本有数の豪雪地帯にもなっている。これらの地域では夏季に夏日になることもあり、夏と冬の気温差が大きい。道北と道東は寒さが厳しく、道央や道南と気候に地域差がみられるが、全域で最寒月の平均気温が－8℃以下であるため、寒冷地として性格づけられる。年

北海道

間の降雪日数も112日（2022年札幌気象官署）と日本で最も多い。しかし、梅雨がないことや夏季でも涼しいこと、四季が明確なことは観光の誘引に役立っている。

◆産業
◎日本一の生産量のジャガイモ　農林水産省の作物統計によれば、2021年における北海道のジャガイモ生産量は168万6,000t（全国シェア77.5％）と他の都府県を圧倒して全国1位である。主要なジャガイモの産地は網走市や斜里町や清里町を中心とするオホーツク地域と、帯広市や芽室町(めむろまち)を中心とする十勝地域である。ジャガイモ栽培は寒冷な気候に適しており、安定した生産量と収入が得られたため、開拓期の農家で多く栽培された。さらに、広大な土地での大型機械を導入した大規模栽培に適していたことも、ジャガイモの生産の発展を促した。生産されるジャガイモの約40％は澱粉原料用に、約30％がスナック菓子やポテトサラダやコロッケなどの加工品用に、そして約10％が生食用として利用される。栽培は4月から9月に露地で行われ、収穫は7月下旬頃から始まり、8月と9月がピークとなる。出荷と流通はほぼ一年を通じて行われており、冬季の冷蔵室や雪の下で低温保管されたものは、甘く熟成したジャガイモとなって流通している。

◎日本一の生産量のタマネギ　農林水産省の作物統計によれば、2021年における北海道のタマネギ生産量は66万6,000t（全国シェア60.7％）と日本一を誇っている。タマネギ栽培は1970年代の水田の転換畑を中心に急増し、テンサイなどの畑作物からの転作も加わり栽培面積は急速に拡大した。主要な産地は北見市とその周辺のオホーツク地域であり、その他、岩見沢市や富良野町周辺、および日本のタマネギ栽培の発祥地とされる札幌市周辺でも多く栽培されている。タマネギ栽培では日照時間が長く、日較差が大きいことで良質なものが生産できるため、北海道はタマネギの栽培適地となっている。道産のタマネギは2月から3月に播種(はしゅ)し、8月から10月に収穫する（道外のものは秋に播種、翌年の夏に収穫）。収穫後、タマネギはすぐに、あるいは貯蔵庫で乾燥をさせて翌年の4月までに出荷されるため、その旬は9月から4月になる。

◎日本一の飼養頭数の乳牛　農林水産省の畜産統計によれば、2022年における北海道の乳牛飼養頭数は84万6,100頭（全国シェア61.7％）と圧倒的な全国1位である。乳牛飼養頭数と関連して、乳牛飼養農家数も5,560戸（全

国シェア41.8％）と日本で最も多く、1戸当たりの飼養頭数も152.2頭と最多である。つまり、大規模な酪農が行われているといえる。また、酪農による生乳生産量（2019年）も405t（全国シェア55.4％）と日本で最も多い。このように酪農が発達したのは、乳牛が冷涼な気候を好むことと、大規模経営が広大な土地により可能であったためである。主要な酪農地域は帯広地区や北見地区、釧路地区、および中標津地区の道東であり、それらの地区の生乳の生産量は道全体の約80％を占めている。使用される乳牛の多くはホルスタイン種であり、乳脂肪よりも乳量を優先した乳牛飼養となっている。

◎日本一の生産量のバター　　経済産業省の工業統計によれば、2019年における北海道のバターの生産量と出荷額はそれぞれ4万8,861t（全国シェア32.2％）と637.9億円（全国シェア23.8％）で日本一である。このようにバターの生産量が多いのは、生乳の生産量が多いことと、飲用牛乳の大消費地である首都圏から北海道が遠距離にあることなどに理由がある。そのため、バターやチーズ、脱脂粉乳などの保存性がある乳製品加工の割合が高くなる。しかし、釧路港から茨城県の日立港までの船輸送やロングライフ牛乳の普及により、北海道の生乳が首都圏に輸送されるようになり、飲用牛乳の需要が増加すると、加工用生乳が少なくなり、バターの生産量は低下する傾向にある。実際、東日本大震災や猛暑の影響で生乳生産量が減少し、多くが飲用牛乳の需要に向けられた際には、国産バターで需要を満たすことができなくなった。

◎日本一の漁業　　農林水産省の漁業・養殖業生産統計によれば、2020年における北海道の海面漁業・養殖業の漁獲量と漁獲額は、それぞれ120万t（全国シェア28.7％）と2,027億円（全国シェア約16.7％）であり、いずれも都道府県別で最も多い。このように漁業が盛んなのは、日本海と太平洋、およびオホーツク海と3つの個性豊かな海に囲まれ、全国の12.6％にあたる4,442kmの海岸線をもっていることと、大陸棚や堆などの起伏に富んだ海底地形があること、および太平洋沖では黒潮から分かれて北上する暖流と栄養塩に富んだ親潮（寒流）の交差による潮目がつくられることなど、恵まれた漁業環境を反映している。北海道で漁獲される主要な魚種はホタテガイ（北海道の漁獲量全体の約40％）、スケトウダラ（全体の約12％）、サケ（全体の約7％）、サンマ（全体の約6％）、および昆布（天然と養殖を合わせ

て全体の約7%)であり、それぞれの漁獲量も都道府県別で最も多く、日本一である。

　道漁連資料によれば、2022年における北海道のホタテガイ水揚げ量は天然と養殖を合わせて約42万t（全国シェア約84%）と都道府県別で最も多い。ホタテ漁は地撒き式と垂下式で行われ、前者は稚貝を海に放し、海底で2年から4年成長させて漁獲する方法で、オホーツク海や根室地区で行われている。後者は稚貝をロープやかごに入れて海中に吊るして2年ほど成長させて漁獲する方法で、噴火湾や北海道の日本海側で行われている。

　農林水産省の漁獲量調査によれば、2019年の北海道のスケトウダラの漁獲量は14.6万t（全国シェア94.9%）と全国1位であり、その主要な産地は釧路市、紋別市、網走市などである。また、サケの漁獲量は5万1,156t（全国シェア90.8%）と日本一であり、その主要な産地は斜里町、網走市、北見市などオホーツク海沿岸である。他方、昆布漁獲量の4.5万t（全国シェア96.1%）も日本一であり、その主要な産地は長昆布の根室市や浜中町、日高昆布のえりも町、羅臼昆布の羅臼町、利尻昆布の稚内市などである。

◆生活文化・その他
◎日本一の食料自給率（カロリーベース）　農林水産省の食料需給表によれば、2021年における北海道の食料自給率はカロリーベースで223%と都道府県別で第1位である。カロリーベースの食料自給率は、基礎的な栄養価であるエネルギー（カロリー）に着目し、地域住民に供給される熱量（総供給熱量）に対する地域内の生産の割合を示す指標である。高い食料自給率は広大な農地で食料を生産して豊かな食生活の環境にあることを示すだけでなく、道内で消費しきれない食料を他地域に供給していることを示しており、北海道が日本の食料基地であることを物語っている。ちなみに、食糧自給率が100%を超えたのは北海道、秋田県（200%）、山形県（143%）、青森県（125%）、新潟県（111%）、岩手県（105%）の1道5県であり、いずれも北日本に位置している。

◎日本一の直線道路　札幌市と旭川市を結ぶ国道12号（全長約140km）のなかで、滝川市新町6丁目と美唄市光珠内町との間の29.2kmは直線道路となっている。それは東京から横浜までの距離にほぼ相当する。直線道路は滝川市、砂川市、奈井江町、美唄市の3市1町をまたいでおり、奈井江町が中間となる。北海道庁は中央道路（札幌-岩見沢-旭川-網走-釧路-根室

の経路)の上川道路(岩見沢-旭川間で直線道路はその一部)の開削を1886(明治19)年に進め、樺戸集治監の囚人によって道路を完成させた。その際の上川道路工事復命書に「成可(なるべく)直線路に為すを主とし」とあり、直線道路が意図的に敷設されたことがわかる。これは、直線道路が施工しやすく工期もかからないためであった。

◎**日本一の道の駅数**　国土交通省の道の駅一覧によれば、2022年における北海道の道の駅は127か所と圧倒的に多い。道の駅が多いのは、広大な大地において道路交通が移動や観光の中心となるためである。また、北海道の道の駅は観光振興や観光客の休息の場としての役割だけでなく、地域住民のための交流施設や防災施設、あるいは地域創生の拠点の役割も担っている。

◎**日本一高い水道・光熱費**　総務省統計局の家計調査によれば、2022年における2人以上世帯の水道・光熱費の月額平均は北海道が3万7,333円と最も高い。電気代やガス代、上下水道代は他地域と比較して高くなく、むしろ低く抑えられているが、灯油代の月平均が1万1,962円と著しく高い。実際、冬になると大きなストーブで広い部屋全体を暖めなければならず、ストーブには屋外の490ℓタンクから直接灯油が引き込まれ、連続して暖房が行われる。ストーブや床暖房以外にも風呂や台所の給湯にも灯油が使われる。そのため、灯油は一年を通して重要なエネルギーとなっている。

北海道の特徴とさらに理解を深めるために

　北海道では、厳しいが豊かな自然に適応しながら、広大な土地のメリットを活用して、大規模な食料生産を行ってきた。そのため、広大さや大規模性という特徴からの日本一の項目が少なくない。他方、北海道の地理的位置である最北の性格や日本の中心からの遠距離性も地域的な特徴に少なからず影響を及ぼしている。交通や通信の技術革新は北海道の距離のハンディを少しずつ小さくしているが、広大な大地の移動の多くは自動車交通に依存し、中心地が分散していることに変わりない。

〈北海道に関する理解を深めるための本〉
自然や歴史・文化、および社会・経済など総合的に学べる:
・山下克彦・平川一臣編(2011)『北海道』日本の地誌3、朝倉書店
地球史、歴史、交通、伝統、文学、農産物など多面的に地域を解説:
・河合敦監修(2022)『北海道の教科書』JTBパブリッシング

北　海　道

② 青森県

日本一太いソメイヨシノ

青森県の概説

　青森県は本州の最北に位置し、東は太平洋に、西は日本海に面し、北は津軽海峡を挟んで北海道と対峙(たいじ)する。県の中央には奥羽山脈が縦走し、その西側の津軽地方と東側の南部地方(三八地方・上北地方・下北地方)ではそれぞれ異なる歴史や気候、文化、風土をもっている。江戸時代において津軽地方は主に弘前(ひろさき)藩領であり、南部地方は盛岡藩領であった。津軽地方と南部地方の面積はそれぞれ4828.08 km² (県全体の50.1％) と4817.18 km² (49.9％) であり、面積的にも県を二分している。気候的にも、津軽地方は日本海側気候で冬季の日照時間の少なさや積雪に特徴がある。南部地方は太平洋側気候であるが、夏季は冷涼であり、冷たい局地風 (やませ) により冷害が起こることも少なくない。地域の祭りも、ねぶた祭りは津軽地方が中心であり、南部地方は八戸三社大祭の山車(だし)行事 (ユネスコ無形文化遺産) と様相が異なっている。明治期において最初の県庁は当時、中心地として卓越した都市の弘前市に置かれたが、津軽地方と南部地方の合併によって成立した県を象徴する意味で、そして港町の発展を期待して青森市に移された。それ以来、青森市が県庁所在地となり、政治や経済の中心地として発展するとともに、かつての青函連絡船や現在の北海道新幹線などの本州と北海道を結ぶ拠点にもなっている。ちなみに、深さ240 mの海底で北海道とつながる青函(せいかん)トンネルは全長53.85 kmで世界一長くて深い海底鉄道トンネルとなっている。

青森県の日本一

◆自然
◎日本一のブナの蓄積量　　青森県森林資源統計書によれば、青森県における2022年のブナの蓄積量は1,614万5,000 m³ (全国の約15％) と日本一で

ある。蓄積量は木材として利用できる森林量を示すもので、森林資源量の目安となっている。青森県南西部から秋田県北西部にまたがって白神山地があり、そこには約13万haに及ぶ広大なブナ林が展開しており、1993年12月には日本初の世界自然遺産に登録された。青森県では白神産地を中心に、八甲田十和田地域や岩木山麓にもブナ林が展開し、その蓄積量は増加する傾向にある。つまり、ブナ林の面積は横ばいであるが、蓄積量が増えていることは、あまり伐採されていないことを示している。しかし、ブナ林は水源涵養などに大きな役割を果たしている。

◎日本一太いソメイヨシノ　環境省自然環境局生物多様性センターの巨樹・巨木林データベースによれば、弘前城公園三の丸北側にあるソメイヨシノは幹周5.82m、樹高10m（2023年10月計測）であり、日本一の太さを誇っている。弘前城内の桜は1715（正徳5）年にカスミザクラが植栽されたことが始まりであり、明治期になり1,000本以上のソメイヨシノが植栽された。ソメイヨシノの寿命は60～80年といわれているが、弘前城公園には樹齢100年を超えるソメイヨシノが多く残っている。そのうちの1本が日本一太いソメイヨシノとなっている。このように、ソメイヨシノの寿命が長く保たれているのは、りんご栽培を参考に確立された、桜の管理方式「弘前方式」によるものといわれている。

◆産業

◎日本一の生産量のリンゴ　農林水産省の作物統計によれば、2022年における都道府県別リンゴの生産量は青森県が43.9万t（全国シェア59.6％）と他の都道府県を圧倒している。1875（明治8）年にリンゴの苗木3本が内務省勧業寮から配布されたことが生産の始まりとされており、廃藩置県後、失業武士達の就農対策としてリンゴ栽培が取り入れられた。リンゴ栽培は旧弘前藩士の菊池楯衛（青森リンゴの開祖）の栽培技術の指導により旧士族や農民に普及していった。1891（明治24）年には青森－上野間の鉄道が開通し、青森産のリンゴが東京市場に大量に出荷されるようになると、青森におけるリンゴ生産の発展が決定づけられた。その後、県の農事試験場やリンゴ試験場、あるいは国の園芸試験場東北支場で、リンゴ栽培における病虫害対策や技術革新などが行われるとともに、品種改良が行われ、青森県のリンゴ生産はさらに飛躍的に発展した。特に、津軽平野の藤崎町にある園芸試験場東北支場の品種改良で誕生した「ふじ」は青森県だけでなく、他

地域や世界においても有力なリンゴ品種となった。

　リンゴの栽培では平均気温6℃から14℃の冷涼な気候と少ない降水量、および成長期における日較差が大きいことなどが適地とされており、県内では岩木山麓が水はけのよいこともあり、リンゴ栽培の適地とされる。さらに、リンゴ栽培の歴史的経緯も相まって、県内におけるリンゴの主要な産地は津軽地方となる。実際、2021年のリンゴ栽培面積では弘前市や黒石市を中心とする西南地域が1万3,371haと県全体の65.7％を占め、次いで五所川原市を中心とする西北地域が3,971ha（全体の19.5％）と続き、津軽平野のリンゴ生産が卓越していることがわかる。県内で最も多く生産されている品種は、10月下旬から11月中旬に収穫する「ふじ」であり、その生産量は県内のリンゴ生産量全体の約50％であり、順次、「つがる」の約11％、「王林」の約10％、「ジョナゴールド」の約9％と続く。青森産のリンゴは全国に出荷されている。特に、出荷量の約40％は関東地方向けであり、次いで近畿地方（約23％）や中部地方（約15％）向けが多い。

◎**日本一の生産量のニンニク**　　農林水産省の作物統計によれば、2022年の都道府県別のニンニク生産量では青森県が1万3,500t（全国シェア66.2％）と圧倒的に日本一である。県内におけるニンニクの産地は十和田市が県全体の作付面積の約17％を占め、順次、天間林村の約12％、田子町の9.1％、新郷村の約8％と続く。ニンニク産地の多くの市町村は南部地方に分布している。これは、ニンニク栽培が夏冷涼で冬寒冷な南部地方の内陸の気候に適し、この地域の寒暖差、特に冬の寒さによって糖度の蓄積された良質のニンニクが生産されている。また、主要産地の十和田市や田子町では八甲田山の火山灰土壌に広大なニンニク畑が広がり、土壌中に含まれるミネラル分や鉄分がニンニクの成長を助けている。青森県では、9月中旬から10月中旬にかけてニンニクが植え付けられ、翌年の6月下旬から7月上旬にかけて収穫される。その後、1か月ほど乾燥させ、「福地ホワイト六片種」や「たっこにんにく」の地域ブランドで全国に出荷されている。

◎**日本一の生産量のアンズ**　　農林水産省の特産果樹生産動態等調査によれば、2021年の青森県のアンズ生産量は1,250t（全国シェア67.6％）と都道府県別で最も多い。アンズは太陽光に恵まれ、水はけのよい土壌と風通しのよい場所を栽培適地とし、県内では南部地方の南部町や五戸町や八戸市などが主産地になっている。特に南部町は江戸時代から「八助」と呼ばれる

品種の大粒のアンズが生産され、紫蘇漬けにして「八助の梅干し」として食べられていた。現代でも、「八助」は青森県における主要品種で、甘味が少なく酸味が多い特徴から加工用として利用されている。

◎日本一の生産額のサバ缶詰　　経済産業省の経済センサス品目別統計表によれば、2021年の青森県のサバ缶詰の生産額は100.7億円（全国シェア51.6%）で都道府県別で最も多い。主要な生産地は八戸市であり、八戸市の水産缶詰産業は日露戦争の軍需物資の生産から始まり、八戸港における水産物の豊かな水揚げ量により発展してきた。特にサバ缶詰の生産には八戸港に9月から10月にかけて水揚げされたサバが使われている。それは、八戸前沖が複雑な海流変化のある海域で、サバの餌となるプランクトンが多いため、9月の海水温の低下とともに、サバが多くの餌を食べて、サバの脂肪分と旨味が増すためである。

◆生活文化・その他

◎日本一の銭湯文化　　厚生労働省の衛生行政報告例と国勢調査によれば、2020年における人口10万人当たりの銭湯（公衆浴場）の数は青森県が22.9軒であり、2位（鹿児島県の16.8軒）以下を大きく引き離している（全国平均は2.6軒）。県内の銭湯の多くは天然温泉であり、自家源泉の源泉掛け流しになっている。青森県において銭湯が多く利用されている理由は諸説ある。一つは、温泉が多く、それを利用できたこと、加えて家庭における内風呂の普及が遅れていたことが挙げられる。また、近海漁業に出かける漁師が早朝に風呂に入っていたことが青森県の朝風呂文化の伝統となり、銭湯の多くは早朝から営業し、多くの県民が朝風呂を楽しんでいることも銭湯が多く立地していることの理由である。県庁所在地別になるが、1世帯当たりの温泉・銭湯入浴料の年間支出金額（2020年）も青森市が5,392円と全国で最も多く、全国平均の4倍以上になっている。

◎日本一の睡眠時間　　総務省の社会生活基本調査によれば、2021年における1日当たりの10歳以上の人の睡眠時間では、青森県が8時間8分と最も多く、次いで秋田県（8時間6分）となり、山形県や岩手県の東北各県が上位に位置づけられている。青森県と秋田県の差はわずかであり、両県で常に1位の順位を争っている。青森県の睡眠時間が長いのは、就寝時間と起床時間が早く、健康的な生活を送っていることも理由の一つになっている。また、職住近接で通勤通学の時間が短くてすむことや、冬季の寒さのため自

東北地方　23

宅で過ごす時間が長くなることも睡眠時間が長くなることにつながっている。さらに、睡眠時間が長いのは高齢化も関連しているといわれている。

◎**日本最大規模の縄文遺跡**　青森市の三内丸山遺跡は縄文時代前期中頃から中期末葉（約5900から4200年前）の大規模集落跡であり、遺跡の規模は約40haに及ぶ。遺跡の場所は八甲田山系の低丘陵地の先端における沖館川の河岸段丘に立地している。縄文時代においては落葉広葉樹林が集落周辺に分布し、栗やクルミなどの木の実の採集が行われていた。集落は広場を囲むように住居を配置する環状形態を呈し、大型掘立柱建物や掘立柱建物、貯蔵穴、墓・土坑墓、道路などの施設が計画的に配置された。特に、竪穴建物や高床倉庫の他に、大型竪穴建物が10棟以上あり、建物は約780軒に及んでいた。また、集落周辺には一年草のエゴマやマメなどの栽培の形跡も残され、木の実の採取以外にも食料確保の方法があったことを示している。1997年に国の特別史跡に指定され、2021年にはユネスコにより「北海道・北東北の縄文遺跡群」の一つとして世界文化遺産に登録された。

青森県の特徴とさらに理解を深めるために

　青森県は中央を縦走する奥羽山系により太平洋側と日本海側に大きく2つに地域区分することができ、その地域区分がさまざまな地域の性格に反映されてきた。歴史文化的には南部地域と津軽地域であり、それは産業経済にも反映されている。気候環境が比較的恵まれている津軽地方は米作が行われたが、気候環境が比較的厳しい南部地方は冷害に備えて雑穀栽培も行われていた。そのような地域の性格は生活における食文化にも反映されており、津軽地方は米と餅を使った料理が多く。一方、南部地方はあわやひえなどの雑穀とそば粉、麦粉を使った料理が多く、「はっとう」や「ひっつみ」、「せんべい汁」などが典型的な食事である。このように地域的な差異があるが、朝風呂文化や睡眠時間の長さなどにみられるように、「健やか力」を向上させようとする風土は共通している。

〈青森県に関する理解を深めるための本〉
地図などを用いて地形や地質、歴史、文化、産業などの特徴を紹介：
・弘前大学人文社会科学部編（2019）『大学的青森ガイド』昭和堂
・昭文社旅行ガイドブック編集部編（2021）『青森のトリセツ』昭文社

③ 岩手県

日本一のホップ生産

岩手県の概説

　岩手県は本州の北東部に位置し、北を青森県、西を秋田県、南を宮城県と接し、県の形は東西約122km、南北約189kmと南北に長く楕円形に近い。県の面積は北海道に次ぐ大きさで、日本面積の4％を占める。県西に奥羽山脈が縦に走り、そして中央から東部にかけて北上山地が広がっている。これらの山地や山脈によって、東から西に太平洋沿岸地域と北上山地の高原地域、および北上川の流域となる内陸盆地と奥羽山脈の山麓地域に大きく区分される。気候環境も地域差があり、夏冷涼な海洋性気候の沿岸地域に対して、内陸地域は気温の年較差や日較差の大きい内陸性気候となる。歴史的にみると、南部藩（分藩の八戸藩を含む）と伊達藩（分藩の一関藩を含む）で主に構成されており、県南部の陸前と県北部の陸中では異なる文化的基盤をもっていた。例えば、客をもてなす料理は南部領ではそばであり、「わんこそば」として現在でも周知されている。他方、伊達領では餅をふるまうことが多く、「もち本膳」や「ずんだ」という食文化になっている。県の人口は約120万人であり、そのうちの約80％は内陸の北上盆地に集中し、盛岡市や水沢市や花巻市などの主要都市が立地している。これらの都市は東北新幹線で首都圏と直結している。一方、沿岸地域や高原地域や山麓地域は平地が少なく、人口が分散し、小都市が点在するにすぎない。

岩手県の日本一

◆ 自然

◎日本一長いリアス海岸　　三陸海岸は青森県の八戸市鮫角から宮城県石巻市万石浦まで総延長約600kmにおよび、その大部分が岩手県の太平洋沿岸の海岸線となる。そのほぼ中間に位置する宮古市を境にして、北部の北三陸は海岸段丘の発達する海岸となり、南部の南三陸では日本一長いリア

東北地方　25

ス海岸が発達している。氷河期の後に海面上昇により陸地の谷が沈水し、複雑に入り組んだ海岸線と水深の深い入江が形成され、天然の良港として多くの漁港が立地している。三陸沖は世界の三大漁場の一つであり、リアス海岸における漁港は地域の漁業の発展を支えてきた。また、複雑な海岸線は美しい景観となるため、宮古市の浄土ヶ浜や大船渡市の碁石海岸や釜石市の千畳敷などの観光地になっている。一方、リアス海岸の入江の形状はV字であるため、入江に入り込んだ津波は、両岸が狭くなることで波の高さを増していき、地域に大きな被害をもたらすことになる。三陸のリアス海岸は津波被害の常襲地でもあり、1896年の明治三陸地震の津波は30mを超すものとなり、1933年には昭和の「三陸津波」が起こっている。2011年の東北地方太平洋沖地震でも約40mの高さの津波が宮古市で記録され、三陸沿岸に大きな被害をもたらした。三陸沿岸では津波の被害を防ぐため、防潮堤や防波堤が多く建設されている。

◎**日本一の水深の地底湖**　岩泉町の宇霊羅山(ウレイラはアイヌ語で霧のかかる山の意味)の麓にある龍泉洞は日本三大鍾乳洞の一つであり、国指定天然記念物になっている。洞内は現在わかっているだけでも4,088m以上あり、その奥からの湧水により地底湖が7か所に形成されている。地底湖の水深はいずれも深く、特に第4地底湖は水深120mと日本一である。しかも、地底湖の透明度も41.5mで日本一であり、湖水をのぞき込むと透明度により「ドラゴンブルー」に見え、道内の鍾乳石とともに幻想的な景観をつくりだしている。地底湖の水は龍泉洞地底湖の水として名水百選の一つに選定されている。龍泉洞の水は石灰岩層から湧き出すため、カルシウムが含まれており、酸性度は7.6と弱アルカリ性で、比較的硬度の高い硬水になっている。

◎**日本一長い鍾乳洞**　岩泉町にある鍾乳洞の安家洞は、総延長23.7kmと日本一の長さを誇っている。それは、秋芳洞(山口県)の2倍以上の長さである。約2億数千万年前(中生代三畳紀)の火山島で、有孔虫やサンゴなどの生物が堆積してできた石灰岩(安家層)が隆起して地上に押し上げられ、長い時間をかけて雨水に侵食され、鍾乳洞が形成された。洞内には分かれ道が1,000か所以上あり、日本では数少ない迷宮型鍾乳洞になっている。この鍾乳洞は全国的にみても古いものに属し、洞穴の生成発達過程が段階的にわかることと、数多くの種類の鍾乳石が観察できることから学術的な価

値が高いと判断され、国指定天然記念物になっている。
◆産業
◎日本一のホップ生産　　全国ホップ農業協同組合連合会の資料によれば、2021年における岩手県のホップの栽培面積と収穫量はそれぞれ45 haと80 tでともに全国一であり、それらの全国シェアはともに約50％に近い。ホップはビールに苦味と芳香をもたらす原料として必要であり、雌雄異株の蔓性作物で雌株につく蕾がビールの原料となる（受粉により独特の香りが失われるため雄株は植付けしない）。ホップ栽培は冷涼な気候を適地とするため、明治期以降に北海道や東北地方に導入された。岩手県では1962年に栽培が始まり、1990年頃には全国一の生産地に発展した。しかし、外国産のホップが多く輸入されてビール醸造に使われるようになり、岩手県のホップの生産量は1990年頃をピークに減少し続けている。2010年代になるとクラフトビールが注目されるようになり、地産地消や地域振興の一つの要素として国産のホップが見直されてきた。実際、岩手県のホップの主要産地である遠野市では、大手ビール醸造メーカーと自治体と地元の民間企業が連携し、ホップを繋ぎ手としての地域振興を図り、新規のホップ栽培の就農者やクラフトビール醸造所の後押しをしたり、ビアツーリズムを企画したりして、「ビールの里」づくりが行われている。

◎日本一のリンドウ生産量　　農林水産省の作物統計によれば、2019年における岩手県のリンドウは4,840万本（全国シェア56.8％）で都道府県別で最も多い。県内における主要産地は八幡平市（旧安代町）であり、「安代りんどう」の地域ブランドで全国に出荷されており、一部はオランダなどの海外に輸出されている。八幡平市でリンドウ栽培が始まったのは1971年であり、奥羽山脈の山間部に位置していたため「やませ」による水稲の不作がたびたび生じ、米の生産調整を契機に水稲に代わる商品としてリンドウの栽培が導入された。1992年にはオリジナルブランドの「安代りんどう」が育成され、全国市場における地位を確かなものにし、現在では八幡平市のリンドウの約90％がオリジナルブランドとなっている。八幡平市以外にも、西和賀町や花巻市、および奥州市や一関市などでリンドウ栽培は盛んであり、リンドウの新品種の開発にも努めている。「いわて夢みのり」や「いわて八重の輝きブルー」などオリジナル品種は30品種以上を数えている。リンドウは夏季冷涼であることと、水はけのよい酸性土壌が栽培適地であり、奥

羽山脈の火山山麓がそのような栽培適地に当たる。出荷は6月から10月であり、盆や彼岸の仏花としての需要が高いが、近年はブーケやブライダル用のカジュアルフラワーとしての需要も高まっている。

◎日本一の生産量の生漆　農林水産省の特用林産物生産統計調査によれば、2020年における岩手県の生漆生産量は1,525kg（全国シェア74.4％）と都道府県別で最も多い。ウルシの幹に一文字に傷をつけ、その傷を樹木が治癒するために分泌する乳白色の漆を掻き採ったものが生漆となる。ウルシの樹木は日本各地に分布するが、排水良好で肥沃な土壌を適地としている。県内における生漆生産の中心地は二戸市であり、市内には約13万5,000本のウルシが分布している。特に、二戸市の浄法寺町は生漆の生産が盛んで、漆掻きがウルシの花が咲き終わった6月中旬から10月まで職人の手で行われている。漆掻き職人は年間1人200本以上の木から4日間程度で巡回しながら漆を採取している。二戸市で古くから引き継がれてきた「漆掻き技術」は2020年に「伝統建築工匠の技：木造建造物を受け継ぐための伝統技術」としてユネスコ無形文化遺産に登録された。

◎日本一の飼育頭数の日本短角牛　農林水産省の畜産統計調査によれば、2022年の岩手県の日本短角牛の飼育頭数は2,556頭（全国シェア39.0％）で最も多い。日本短角種は黒毛和種や褐毛和種とともに4つの和牛品種の一つで、サシが少なく低脂肪で旨味成分のアミノ酸を多く含む赤身の牛肉となる。日本短角種は日本在来種の南部牛を改良したものであり、県内の短角牛は「いわて短角牛」としてブランド化されている。県内主要産地は盛岡市、久慈市、二戸市、岩泉町であり、夏山冬里方式（夏は放牧、冬は舎飼）で飼育されている。近年の食に対する健康志向の高まりにより、霜降り牛肉と異なる赤身の牛肉の需要が高まり、日本短角牛の評価は上昇している。

◎日本一の漁獲量のアワビ　農林水産省の海面漁業生産統計調査によれば、2021年における都道府県別のアワビ漁獲量は90t（全国シェア13.7％）と都道府県で最も多い。他県産のアワビの多くが夏に漁獲されて旬を迎えるが、三陸沿岸に生息するエゾアワビは主に11月から12月にかけて漁獲される。三陸沿岸ではアワビの餌となるコンブやワカメなどの海藻が豊富であり、そこで育ったアワビは肉厚で歯応えがよいものとなっている。岩手県ではアワビの資源を守るため、素潜りによる潜水漁を行わないようにしており、船からカギの付いた棒でアワビを引っ張り上げる、鉤取り（見突き

漁)が多く行われている。しかし、県北の沿岸地域では素潜り漁も許可されているため、一部で行われている。いずれにしても、三陸地域ではアワビとウニをふんだんに使った「いちご煮」が伝統的な郷土食として普及している。

◎日本一の生産量の木炭　農林水産省の特用林産物生産統計調査によれば、2020年における岩手県の木炭の生産量は2,358.6t（全国シェア17.6％）と都道府県別で最も多い。岩手木炭の多くは県北部の山間地域で広葉樹林の多い洋野町や軽米町、および九戸村などで生産されている。木炭は「岩手窯」や「岩手大量窯」を用いて大規模に、そして均一に焼き上げるため、良質で安定した品質の木炭になっている。岩手木炭は焼くのに半月、焼き上がった木炭を冷ますのに10日程度かかるため、その生産は1か月に1回ほどになる。木炭は約90％が黒炭で、昔から南部鉄器や鉄瓶の製造に欠かせないものであったが、近年ではバーベキューなどの燃料としての需要も高まっている。

◆生活文化・その他

◎日本一の県立病院の数　地方公営企業年鑑（2017年）によれば、都道府県立病院が最も多いのは岩手県で、その数は20であった。このように県立病院が多いのは、県域が広いことと、人口が北上山地などにより偏在し分散していることと関連し、県民に良質な医療サービスを持続的に提供するために県立病院を県内に配置して、他の医療機関や介護施設などとの役割分担と連携を図る必要があったためである。そのため、20の県立病院（基幹病院9、地域病院10、精神1）は8つの二次保健医療圏（盛岡、胆江、両磐、気仙、釜石、宮古、久慈、二戸）の中核病院となり、急性期から慢性期、精神、療養などさまざまな医療を提供している。しかし、県立病院の医療サービスに依存することは民間の医療機関のサービスが不足していることを暗示しており、そのことも県域の広さと人口分布の偏在性や分散と関連している。

◎日本一の規模の民間農場　小岩井農場は雫石町と滝沢市にあり、その規模は3,000haと日本最大の民間総合農場である。宮沢賢治の長編詩「小岩井農場」にも取り上げられた。小岩井農牧株式会社が農場の経営を行っており、その名称は明治期に農場開設にかかわった小野義眞（日本鉄道会社副社長）、岩崎彌之助（三菱社社長）、井上勝（鉄道庁長官）の名字から1字ずつ取ってつけられた。農場では酪農を中心とする畜産経営が広い土地を利用

した家畜の放牧で行われ、そこに林業や種鶏、乳製品加工などが加わり、最終的には農場観光も加わって、多機能な事業が展開している。農場には、明治時代から昭和初期にかけて建設されたサイロや畜舎や本部事務所などの牧畜関連の建築物がまとまって残っており、それらは国の重要文化財に指定されている。

◎日本一の高さの木造一本彫の仏像　花巻市の三熊野(みくまの)神社境内における成島毘沙門堂には、兜跋毘沙門天立像(とばつびしゃもんてんりつぞう)があり、高さは4.73mと欅(けやき)材の一本彫の仏像としては日本最大である。仏像は平安中期に朝廷から派遣されてこの地を平定した坂上田村麻呂(さかのうえのたむらまろ)により北方鎮護の守護神として安置されたものと伝えられ、その歴史的美術的価値から国指定重要文化財になっている。また、三熊野神社では子どもの成長を祈願して、神事の「毘沙門まつり、全国泣き相撲大会」が毎年5月に開催されることでも知られている。

岩手県の特徴とさらに理解を深めるために

　岩手県は広い土地をもち、それが山地や山脈により沿岸地域と山間地域と内陸盆地地域に大きく区分されている。そのため、山地や山脈を横断する交通ネットワークが弱く、三陸沿岸や内陸盆地の北上川に沿った交通ネットワークが発達した。このことは都市の分布や結びつきにも反映され、人口分布の偏在性にもつながった。結果的には、内陸盆地には高速道路や新幹線が敷設され、さまざまな経済活動が集積している。このような地域格差を解消することに努めていることが岩手県の大きな特徴の一つとなる。例えば、リンドウ生産やホップ生産など地域環境を活かした産業が山間地域など条件の不利な地域で発達し、地域振興の原動力になっている事例は少なくない。また、県内の医療サービスの事例からもわかるように、生活に関連した住民サービスがどこの地域でも等しく受けられるような工夫も続けられている。加えて、岩手県の地域環境の特徴には夏冷涼で冬寒冷の気候があり、様々な経済活動はそのような気候に上手く適応してきた。

〈岩手県に関する理解を深めるための本〉
岩手県の自然や歴史、および生活文化や産業や社会などを紹介：
・田村治敏（1995）『岩手の日本一』岩手日報社
・昭文社旅行ガイドブック編集部編（2021）『岩手のトリセツ』昭文社

④ 宮城県

生産量日本一のセリ

宮城県の概説

　宮城県は東北地方の太平洋側に位置し、東は太平洋に面し、西は奥羽山脈を境にして山形県と接している。県南部では阿武隈山地が、北東部では北上山地が延びており、県央部が北上川と阿武隈川によって形成された沖積平野（仙台平野）となっている。県央部の気候は太平洋側の性格をもち、冬は晴れの日が多く雪は比較的少ない。夏も太平洋からの風によりあまり暑くならず過ごしやすい。そのため、県央部には人口が集中し、農業や鉱業や商業などの経済活動も集中している。仙台平野における中心都市の仙台市は人口約110万人（2022年現在）であり、東北地方唯一の政令指定都市になっている。また、周辺の都市と連担して仙台都市圏を形成しており、そこには県内の人口の約70％が居住している。さらに、県央部の沖積平野は日本を代表する穀倉地域になっており、ササニシキやひとめぼれなどの銘柄米が多く生産されている。このような県央部における発展は戦国末期に伊達家が仙台に移封され、青葉山に仙台城を築いたことから始まり、その後の仙台のまちづくりや沖積平野の水田開発が今日の発展につながった。現代になると、高速道路や新幹線などの交通ネットワークの整備にともない、首都圏との結びつきや東北地方の各都市との結びつきがさらに強まり、仙台は広域中心都市としての性格を確かなものにしている。

宮城県の日本一

◆自然
◎日本一低い山　　仙台市宮城野区蒲生にある日和山は標高3mで、日本一低い山である。日和山がつくられた経緯は、寛文年間（1661年から1673年）に開削された御舟入堀の土砂を積み上げてできたとする説や、大正時代に大規模な養魚場の池を掘った際の土砂を積み上げてできたとする説があ

東北地方　31

るが、明治時代に漁師が出漁する際に天候を予測するためにつくられたとする説が有力である。それは、日和山の地名が天候を予測する「日和る」に由来していることからもわかる。いずれにせよ、日和山は人口の山であり、かつては標高6.05mで初日の出の名所になっていた。1991年には国土地理院により日本一低い山として認定されたが、1996年には大阪市の天保山（標高4.53m）に取って代わられた。しかし、2011年3月11日の東日本大震災の津波と地盤沈下により標高が低くなり、2014年の国土地理院の測量により再び日本一低い山と認められた。日和山は地元住民に愛され、毎年7月の第1日曜日に山開きが行われている。また、高砂市民センターでは日本一低い山日和山の登頂記念として証明書も発行されている。

◎日本一の飛来数のガン・カモ　環境省のガン・カモ類の生息調査によれば、2022年1月調査では日本に飛来した21万4,980羽のうち宮城県に飛来したのは18万7,189羽であり、日本全体の約90％を占める。極東ロシアからの渡り鳥のガンやカモは秋から冬にかけて、外敵が少なく、凍結しにくい水域を求めて日本に飛来する。県内のガン・カモの主要な飛来地は伊豆沼と内沼、蕪栗沼とその周辺の水田、および化女沼であり、いずれも仙台平野北部の栗原市や登米市、あるいは大崎市にあり、ラムサール条約登録湿地になっている。伊豆沼・内沼は自然湖沼で、面積はそれぞれ369haと122haであり、それらの水深は平均80cmと浅い。そのため、沼の中央まで水生植物が繁茂し、水生昆虫や魚類など多様な生物が生息し、冬季に凍結しない沼は周辺の水田とともにガンやカモの格好の飛来地になっている。同様に、蕪栗沼も大部分がヨシやマコモに覆われ、多様な生物が生息し、渡り鳥の餌場や休息地になっている。また、その周辺の水田では冬季に湛水が行われ、渡り鳥の餌場や休息地になっている。このような水田にとっては渡り鳥の糞が肥料となり、次の年の水稲作に役立っている。さらに、化女沼も丘陵地の端の低湿地に自然滞水でつくられた沼で、水深が浅いため水生生物が多く生息し、渡り鳥の餌場や休息地になっている。

◆産業

◎日本一の生産量のパプリカ　農林水産省の地域特産野菜生産状況調査によれば、2020年における宮城県のパプリカ生産量は1,370t（全国シェア20.4％）と都道府県別で最も多い。パプリカはナス科の多年草のトウガラシの栽培品種の一つで、緑色の未熟果を収穫するピーマンに比べ、パプリカ

は果実を完熟するまで育ててから収穫する。日本の栽培種は肉厚で辛みがなく甘いため、赤や黄色の彩用の野菜として炒め物やサラダに使われている。パプリカ南米熱帯地域原産であるため、生育適温は17℃から30℃であり、低温に弱い。宮城県の主要な産地は北部の栗原市で、冬は比較的温暖で、夏も高温にならないため、パプリカの栽培に適していた。一般の収穫時期は5月から7月であったが、県内の収穫時期は6月から10月であり、他産地との差別化が図られている。このようにパプリカは栽培期間が長期間に及ぶため、多くは栽培環境をコントロールしやすいハウスで栽培されており、施設の大型化にともなって1年中収穫することも可能になった。宮城県のパプリカ生産の拡大は、大規模な環境制御型の施設栽培が2009年に農業法人によって始まったことを契機にしており、その後、栗原市内に大型施設を中心にパプリカ生産拠点の整備が進められた。

◎日本一の生産量のセリ　　農林水産省の地域特産野菜生産状況調査によれば、2020年における宮城県のセリ生産量は424t（全国シェア39.6%）と都道府県別で最も多い。宮城県では、1775（安永4）年に名取市で「田ゼリ」が栽培されていた記録があり、それが栽培の始まりだとされている。セリとして出荷されるものは根セリと葉セリの2種類あり、根セリは鍋用や正月の雑煮用として9月から3月に出荷され、根の歯ごたえと強い香りが特徴的である。葉セリは花見用の食材として4月から6月に出荷され、春に伸びた新芽を食べることが特徴的である。特に、冬の「せり鍋」は宮城県の郷土料理として定番であり、人気がある。セリの主要な産地は名取市上余田や下余田地区であり、その他、石巻市河北地区や大崎市松山地区も主な産地になっている。セリの栽培地は地下水で湛水された水田であり、セリは水に浸かっている部分が茎として成長するため、成長に合わせて水量や水位を調整できる水田が適している。さらに、セリの収穫や調整、洗浄にはきれいで大量の水が必要となるため、沖積平野の湧水の豊かな地区が栽培適地となっている。

◎日本一の漁獲量（水揚げ量）のメカジキ　　農林水産省の漁獲量調査の確報によれば、2019年における宮城県のメカジキの漁獲量（水揚げ量）は2,263t（全国シェア39.1%）と都道府県別で最も多い。メカジキはスズキ目メカジキ科に分類されるカジキの一種で、カジキマグロと呼ばれることがあるが、マグロの仲間ではない。県内の主要産地は気仙沼市、南三陸町（志

津川漁港)、塩竈市などであり、それらの漁港は沖合の世界三大漁場の一つである金華山・三陸沖漁場を背景に沖合・沿岸・遠洋の漁船漁業の基地にもなっている。特に、気仙沼港ではメカジキの水揚げ量が多く、気仙沼市魚市場の生鮮メカジキ水揚げ量は全国シェアの約70%を誇っている。メカジキ漁は伝統的に「突きん棒漁」で行われていたが、現在ではほとんどが延縄漁で行われている。延縄漁は幹縄と呼ばれる長いロープに、枝縄と呼ばれる短いロープを一定の間隔でつなぎ、それぞれの枝縄の先に餌と針を仕掛けて漁を行うものである。

◎日本一の養殖量(水揚げ量)の銀鮭　　農林水産省の漁業・養殖業生産統計によれば、2021年における宮城県の銀鮭の養殖量(水揚げ量)は1万5,806t(全国シェア85.5%)と都道府県別で最も多い。銀鮭の養殖は1976年に南三陸町の志津川地区で始まり、その後に牡鹿半島の女川地区や雄勝地区でも盛んになった。これらの地区で銀鮭養殖が発展したのは、リアス海岸の湾が養殖に適していたことと、海水温が銀鮭の生息に適していたことであった。銀鮭はもともと米国ワシントン州の川を遡上していた魚であったが、その卵を日本に輸入して、それを宮城県や岩手県の内陸の山間部で孵化させて約10か月間養殖し、その稚魚を海に運んで海で養殖を行う。5か月から8か月後、海で養殖された稚魚は成長し、銀鮭として「みやぎサーモン」や「伊達のぎん」や「銀乃すけ」の地域ブランドで出荷されている。

◎日本一の養殖生産量のワカメ　　農林水産省による養殖生産量調査の確報によれば、2019年における宮城県のワカメの養殖生産量は1万8,309t(全国シェア40.6%)と都道府県別で最も多い。県内では、牡鹿半島より北の沿岸でワカメの養殖が盛んであり、それは複雑に入り組んだリアス海岸と、親潮と黒潮が交わる海の栄養と河川による陸地からの栄養が豊富なことによるものである。そのため、ミネラル分豊富で、旨みとしっかりとした食感のあるワカメが生産され、「三陸ワカメ」として全国に出荷されている。県内においてワカメの養殖は1960年頃に種苗の量産技術の確立とともに発展するようになった。養殖は、種苗を取り付けたロープを筏やブイで囲い込む水平延縄式や水平筏式などの法で行われている。

◆生活文化・その他

◎日本一の消費量のかまぼこ　　2人以上の世帯を対象にした総務省の家計調査によれば、2021年における仙台市のかまぼこの年間1人当たりの支

出金額は3,380円と、都道府県庁所在地および政令指定都市の中で最も多い。かまぼこなどの練り物の水産加工は漁港や魚市場に隣接した工場で行われ、余った魚を有効利用するためにもかまぼこ生産は重要であり、かまぼこが宮城県の食文化として定着した。特に、余った大量のヒラメをすり身にして手の平で叩き、木の葉の形にして焼いた「笹かまぼこ」は宮城県の特産物になっている。

◎日本一大規模な鉄道車両基地　利府町(りふちょう)と仙台市宮城野区と多賀城市にまたがるJR東日本の新幹線総合車両センターは、全長が約3.7km、幅が260m、敷地面積が約53万m²と日本最大の鉄道車両基地である。ここは東北新幹線開業と同時に1982年に開設され、JR東日本が保有するすべての新幹線車両が検査や修繕を受けるために定期的に当センターに入場している。JR東日本と関連・協力会社の従業員を合わせて約1,100名が車両基地に勤務し、新幹線の安全と定時運行を支えている。

宮城県の特徴とさらに理解を深めるために

宮城県は太平洋に面し、気候的にも比較的暖かく恵まれており、海岸部の広い沖積平野を中心に人々は生活や産業を展開しきた。そのため、人々は沖積平野や海の恩恵に基づいてさまざまな経済活動を行ってきた。特に、海の豊かな水産資源と沖積平野の食料は人々の生活を支え、多くの人口を養う基盤にもなっている。このことは、江戸時代から有力大名の支配地となり、今日まで東北地方の中心地として存在してきた原動力になっている。さらに、海と沖積平野の恵みは新たな可能性も創り出している。例えば、水産業であれば養殖などの育てる漁業が注目されているし、農業であれば環境制御型の大規模な施設園芸農業が発達している。これらの産業の中には日本一ではないが、上位にランクづけられる有力なものもある。他方、全国の生産量の約90%を生産する雄勝町の硯(すずり)や仙台箪笥(たんす)などの伝統産業も有力なものとして残っており、伝統も大事にしている。

〈宮城県に関する理解を深めるための本〉
歴史、地学、産業、交通、統計などから新しい宮城県の姿を発見する:
・河合敦監修(2023)『宮城の教科書』JTBパブリッシング
地理・地名・地図に隠されたさまざまなエピソードから宮城県を見直す:
・木村浩二監修(2014)『宮城「地理・地名・地図」の謎』実業之日本社

⑤ 秋田県

生産量日本一のじゅんさい

秋田県の概説

　秋田県は東北地方の北西部に位置し、西は日本海に面しており、北は世界自然遺産に登録された白神産地で青森県と、東の大部分は奥羽山脈で岩手県と、そして南は鳥海山で山形県と接している。県内には3つの大きな河川が流れ、米代川水系地域、雄物川水系地域、子吉川水系地域と、それらの水系に属さない男鹿・八郎潟地域に地域区分できる。気候は典型的な日本海側気候であり、冬季の日照時間は著しく短く、内陸部では積雪が多い。一方、夏季には高温多湿の気候となり、フェーン現象で乾燥した風が奥羽山脈から吹き降ろしてくることも少なくない。江戸時代には県内の大部分は久保田藩によって治められ、常陸から移封された久保田藩は減らされた石高を補うため、河川流域の新田開発や秋田杉などの林業の奨励、および院内銀山や阿仁銅山の鉱山開発に努め、それらは今日の県内の産業の礎になっている。高度経済成長期以前では銀山や銅山などの非鉄金属鉱業が内陸部で発展し、石油・天然ガス鉱業の油田が秋田平野などの沿岸部で多くみられた。しかし現在では、農林業や水産業が中心的な産業となっており、多くの農産物や水産物が秋田ブランドで県外に出荷されている。1997年に秋田新幹線が開業すると、東北地方の他の都市や首都圏との結びつきは強まり、地域の自然や文化に基づく観光産業にも力を入れている。

秋田県の日本一

◆自然
◎日本一広い盆地　　盆地は周囲を山地に囲まれた、周辺よりも低く平らな地形であり、陸地だけでひとまとまりの盆地になっているものとして、横手盆地は南北約60km、東西の最大幅約15kmの長方形の形状で、総面積が約694km^{2}と日本最大の盆地である。横手盆地は奥羽山脈と出羽山地に囲ま

れた県内で最も広い低地であり、盆地の西側を雄物川の中流部が北に流れ、盆地の東側は山脈からの河川でいくつかの扇状地が形成されている。雄物川流域では水稲作が、扇状地ではリンゴやブドウの栽培が行われている。盆地の夏は暑く冬は寒い。積雪も2mに達する豪雪地域で、雪解けも遅い。奥羽山脈が太平洋からのヤマセを防いで冷害から地域を守るため、作物の生育環境は良好である。そのため、盆地は「あきたこまち」などの良質米を生産する穀倉地域になっている。また、水稲作に関連して清酒醸造業も多く立地している。盆地内の人口は約38万人と県全体の約30％を占め、湯沢市と横手市、および大曲市の3市があるが、いずれも中心性は低い。しかし、秋田新幹線や高速道路が盆地内を縦横に走り、秋田市や東北地方の各都市、および首都圏へのアクセスはよい。

◎日本一深い湖　県の中東部に位置する田沢湖は円形の淡水湖で、直径約6km、最大深423.4mと日本で最も深い湖である。湖の成因にはカルデラ説と隕石衝突説があるが、現在でも詳しく解明されていない。田沢湖は潟尻川の源流となり、クニマスなどの淡水魚が生息していたが、水力発電と灌漑のために、1940年に酸性の高い玉川の水を田沢湖に引き入れたことにより、湖の酸性度が高くなり、淡水魚がほとんど絶滅した。酸性化した水は水力発電に利用できたが、農業用水としては利用できなかった。その後、石灰石を使った本格的な中和処理が1972年から始まり、湖水表層部は中性に近づいている。田沢湖には湖に身を沈め、湖の主となった辰子姫伝説があり、その伝説にまつわる像4体が湖畔に建てられ、観光誘引に役立っている。

◎日本一の強酸性温泉　県の北東部の仙北市にある玉川温泉は焼山の麓に立地し、温泉はph1.2と日本で最も酸性度の高い温泉である。「大噴」と呼ばれる湧出口から、強酸性泉が毎分9,000ℓ湧出し、単一の湧出口からの湧出量も日本一である。玉川温泉は江戸時代前期にマタギによって発見されたが、温泉地として本格的に利用されることになったのは昭和期になってからである。第二次世界大戦以降、国道開通やバス路線が開業し、温泉の効能が評価されるようになり、雑誌などのメディアで紹介されるにつれて、湯治客が増加する温泉になった。湯治場として人気が高いのは、豊富な湯量と多様な泉質により、打たせ湯や寝湯、蒸気湯、足湯、屋内岩盤浴など多様な形態で長期滞在の湯治を楽しむことができるためである。

◎日本一広い干拓地　　かつて琵琶湖に次ぐ国内2番目の広さの湖であった八郎潟の干拓地は総面積172.29km²と日本最大規模を誇っている。八郎潟の干拓は、第二次世界大戦後における食糧不足を解消するために農地を増やす目的で計画された。干拓事業は1957年に着工し、1966年に干拓地がつくられ、その後に干拓地内の建設事業が行われ、1977年に20年の歳月と総工費約852億円を投じた大事業が完了した。干拓地では大潟村が1964年に秋田県の73番目の自治体として発足し、1967年から全国公募によって入植が開始された。1農家あたり、1.25haの圃場を12区画分、合計約15haがまとまった形で配分され、大型機械を使った大規模な農業が計画された。しかし、日本の農業環境は大きく変化し、八郎潟干拓事業の存在意義が低下するようになった。実際、多収穫品種の普及や機械導入による省力化により生産性が増し、食糧増産の重要性が低下し、1970年から始まる米の生産調整は干拓事業に大きな影響を及ぼした。実際、大潟村への入植者公募が中止されたり、米の増産を目指していた干拓事業が見直されたりした。結果的には、大潟村の農業は水稲単作経営から麦類や豆類や野菜類を組み合わせた田畑複合経営に転換し、県内で一番の高収入が得られる農業地域となっている。さらに、近年では環境保全型農業にも取り組み、干拓事業で培った挑戦する姿勢が活かされている。

◆産業

◎日本一広い作付面積のダリア　　県園芸振興課資料によれば、2020年における秋田県のダリアの作付面積は1,086aと全国で最も広い。広大な農地と豊かな水資源、夏場の冷涼な気候を活かし、ダリアやキク類やリンドウなどの花卉栽培が盛んである。ダリア栽培は米の生産調整や米の需要の伸び悩みを契機に複合経営において米を補完する商品として普及するようになった。特に、大規模な園芸団地の整備やオリジナル品種の開発によって栽培が拡大し、大きく増加した。県内の育種家(秋田市の秋田国際ダリア園)と連携した「NAMAHAGEダリア」は市場評価も高く、秋田県のダリア栽培を確かなものにした。主要な産地は秋田市の雄和地区や川辺地区になる。ダリアの栽培は球根を6月上旬に植え付け、9月中旬から11月上旬まで切花の収穫が行われる。収穫期には花弁が少なくボリューム感のない露芯花の発生を防ぐため、電照栽培により日長を長く保つ工夫が行われている。

◎日本一の生産量のラズベリー　　農林水産省の特産果樹生産動態等調査

によれば、2020年における秋田県のラズベリーの生産量は1.4t（全国シェア35.9％）と都道府県別で最も多い。ラズベリー栽培では冬寒冷でも積雪があっても問題なく、夏の平均気温15℃から25℃の涼しい環境が重要になる。県内の主要な産地は五城目町であり、地域活性化のためキイチゴ（ラズベリー）の特産化を目指して「五城目町キイチゴ栽培研究会」を五城目町と秋田県立大学が産学共同研究で2008年に設立したことが産地形成の契機になった。五城目町産ラズベリーは雨除けハウス栽培と露地栽培によって栽培されているが、生鮮出荷のものは雨除けハウス栽培によって生産されている。ラズベリーには夏果と秋果があり、それぞれの収穫時期は7月上旬から8月中旬と8月下旬から9月下旬である。栽培農家は収穫作業の集中を避けるため、夏果と秋果を適当に組み合わせている。

◎日本一の生産量のじゅんさい　　農林水産省の地域特産野菜生産状況調査によれば、2010年における秋田県のじゅんさいの生産量は95t（全国シェア51.6％）と都道府県別で最も多い。じゅんさいは淡水の深さ1mほどの沼に繁茂する水草で、楕円形の緑色の葉を水面に浮かべる。じゅんさいの新芽はゼリー状のヌメリで覆われており、それを食用として摘み取る。じゅんさいの収穫時期は4月下旬から9月上旬で、最盛期は6月頃となる。県内の主要な産地は三種町であり、世界自然遺産の白神山地と出羽山地から流れこむ水や湧水が豊富で、まったく汚染されていないことがじゅんさい栽培を支えている。三種町では、2016年現在、じゅんさい栽培農家が234戸あり、じゅんさいを栽培する沼の面積は105haになっている。町内の森岳地区の角助沼や惣三郎沼に自生していたじゅんさいを小舟を浮かべて収穫していたことが、じゅんさい栽培の始まりであり、現在でもじゅんさい沼が200以上も点在している。

◎日本一広い人工林面積のスギ　　林野庁業務資料によれば、2012年における秋田県のスギ人工林の面積は36万7,469ha（全国シェア約8％）と都道府県別で最も広い。秋田県の森林面積は84万haで県土の72％を占めており、そのうちの48％は人工林である。人工林の大多数を占めるのがスギ林であり、伐採されて「秋田杉」として市場に出荷され、それは自然の中で育ってきた「天然秋田杉」と区別されている。「秋田杉」は間伐などを行って育てるため、成長が早く、生産樹齢は平均で約50年である。秋田杉が広がる県内の土地は直射日光の入らないところが多く、湿度が高い。このよう

東北地方　39

な土地で成長した秋田杉は耐陰性の強い、良質の木材となる。秋田杉は明るく澄んだ材質をもち、その木目は細かくそろっている。秋田杉の主要な産地は県北部の米代川流域である。米代川流域は日本三大美林の一つである秋田杉美林が広がり、天然秋田杉が伐採され市場に出荷されている。秋田杉美林の森はほぼスギで構成され、その多くが樹齢150年以上で、太さ54cm以上、高さ33m以上のものになっている。

◆生活文化・その他
◎日本一多い脳血管疾患の死亡者数（人口10万人当たり）　厚生労働省の人口動態調査によれば、2021年における秋田県の脳血管疾患の人口10万人当たりの死亡者数は167.4人と都道府県別で最も多い。秋田県において脳卒中などの脳血管疾患の罹患率や死亡率が高いのは、さまざまな要因が関連している。大きな要因の一つは高齢化の進展である。また、冬季の雪深さと寒さも要因として挙げられる。もう一つの大きな要因として食生活が挙げられる。雄物川流域の米作地域では白米をみそ汁と漬物と塩蔵の魚で大食し、酒を多く飲む食文化が脳血管疾患の罹患率を高めている。秋田県で脳血管疾患の罹患率や死亡率の比較的低い沿岸の漁村地域では新鮮な魚や海藻類を多く摂る食生活が日常であった。秋田県では脳血管疾患の罹患率を低下させるため、食生活の改善が図られている。

◎日本一多い理容所・美容所の数（人口10万人当たり）　総務省統計局の「統計でみる都道府県のすがた」によれば、2019年における秋田県の人口10万人当たりの理容所・美容所の数は555.3店と都道府県別で最も多い。このように県内で理容所・美容所が多いのは、「おしゃれ」や「身だしなみに気を遣う」という県民性によるものだといわれている。また、カットやパーマやカラーなどの理容・美容に関する料金は他県よりも500円から1,000円安くなっており、低料金で日常的に利用しやすいことも店舗の多いことの理由の一つである。さらに、理容師や美容師の70％以上が女性であることも秋田県の特徴である。

◎日本一高い持ち家率　総務省統計局の「統計でみる都道府県のすがた」によれば、2018年における秋田県の持ち家率は77.3％と都道府県で最も高く、一戸建て率も79.8％で最も高い。これは、宅地の1m²当たりの平均地価が1万3,200円（2018年現在）と都道府県別で最も安く、1世帯当たりの人数も全国平均の2.15人より多く、親との同居世帯も多いことを反映している。

実際、65歳以上の世帯員のいる世帯数の割合は57.5％（2020年国勢調査）と都道府県別で最も高く、三世代同居の世帯の割合も高い。

◎日本一多い全国高等学校バスケットボール大会男子優勝回数　能代市はバスケットの街として有名であり、それは県立工業高等学校（現在の能代科学技術高等学校）が全国高等学校バスケットボール大会男子優勝回数31回と圧倒的な回数を誇り、日本一であることに由来している。さらに、人気バスケットボール漫画『SLAM DUNK』に登場する高校のモデルとなったことにより「聖地巡礼」で訪れる観光客も多く、バスケの街のイメージは定着した。秋田県の高等学校がバスケットボールの強豪になった理由は明確でないが、2022年度の文部科学省の学校保健統計調査では7歳から10歳、12歳、14歳の男子児童生徒の身長は全国1位であることと関係があるかもしれない。

秋田県の特徴とさらに理解を深めるために

秋田県の土地は3つの河川による低地と盆地、それらを囲む山地・丘陵地の森、そして日本海に面した沿岸部からなり、人々は水稲作を中心に林業や漁業などを組み合わせながら生活してきた。冬の積雪による豊富な水資源や夏の暖かさは水稲作の発展を支え、多くの家族労働力を必要とした水稲作は大家族を育んできた。このような日常的な暮らしの豊かさは現代でも引き継がれ、持ち家率の高さや一戸建て住宅率の高さ、あるいは一戸当たりの住宅や宅地の広さや三世代同居率の高さにも反映されている。さらに、大家族で団らんする光景を象徴するものとしてテレビの視聴があり、秋田県がNHK放送受信料の支払い率（2021年97.9％）が全国一であることも関連しているかもしれない。このような豊かな暮らしの反面、米や漬物を中心とする食生活や冬の寒さ、あるいは高齢化の影響で脳血管疾患が多く、その改善に向けて努力が続けられている。

〈秋田県に関する理解を深めるための本〉
歴史、観光・施設、祭り・行事、自然、生活文化、産業の詳しい解説本：
・秋田県商工会議所連合会監修，秋田魁新報社編（2023）『秋田ふるさと検定公式テキスト2023年版』秋田魁新報社
・あんばいこう（2019）『秋田学入門』無明舎出版

⑥ 山形県

生産量日本一のセイヨウナシ

山形県の概説

　山形県は東北地方の西南部にあり、北は鳥海山や丁岳山地や神室山地で秋田県と、東は奥羽山脈で宮城県と、南は朝日山地や飯豊山地や吾妻山山系で新潟県と福島県に接し、西は日本海に面している。中央部に月山や湯殿山や羽黒山がある出羽丘陵があり、それと奥羽山脈の間を最上川が流れ、内陸部に南から米沢、山形、新庄の各盆地を有している。その下流では庄内平野が形成され、最終的には日本海に流れる。最上川は母なる川と呼ばれ、美しい自然をつくるだけでなく、農業・漁業や水運の発展、集落や都市の形成などさまざまに影響を及ぼしてきた。山形県は基本的に日本海側気候で豪雪地帯に指定されており、県内の約75％が特別豪雪地帯になっている。内陸部は季節による寒暖差が激しく、春季から夏季にかけてフェーン現象によりしばしば暑くなる。他方、日本海側の冬は比較的暖かく、積雪もすぐに溶けるが、日照時間はあまりない。日本海側の夏は高温になり、蒸し暑く、熱帯夜がしばしば生じる。これらの自然環境は県の地域区分にも関連し、それは盆地である内陸部の新庄地域、村山地域、米沢地域、そして海岸部の庄内地域の4つに区分されている。このような地域のまとまりは江戸時代における幕藩体制のまとまりにも関連した。江戸時代には最上川の舟運や北前船の運行により酒田が商業流通都市として栄えた。しかし明治期以降、道路交通や鉄道交通が発達すると山形市や米沢市などの内陸部の都市の中心性が高まり、それらの都市の発展は山形新幹線の開業により首都圏と約3時間で結びつくようになることで決定づけられた。

山形県の日本一

◆自然
◎日本一多い滝（落差5m以上）の数　　環境省の第3回自然環境保全基礎

調査によれば、1989年における山形県の滝（落差5m以上）の数は230か所と都道府県別で最も多い。滝は河川などの段差で水が落下している場所であるが、国土地理院は落差5m以上のものを滝とみなして地図に記録している。山形県に滝が多いのは、山地や扇状地など傾斜が多いことにより、河道に段差ができやすいためである。そのため、山形県の河川のほとんどが山から平地や海までの距離が短く急流になっており、その代表は日本の三大急流の一つである最上川である。また、県全体の約72%は森林で覆われ、積雪や降水がしっかりと森に蓄えられ、豊かな水量となって急流を流れることも滝が多いことの理由の一つである。県内で最も高さのある滝は酒田市の玉簾の滝（たますだれのたき）であり、落差63m、幅5mの直瀑の滝である。弘法大師が発見し命名したとされ、滝の前には御嶽神社が座し、かつては山岳宗教の修験場であった。さらに、県内で最も落差のある滝は米沢市の滑川大滝（なめがわおおたき）で、落差80m、幅40mと東北地方でも最大級である。滑川大滝は鶴岡市の七ツ滝と戸沢村の白糸の滝とともに日本の滝百選に選ばれている。

◎**日本一広いブナの天然林面積**　山形県の資料（2023年）によれば、ブナの天然林面積は約15万ha（全国の16.3%）と都道府県別で最も広く、県内の森林面積の22%を占めている。ここでの天然林は伐採などで人の手が入るが、自然の力で更新する森林のことで、人の手が入らず伐採されたことのない原生林とは異なる。ブナは保水力が大きく湿り気がある森林を形成するため、県内の湧水や河川などの水源として重要である。また、冬の豪雪にも強く、日本海側気候に適した樹木であり、積雪や寒さにより他の樹種との混交が抑制される。そのため、ブナの純林が形成されやすく、山形県をはじめとする日本海側の地域では気候に順応した樹木としてブナの天然林が広く残っている。ブナ材は重く運搬しにくかったことや、腐りやすく変形しやすいため用材に適していなかった。そのため、山形県ではブナがコナラやミズナラとともに燃料用の薪として利用されていた。他方、大量のブナの実は野生動物の貴重な餌となり、その多い少ないは野生動物の行動にも影響する。特に、ブナの実は冬眠前のツキノワグマの貴重な餌となり、ブナの実の不作の年はクマが里に出没することも少なくない。

◎**日本一の大ケヤキ**　東根市立東根（ひがしね）小学校校庭に生育する大ケヤキは群馬県の「原町の大ケヤキ」と山梨県の「三恵（みつえ）の大ケヤキ」とともに日本三大ケヤキといわれ、とりわけ樹高28m、幹周16mと日本最大である。樹齢

は1500年以上といわれ、国の特別天然記念物に指定されている。また、1989年に発表された「日本欅見立番付(にほんけやきみたてばんづけ)」では、東の横綱に選ばれ、毎年4月29日には東根小の6年生が大ケヤキにしめ縄として「横綱」を奉納している。

◆産業

◎日本一の収穫量のさくらんぼ　農林水産省の果樹生産出荷統計によれば、2022年における山形県のさくらんぼの収穫量は1万2,400t（全国シェア約77％）と圧倒的に多い。明治期の初めにさくらんぼの栽培が日本に導入され、その栽培に成功したのが山形県であった。山形県が成功したのは、梅雨期の降水量が少ないこと、台風の被害を受けにくいこと、日較差が大きいこと、夏の暑さが厳しいこと、そして冬が非常に寒いことなどであった。当初は生食でのさくらんぼの流通ができなかったため、缶詰用の栽培が中心であった。しかし、日持ちがよく甘みにも優れた生食用のさくらんぼの「佐藤錦」が従来の「ナポレオン」と「黄玉」を掛け合わせてつくられ、輸送流通の技術革新と相まって、さくらんぼは生食用として全国の市場に出荷されるようになった。現在、山形県で収穫されるさくらんぼの約70％は佐藤錦であり、その収穫は6月中旬から下旬である。県内のさくらんぼの主要な産地は村山盆地の中央に位置する東根市、天童市、寒河江(さがえ)市であり、それらの産地形成は盆地の気候がさくらんぼの栽培に適していたためである。

◎日本一の収穫量のセイヨウナシ（ラ・フランス）　農林水産省の果樹生産出荷統計によれば、2022年における山形県のセイヨウナシの収穫量は1万8,200t（全国シェア約68％）と都道府県別で最も多い。日本でのセイヨウナシの生産は明治期の初めに始まり、山形県ではバートレット種のセイヨウナシが1875（明治8）年に古くからのニホンナシの産地の東置賜(ひがしおきたま)郡屋代村（現在の高畠町）で始まった。セイヨウナシ栽培は比較的冷涼で雨の少ない、日較差が大きい地域を適地としており、山形県の内陸盆地の環境に適し、その主要な産地は東根市、天童市、上山市、高畠町である。山形県ではラ・フランス種が大正初期に導入されたが、見た目の悪さや栽培の手間からバートレット種の受粉樹として存在するに過ぎなかった。1990年以降、ラ・フランス種のとろけるような肉質と芳醇な香り、そして上品な甘みと酸味のバランスが生食用として評価され、需要が高まるにつれて、山形県のセイヨウナシを代表する品種となった。現在では山形県のセイヨウナシ生産の80％以上を占めており、2020年には「山形ラ・フランス」として地理的表

示（GI）保護制度に登録された。

◎**日本一の生産量のワラビ**　林野庁の「特用林産基礎資料」によれば、2022年における山形県のワラビの生産量は301.7t（全国シェア約46％）と都道府県別で最も多い。山形県全体の約70％は森林であり、その中でブナ林などの落葉広葉樹林が広く展開している。落葉広葉樹林の日当たりのよさと落葉による土壌の高い肥沃度はワラビの生育する良好な環境となる。小国町、鶴岡市、飯豊町、南陽市、鮭川村、朝日町、大江町、西川町、真室川町などの山間地域が主要な産地で、収穫時期は5月から7月である。山形産ワラビはぬめりが強くて柔らかく、「上物わらび」として評価が高い。また、県内では山林に隣接する園地や伐採後の林床の荒廃が進んでいたため、このような土地をワラビ園に転換する試みも行われた。県内各地では、ワラビを観光資源として活用しようと「観光わらび園」も開園され、伐採や下草狩りの林床管理により、日当たり良好なワラビ園になっている。

◎**日本一の生産量の原木ナメコ**　林野庁の特用林産基礎資料によれば、2022年における山形県の原木ナメコの生産量は21.8t（全国シェア約30％）と都道府県別で最も多い。県内でもブナやトチなどの広葉樹の広がる北部の鳥海山系や南部の朝日山地の山間地域が主要な産地である。原木ナメコの栽培は天然に近い条件下で行われるため、菌の生育には良好な森林環境が必要になる。実際、原木ナメコの栽培は春に切り出したブナやトチなどの榾木に菌を植え付け、それを森の中に置いて自然のままの状態で生育を待つだけである。収穫は翌年の秋になり気温が20℃以上になるとナメコが発生してくる。原木ナメコの収穫と出荷時期は9月から12月になる。原木ナメコの特徴は色が濃く、ぬめりや歯ごたえがしっかりしており、菌床栽培のものと異なる。

◎**日本一生産量のタラの芽**　林野庁の特用林産基礎資料によれば、2022年における山形県のタラの芽の生産量は31.0t（全国シェア28.9％）と都道府県別で最も多い。広葉樹林が多く広がる山形県は、自生する山菜の宝庫であるが、作り育てる山菜の生産も多い。その代表的なものが促成の「ふかし栽培」を取り入れたタラの芽である。その主要な産地は県北部の最上地域である。タラの芽栽培は、秋に落葉したタラの木を伐りだし、それを10cmほどの長さにして水につけてハウスの中で温度管理を注意しながら加温し、生育に必要な水分と湿度で約1か月ふかすことで、新緑のタラの芽が収穫で

東北地方　45

きる。収穫時期は11月下旬から翌年の5月上旬までで、山採りのものよりもかなり早く収穫出荷できるだけでなく、豪雪地域における冬の仕事や収入源になっている。

◆生活文化・その他

◎日本一高い三世代同居率（対一般世帯数）　総務省の国勢調査によれば、2020年における山形県の三世代同居率（対一般世帯数）は13.9％（全国平均4.2％）と都道府県別で最も高い。山形県の三世代同居率が高いのは、水稲作や果樹栽培などの農業が盛んで、伝統的に多くの人手を要していたことと、大家族を抱えるだけの広い宅地や住宅があること、さらに共稼ぎの割合（対一般世帯数）も2020年で34.4％と高く（全国第2位）、同居する家族が子どもの世話や家事を行っていることなどによるものである。三世代同居率と関連して、山形県は65歳以上の高齢者がいる世帯の割合（対一般世帯数）は2020年で55.2％と高く（全国第2位）、一般世帯の家族数も2020年で2.62人（全国平均は2.21人）と全国1位である。しかし、2005年の国勢調査では1世帯あたりの家族数は3.09人であったことから、山形県でも核家族化が進んでいることがわかる。

◎日本一多い人口10万人当たりの消防ポンプ自動車等現有数　総務省の「統計でみる都道府県のすがた2023」によれば、2021年における山形県の人口10万当たりの消防ポンプ自動車等現有数は242.5台（全国平均は72.4台）と都道府県で最も多い。また、総務省消防庁資料によれば、2022年における山形県の人口10万人当たりの消防団員数も2,109人（全国第2位）と高い。このように火災に対する備えが地域的に整えられているのは、奥羽山脈の西側に連なる内陸盆地において、あるいは飯豊山地の北側などの日本海沿岸地域で春から夏にかけてフェーン現象があるためである。フェーン現象は山脈や山地を越えて吹き降ろす乾いた熱風で、各地の気温を30℃以上に上昇させるだけでなく、乾燥ももたらし火災の被害をもたらすこともある。特に、山形県の多くは森林であるため、山火事の危険も少なくないため、防火体制は整えられている。さらに、山形県において火災に対する備えが整えられているのは、1975年に発生した酒田大火の影響もある。酒田大火は北西からの強風により広く延焼した結果、市の中心部を含め1,774棟が焼失し、被害総額は約405億円にもなった。この火災の復興による防災都市づくりの一環として、地域による防災体制が整備されることになった。

◎日本一多い1世帯当たり醤油年間消費金額　2人以上の世帯を対象にした総務省統計局の家計調査によれば、2020年における山形市の1世帯当たりの年間醤油年間消費金額は2,149円（全国平均は1,392円）と全国の県庁所在地と政令指定都市の中で最も高い。山形市において醤油の消費が多いのは醤油をベースとする食文化と関係している。特に、芋煮は県民に最も人気があり、山形の郷土料理として全国的にも認知されている。芋煮の具材はさといも、牛肉、こんにゃく、ねぎが定番であり、多くは醤油味の鍋となる。また、玉こんにゃくも人気のある郷土料理の一つであり、それは約3cmの球状のこんにゃくを醤油だけで煮た料理である。このように、山形県では醤油を多く用いる料理が定番になっている。さらに、総務省の家計調査によれば、2022年における1世帯当たりのラーメンの年間支出金額は山形市が13,196円で最も高く、山形ラーメンの基本的な特徴は醤油味である。そして、山形ラーメンは地域振興の一つの切り札としても活用されてきている。

山形県の特徴とさらに理解を深めるために

　山形県は周辺を山地や山脈で囲まれ、盆地と沿岸部が主な生活の場となっている。山の森とそこからの水の恵み、内陸盆地から日本海に注ぐ最上川の流れ、そして日本海の海運は地域の経済活動や産業を育んできた。特に、内陸に連なる3つの盆地（新庄、山形、米沢）における降水が少なく日照時間が長いことや、気温の日較差が大きいことなどの気候風土は果樹栽培の適地となり、明治期以降に日本に導入された西洋の果実の主要な生産地となった。山形県ではさくらんぼやセイヨウナシ以外にも多くの種類の果物が生産され、「くだもの王国」といわれるまでになった。そして、3つの盆地地域は新幹線などの交通インフラの整備により結びつけられるだけでなく、それらと首都圏との結びつきも強まっている。

〈山形県に関する理解を深めるための本〉
地形や地質、歴史、文化、産業などの特徴を地図で読み解きながら紹介：
・昭文社旅行ガイドブック編集部編（2021）『山形のトリセツ』昭文社
歴史学、文学、経済学、政治学、医学などからの学際的な研究の報告：
・山形大学都市・地域学研究所編（2011）『山形学』山形大学出版会

東北地方　47

7 福島県

収穫量日本一のツルムラサキ

福島県の概説

　福島県は東北地方の一番南に位置し、北は宮城県と山形県に、西は新潟県に、南は北関東と接し、東は太平洋に面している。県域は大きく3つの地域に分けられる。県東部に広がる阿武隈山地の東側で太平洋に面した浜通り地域、阿武隈山地と奥羽山地に挟まれた太平洋側内陸の中通地域、および奥羽山脈と越後山地に挟まれた日本海側内陸の会津地域である。これら3つの地域は自然環境や歴史文化環境、そして社会経済環境も異なっている。浜通り地域は海洋性気候で、冬は比較的温暖であり、降雪日は少ない。中通地域は内陸性気候で、暑くなるが雨が少なく、気温の日較差も大きい。内陸部を阿武隈川が南から北に流れ、良好な農業環境をつくりだしている。他方、会津地域は日本海側気候で、冬は寒さが厳しく積雪もある。江戸時代には会津藩により治められ、中小の藩領や天領などが入り組んでいた他地域とは異なる文化が発達した。江戸時代には、これら3つの地域はそれぞれ陸前浜街道、奥羽街道、会津西街道などで江戸と結ばれていたが、明治期以降の鉄道や道路の敷設により、東京や首都圏との結びつきが異なるようになった。特に、新幹線の開業や東北自動車道の敷設は中通地域も首都圏や東北地方の広域中心都市の仙台市との結びつきを強め、農産物も流通や産業立地に有利に働いている。さらに、交通アクセスの有利性は入り込み観光客の増加にもつながっている。他方、会津地域では地域の自然や歴史文化を活用した地域振興が行われ、浜通り地域でも東日本大震災からの復興を契機にして産業創生を推進する試みの成果が現れている。

福島県の日本一

◆ **自然**

◎ **日本一の清流**　　国土交通省の水質調査結果によれば、全国の一級河川

の159河川を対象に2地点で年間の水質調査を行い、2022年において、BOD（水中で微生物が消費する酸素の量）の平均が0.5mg/ℓで、水質が最も良好と認められたのは全国で15河川ある。さらに、10年連続で水質が良好であると認められたのは3河川で、それらのうちの一つが福島市の荒川である（他の河川は熊本県の川辺川と宮崎県の五ヶ瀬川）。このことから、福島市の荒川は日本一の清流であるといえる。荒川は2,000m級の吾妻連峰を水源にして阿武隈川に合流し、流路延長26.6kmである。都市部を流れるにもかかわらず水質が良好なのは急流であることと、水質が弱酸性であることに起因しているが、良好な水質を維持するためには地域住民らによる清掃活動（荒川クリーンアップ大作戦）などが果たす役割が大きい。

◆産業

◎日本一の収穫量の夏秋キュウリ　農林水産省の作物統計調査の作況調査によれば、2020年における福島県の夏秋キュウリの収穫量は3万1,100t（全国シェア12.1％）と都道府県別で最も多い。夏秋キュウリは露地やビニールハウスの施設で栽培され、定植は5月から6月、収穫は7月から9月になる。県内の主要な産地は伊達市、須賀川市、二本松市の中通地域の盆地であり、適度な降水、そして夏から秋にかけての気温の高さと太陽光の豊かさが夏秋キュウリの栽培に適している。また、県内でのキュウリ栽培は首都圏の市場に近いという地理的条件により1960年代から中通地域で本格的に始まった。実際、東京市場では夏秋においては他産地からのキュウリの入荷が少なくなり、福島産夏秋キュウリの需要は高まっている。施設栽培ではハウス内の温度管理や実を傷つけかねない摘葉や茎の刈り込みなどの栽培技術により、真直ぐな形状のものが生産されており、福島産キュウリは調理がしやすいと評価が高い。福島県夏秋キュウリの生産は東日本大震災により大きな被害を受け、市場価格が急落したこともあったが、そのブランド力と品質の高さから市場における需要と信頼は回復した。

◎日本一収穫量のツルムラサキ　農林水産省の地域特産野菜生産状況調査によれば、2020年における福島県のツルムラサキの収穫量は281t（全国シェア31.8％）と都道府県別で最も多い。ツルムラサキは東南アジア原産で、茎が緑色の種と赤紫色の種があるが、野菜として流通しているのは茎が緑色の青茎種が多い。日本には江戸時代に導入されたが、生産が本格化するのは1970年代からである。ツルムラサキは耐暑性が強く、その栽培適

温が25℃から30℃であるため、県内の主要な産地は伊達市や中島村や矢吹町などの中通地域で、夏の高温多湿の気候を活かして露地栽培が行われている。ツルムラサキは栄養価が高く、ビタミンやミネラルが豊富であり、独特のぬめりは免疫力を高める効果があるといわれている。そのためツルムラサキは夏季の葉物野菜として市場の需要も高い。県内におけるツルムラサキの播種と定植は4月から7月であり、収穫は6月中旬から10月中旬になる。また、蔓状のツルムラサキは、支柱を立てて栽培されている。

◎日本一の生産量の桐材　農林水産省の特用林産物生産統計調査によれば、2019年における福島県の桐材生産量は131.3m³（全国シェア49.7％）と都道府県で最も多い。県内の主要な桐材生産地は、会津地域の三島町や柳津町や金山町などの只見川流域の山間地域であり、会津桐として周知されている。会津桐の生産は、会津藩初代藩主の保科正之が産業振興策として桐の生産を奨励したことが始まりとされている。会津桐は厳しい寒さと湿潤な風土により、木目が太くはっきりと浮き出て優美であり、それ以外の特徴としては、調湿性があることと軽いこと、強いこと、燃えにくいこと、断熱性が高く音響性にも優れていること、そして加工がしやすいことが挙げられる。そのため、会津桐は箪笥などの家具や下駄の材料として活用され、江戸時代から人気のある桐材となった。しかし、明治期になると鉄道による物資輸送が発達し、鉄道で輸送しやすい越後桐や南部桐が会津桐に取って代わったが、その後の鉄道網の整備と桐材の品質のよさにより、会津桐の市場における需要と評価は不動のものとなった。会津桐の中でも三島町を中心に栽培されている宮下桐は雪深い気候と、只見川が運ぶ豊かな土壌に育まれ、緻密な木目と銀白色の美しい色味の桐材となり、国宝などの文化財収蔵箱にも用いられる。三島町では女の子が生まれると庭に桐苗を植える風習があったが、明治期以降には大規模な桐苗栽培に成功し、農家の副業として桐の原木が生産された。しかし、近年では桐の原木資源が減少傾向にあり、毎年、植林して桐材資源の確保に努めている。

◎日本一の出荷額の医療用機械器具部品　経済産業省の工業統計調査によれば、2021年における福島県の医療用機械器具部品の出荷額は255億円（全国シェア約18％）で最も多い。福島県は2011年の東日本大震災の復興を目指し、医療機器関連産業の集積を重点プロジェクトにして、福島県立医科大学と日本大学工学部が医工連携に基づいて地元のモノづくりの中小企

企業を支援して医療用機械器具部品の製造を発展させた。その後、ふくしま医療機器開発支援センターが2016年に郡山市富田町に開所し、医療用機械器具部品の生産の集積が進んだ。結果として、福島県の医療用機械器具部品の出荷額は連続して日本一を維持した。センターにはコンサルティング・情報発信機能、マッチング機能、安全性評価機能、人材育成・トレーニング機能があり、製造企業と医療機関との橋渡しや技術継承や国内外への情報発信に効果をもたらし、医療用機械器具部品の製造企業だけでなく、新規参入の企業や大手の医療機器メーカーなどの集積をもたらした。このような産業集積には中通地域の交通の利便性も有利に働いている。

◆生活文化・その他

◎日本一の1世帯当たりの納豆支出額　　総務省の家計調査によれば、2020年から2022年における福島市の1世帯（2人以上）当たりの納豆の支出額は平均値で年間6,786円（全国平均は4,422円）と全国で最も多い。福島市に限らず、福島県で納豆の消費量（支出額）が多いのは健康志向の強い県民性を反映しているといわれ、米飯を朝食に食べることが多いことから、手軽で安く手に入る納豆が多く食されている。また、納豆は伝統的な発酵食品の一つとして冬季の保存食に活用されてきた。特に、会津地域では冬季にビタミン不足になるため、保存しやすい大豆を茹でて藁苞で包み、一晩雪の中に埋めて納豆をつくって食べていたという。さらに、正月料理には餅に絡めたり、たくさんの根菜や山菜と一緒にして納豆汁を作ったりと、納豆は重宝されている。

◎日本一の1世帯当たりの桃の支出額　　総務省の家計調査によれば、2020年から2022年における福島市1世帯（2人以上）当たりの桃の年間支出額は平均値で7,256円（全国平均は1,062円）と全国で最も多く、消費量も1万2,573g（全国平均は1,086g）と全国1位で圧倒的に多い。桃の支出額や消費量が多いのは、福島県が桃の全国有数の産地（2020年の収穫量は2万2,800tで山梨県に次いで全国第2位）であることが大きい。県内の主要な産地は中通地域北部の福島市や伊達市、国見町、桑折町であり、盆地の気候に適した農産物になっている。県内で半分以上生産されている桃の品種は1952年に育成された「あかつき」で、硬めで日持ちするのが大きな特徴であり、もともと小玉であったものを大玉にする工夫をすることにより、主力品種となった。日持ちする性格は贈答用の桃に適しており、そのことも消費

東北地方　51

につながっている。さらに、福島県（福島市）は桃を含めた生鮮果実の支出額も4万5,954円（全国平均は7,256円）と全国1位である。

◎日本一の1世帯当たりの饅頭の支出額　総務省の家計調査によれば、2020年から2022年における福島市の1世帯（2人以上）当たりの饅頭の年間支出額は平均値で2,041円（全国平均は863円）と全国で最も多い。福島県ではお茶請けに饅頭を食べることや、墓参りの墓前で饅頭を食べる習慣があり、日常的に饅頭を食べることが饅頭の支出額の多いことに反映しているかもしれない。また、日本の三大饅頭の一つが福島県の薄皮饅頭（他は岡山県の大手まんぢゅう、東京都の志ほせ饅頭）であることも、饅頭の消費と関係しているかもしれない。

福島県の特徴とさらに理解を深めるために

　福島県は地形により浜通り地域、中通地域、会津地域の3つに分けられ、その地域差が気候風土や歴史文化、および社会経済に反映されている。基本的には、そのような地域差に適応しながら、それぞれ産業が発達してきた。特に、中通地域の盆地の気候環境は果物生産の発達を促し、それ以外の農産物の生産にも有利に働いている。また、会津地域や中通地域の盆地では良質の米が生産され、山地からの良質な湧水の活用と相まって、良質な日本酒醸造も福島県の地場産業として発達している。実際、福島県の日本酒醸造は2023年まで9年間、金賞受賞数が日本一であった。このような地域差や地域性は資質として重要でるが、それらにとらわれない地域再編も重要になる。例えば、首都圏への近接性を活かした製造業による産業コンプレックスなどにより、医療機器や映像機器などの製造拠点が形成されている。加えて、3つの地域の連携は観光産業でも展開しており、「うつくしまふくしま」のキャッチフレーズで地域連携した観光が行われている。

〈福島県に関する理解を深めるための本〉
地域の歴史や風土、および産業や生活文化を地図や地名などから読み解く：
・石田明夫監修（2015）『福島「地理・地名・地図」の謎』実業之日本社
地形や地質、歴史、文化、産業などの特徴を地図で読み解きながら紹介：
・昭文社旅行ガイドブック編集部編（2020）『福島のトリセツ』昭文社

⑧ 茨城県

生産量日本一のレンコン

茨城県の概説

　茨城県は北関東の東に位置し、東京から35kmから160km圏にあり、東は太平洋に面し、北は阿武隈山地で福島県に、西は八溝山地で栃木県に、南は利根川で千葉県と埼玉県に接している。県北部は山地地域であるが、県の中央から南部や西部にかけては久慈川、那珂川、小貝川、鬼怒川、そして利根川による沖積平野と関東ローム層に覆われた台地が広がっている。これらの平野や台地は農地として利用され、比較的肥沃な土壌と太平洋側の温暖湿潤な気候とが相まって、多種多様な農畜産物が多く生産され、日本有数の農業県になっている。茨城県が東京に近接していることは東京市場への農畜産物の流通にも有利に働き、東京の胃袋を支える食料基地にもなっている。一方、東京への近接性は農業だけでなく、製造業や食品加工業などの工業の立地にも有利に働いている。もともと県北の日立地域では常磐炭田などの鉱山に近接していたことから工業が発達し、県南東部の鹿島地域でも港に隣接することで鉄鋼業などの工業が発達したが、近年では新たな工業立地が常磐自動車道や圏央道の整備とともに県南や県西の地域でもみられるようになっている。さらに、東京の多様な機能が茨城県に移転するようになり、筑波研究学園都市のような新たな都市も造られた。加えて、つくばエクスプレスなどの鉄道網も整備され、県南地域は東京の通勤圏としても評価されている。県南地域の新たな宅地開発も利根川による広い平野に基づくものである。

茨城県の日本一

◆自然
◎日本一の栽培面積のネモフィラ　　ネモフィラは北米西部が原産であり、花径2cmほどの青紫の花は4月上旬から5月中旬に見ごろとなる。ひたちな

か市に立地する国営ひたち海浜公園では約450万本のネモフィラが3.5haの面積で植栽され、その植栽規模と花数は日本一である。国営ひたち海浜公園はもともと旧陸軍の水戸飛行場であり、第二次世界大戦後は駐留米軍の水戸射爆撃場として利用されたが、1979年以降に公園の造園が始まった。射爆撃場の跡地には「みはらしの丘」が造られ、その丘には春のネモフィラと秋のコキアが植栽され、波状の丘一面に花が咲き誇る風景は観光の主要なアトラクションにもなっている。

◆産業

◎日本一の収穫量のレンコン　農林水産省の作物統計によれば、2022年における茨城県のレンコンの収穫量は2万8,200t（全国シェア50.2%）と都道府県別で最も多い。東京市場では茨城産のレンコンが約90%を占め、その多くは霞ヶ浦周辺の土浦市、かすみがうら市、行方市、小美玉市、稲敷市、河内町、阿見町、石岡市、美浦村で収穫されている。霞ヶ浦周辺では低湿地が広がり、土壌が肥え、水温が高いという自然条件がレンコン栽培に適しており、肉厚で繊維質の細かいレンコンが生産されている。霞ヶ浦周辺でレンコン栽培が盛んになったのは1970年代の米の生産調整を契機にしており、レンコンは米に代わる収益性の高い商品作物として低湿地の水田に導入された。レンコンは20cmほどに湛水した水田で栽培し、水田の土中で成長したレンコンの地下茎を6月下旬から翌年の5月にかけて収穫する。収穫のピークは11月から3月にかけてで、茎に穴があることで「先が見える、見通しがきく」縁起物として正月や慶事に欠かせない食材となっている。収穫には、レンコンを傷つけないようにするため、水圧でまわりの土を落として、レンコンを浮かび上がらせる水掘りが胸まで水に浸かりながら手作業で行われている。レンコンの肌の美しさや白さの見栄えも市場で高く評価されるため、収穫後のレンコンの泥落としや洗浄は重要な作業となる。

◎日本一の収穫量のピーマン　農林水産省の作物統計によれば、2022年における茨城県のピーマンの収穫量は3万3,300t（全国シェア22.2%）と都道府県別で最も多い。ピーマンは日当たりが良好で温暖な気候と連作障害を防ぐための水はけのよい土壌を栽培適地としており、茨城県の主要な産地は神栖市や鹿嶋市、鉾田市、水戸市、行方市、石岡市、つくば市、古河市、八千代町、坂東市など県南部地域である。特に、神栖市は太平洋と利

根川に挟まれ、温暖な気候と砂丘地の水はけのよい土壌に恵まれており、茨城県を代表するピーマンの大産地になっている。神栖市のピーマン生産は第二次世界大戦直後に米軍から注文されたことで始まり、1965年からの鹿島開発による農業対策事業の推進により露地栽培から施設園芸に転換することで発達した。このように、ビニールハウスの施設で栽培されるピーマンが1年中市場に出荷できることも、茨城産ピーマンが市場の占有率を高めている理由の一つである。

◎日本一の収穫量のハクサイ　　農林水産省の作物統計によれば、2022年における茨城県のハクサイの収穫量は24万4,100t（全国シェア27.9％）と都道府県別で最も多い。県内の主要な産地は県西地域の八千代町、結城市、古河市、坂東市、つくば市、常総市、境町、下妻市、筑西市、牛久市であり、これらの地域では平野の広がりと肥沃な土壌、および冬の日照時間の長さと積雪のほとんどないことがハクサイの露地栽培に適していた。ハクサイには春期（4月から6月）と秋冬期（10月下旬から3月上旬）の年に2回収穫期があるが、特に冬のハクサイの生産量が多い。それは、降霜期に葉に蓄えられた養分が糖化し、柔らかく甘みのある味のハクサイが収穫されるためである。県西地域では、1966年の国の指定野菜価格安定対策事業を契機にハクサイの栽培が本格化し、1970年代の米の生産調整による転作や東京市場における需要の増大、および農業の高収益化により、ハクサイの大産地に拡大した。ハクサイ以外にも同様の地理的な立地条件や社会環境によって、茨城県における葉物野菜の生産は拡大した。実際、2022年における茨城県のチンゲンサイ（全国シェア27.7％）、コマツナ（全国シェア20.9％）、ミズナ（全国シェア49.5％）、ネギ（全国シェア12.3％）、カリフラワー（全国シェア12.0％）、春レタス（全国シェア29.5％）、冬レタス（全国シェア19.7％）の生産量はそれぞれ全国1位になっている。また、果菜類に分類されるメロンの収穫量も全国シェア23.7％で全国1位である。

◎日本一の収穫量の栗　　農林水産省の作物統計によれば、2022年における茨城県の栗の収穫量は3,670t（全国シェア23.5％）と都道府県別で最も多く、栽培面積も3,190haと全国1位である。県内では栗の生産が1997（明治30）年頃から始まったとされ、主要な産地は笠間市やかすみがうら市、石岡市などの県央地域である。これらの地域の温暖で適度な降水のある、そして雪害や台風被害の影響も少ない気候環境は温帯性落葉広葉樹である栗の

栽培適地になっている。茨城県の栗は9月上旬から10月下旬に収穫され、収穫期により早生、中生、晩生と種類が異なり、「丹沢」や「ぽろたん」などの早生は色味がよく加工向きであり、「利平」や「筑波」などの中生と「石鎚」や「岸根」などの晩生は甘みの強いものとなり、青果としての出荷やスイーツなどの加工用になっている。茨城県は栗の改植や優良品種の導入、および品種特性に応じた栽培技術の普及と定着などの支援を行い、栗産地の持続的な維持発展を図っている。また、付加価値をもたせた栗の販売促進や栗生産の6次産業化も図られ、日本一の栗の産地づくりが進められている。

◎日本一の出荷量の芝　農林水産省の花木等生産状況調査確報によれば、2021年における茨城県の芝の出荷量は2400ha（全国シェア68.1％）と都道府県別で最も多い。県内の主要な産地はつくば市であり、そこでの出荷量は県全体の約80％に及ぶ。芝は肥沃度の低い土地でも栽培できたため、火山斜面やシラス台地での生産が盛んであったが、つくば市が産地の大規模化や市場への近接性などを反映して大産地に発展した。つくば市では関東ローム層の土壌に覆われた広い畑地が広がり、1970年代から始まる筑波研究学園都市の建設に伴う農業の兼業化と米の生産調整に伴う陸田の転作奨励により芝の生産が本格化した。さらに、ゴルフブームにともなうゴルフ場の建設と、スポーツ施設建設や高速道路敷設などの芝の植栽を伴う公共事業の増加も、大都市に近接したつくば市の芝の需要を増加させた。

◎日本一の漁獲量のイワシ類　農林水産省の漁業・養殖業生産統計第1報によれば、2022年における茨城県のイワシ類（マイワシ、ウルメイワシ、カタクチイワシ、シラス）の漁獲量は約23万t（全国シェア26.8％）と都道府県別で最も多い。県の沖合では北からの親潮と南からの黒潮が交錯して良好な漁場がつくられており、大中型まき網漁業によってイワシ類の漁獲量の約95％が漁獲されている。本県の漁業船団はイワシ類を追って房総沖から三陸沖に移動しながら、7月から10月にかけて北海道の東部で操業している。イワシ類の主要な水揚げ地は神栖市（波崎漁港）と、北茨城市（大津漁港）や日立市（久慈漁港）であり、その大半をマイワシが占めている。マイワシは最大30cmほどの大きさで、鮮魚として店頭やすし屋のネタとして並ぶだけでなく、丸干しや缶詰などの加工原料として広く利用されている。マイワシは水産資源の持続的な利用を図るため、その資源が漁獲可能量（TAC）制度により管理されており、波崎港や大津港でサンプリング、魚体

測定、年齢査定、および粗脂肪測定などが行われている。

◎日本一の収穫量の鯉（内水面）　農林水産省の漁業・養殖業生産統計第1報によれば、2022年における茨城県の鯉の収穫量は763t（全国シェアの37.6％）と全国で最も多い。茨城県の鯉は霞ヶ浦や北浦周辺において小割式養殖（網いけす養殖）で生産され、食用として出荷されている。鯉の養殖は1965年頃から本格化し、霞ヶ浦や北浦の暖かい水温が鯉の養殖に適していた。さらに、網いけす養殖で生産コストが低く抑えられ、市場に安く供給できたため、茨城産の鯉の需要は安定して伸びるようになった。

◎日本一の出荷額の塩化ビニール樹脂　経済産業省の経済構造実態調査（製造業事業所調査）によれば、2021年における茨城県の塩化ビニール樹脂の出荷額は1,242億円（全国シェア43.0％）と全国1位である。塩化ビニール樹脂の粗原料はエチレンと塩素になる。そのため、塩化ビニール工業はエチレンを供給する石油化学工業と、塩素を供給するソーダ工業の2つの工業を組み合わせることが必要になる。石油化学工業はナフサを主原料とし、これを熱分解することによりエチレンを生産する。ナフサを供給するのは主に石油精製工業であり、その原料は輸入原油となる。ソーダ工業は輸入工業塩を主原料に電気分解することで、化成ソーダと水素とともに塩素を生産する。したがって、塩化ビニール樹脂の生産には様々な化学工業の組み合わせとそれらの輸入原料を受け入れられる港湾が必要になり、茨城県では大規模な塩化ビニール樹脂工業が鹿島臨海工業地帯や日立市を中心とする常磐工業地域で様々な関連工業とともに展開している。同様の石油化学工業としてポリカーボネートや界面活性剤の生産もあり、それらの2021年の出荷額の全国シェアはそれぞれ57.2％と18.0％で全国1位である。

◎日本一の出荷額のビール　経済産業省の経済構造実態調査（製造業事業所調査）によれば、2021年における茨城県のビールの出荷額は約1,007億円（全国シェア11.9％）と都道府県別で最も多い。また、国税庁の統計年報におけるビールの生産量でも、茨城県は27万1,545kℓ（全国シェア14.1％）と全国1位である。ビール生産量日本一に貢献しているのは取手市と守谷市に立地する大手酒造資本のビール工場である。それらの工場に共通した立地条件は、ビール醸造に必要な水の安定供給のための利根川の存在と東京市場への近接性である。実際、茨城県のビール消費量はそれほど多くなく、東京都のビール消費量が圧倒的に多く、その消費量の一部を支えているの

は茨城産のビールである。

◆生活文化・その他
◎日本一の高さの仏像　　牛久市の牛久大仏（牛久阿弥陀大仏）は東本願寺派本山東本願寺によって造られ、1993年に完成した。牛久大仏は台座（20m）と仏像を合わせると高さ120mになり（米国の自由の女神像より高い）、日本一の高さの阿弥陀如来像になる。ブロンズ製の仏像としては世界最大で、1995年にはギネス世界記録にも登録されている。120mの高さは阿弥陀如来があらゆるものを照らす12の光に因んだ高さといわれている。

茨城県の特徴とさらに理解を深めるために

　茨城県は関東平野や利根川などの土地と水、温暖湿潤な気候環境、太平洋に面した海洋の活用、そして東京に近接し首都圏にある地理的位置など多くの点で恵まれた環境にあり、さまざまな産業において日本一ないしは日本屈指の生産量を誇っている。奈良時代に編纂された常陸国風土記に「土地広く、土が肥え、海山の産物もよくとれ、人々豊かに暮らし、常世の国のようだ」と記されており、茨城県では古くから多くの人々が豊かに生活していた土地であったといえる。しかし、茨城県のもつ地域の有利な特性が最大限に活かされ、さらに県内のさまざまな地域が発展するようになるのは第二次世界大戦後である。鹿島臨海工業地帯の開発では未開発の土地と新たな港湾建設により大規模な工業団地が立地し、その後の県営における工業立地と工業生産力の向上に貢献した。また、米の生産調整に伴う多種多様な野菜栽培の本格的な導入は、大都市市場の需要拡大とその近接性とも呼応して、日本屈指の野菜生産地域を生み出した。このような農業や工業の発展には県西や県南の地域のあまり利用されていなかった広い土地の存在も重要であったが、広い土地の存在は新たな住宅開発にも向けられるようになった。筑波研究学園都市などの新たな都市が建設され、鉄道網の整備にともない東京から住宅地も外延的に拡大してきている。

〈茨城県に関する理解を深めるための本〉
茨城県の魅力や不思議を地図で読み解きながら理解していく：
・都道府県研究会（2018）『地図で楽しむすごい茨城』洋泉社
茨城県の地域財産を掘り起こし、それらを新たな魅力として紹介：
・茨城新聞社（2005）『茨城の地域財産』茨城新聞社

⑨ 栃木県

生産量日本一のカンピョウ

栃木県の概説

　北関東の中央に位置し、北は那須連山や日光連山で福島県と、西は主に足尾山地で群馬県と、東は八溝山地で茨城県と接し、南は関東平野の一部として群馬県、埼玉県、茨城県の平野部とつながっており、海なし県の一つである。県内は自然環境や経済活動などから大きく3つの地域に分けることができる。それらのうちの1つ目は北西部の山地地域と県央から県南部にかけての平野地域、2つ目は東部の八溝山地地域である。3つ目の北西部や東部の山地地域は土地条件や気候が厳しく、農業発展が困難であったが、自然や歴史文化などの地域資源を活用した観光が発達している。代表的な観光地は日光や那須であり、日光の東照宮や輪王寺などは世界文化遺産にも登録されている。他方、平野地域は温暖湿潤な気候と鬼怒川などの河川の肥沃な土壌の沖積により、水稲作や畑作が発達し、豊かな実りがもたらされている。また、平野地域では江戸時代から奥州街道や日光街道などの幹線道路によって人や物資が移動していた。その歴史は現代にも受け継がれ、東北自動車道や新幹線が平野地域を縦断し、首都圏と東北地方を結びつける幹線となっている。それらの交通インフラにより、人やモノの移動が活性化し、様々な産業立地が多く誘引されるようになっている。その結果、県庁所在地の宇都宮市には人やモノや情報や金が集中する傾向にあり、栃木県におけるプライメイトシティになっている。

栃木県の日本一

◆自然
◎日本一標高の高い湖　　湖沼学では、湖は水深が深く（5m以上）、植物が湖岸に限られ、中央の深いところには沈水植物が見られないと定義されている。その定義を踏まえ、面積4km²以上の人造湖を除く湖で最も標高の

高い位置にあるものは日光市の中禅寺湖であり、その標高は1,269mになる。中禅寺湖は約2万年前に男体山の噴火でできた堰止湖で、周囲距離は約25km、最大の水深は163m、面積は11.9km^{2}になる。中禅寺湖は日光山を開いたとされる勝道上人が発見したとされ、かつては神仏への信仰に基づく修行の場であり、女人禁制の山岳信仰の聖地であった。明治期以降、中禅寺湖の性格は山岳信仰の聖地からリゾート地や観光地へと変化した。その契機となったのは、イザベラ・バードが1878（明治11）年に訪れ、中禅寺湖とその湖水に映る男体山の風景を絶賛したことであった。そのため明治中期から昭和初期にかけて、湖周辺には欧米各国の大使館の別荘が建設され、欧米人が避暑に訪れるようになった。現在では、男体山と湖の織りなす四季折々の風景は大衆観光の中心的なアトラクションとなり、多くの観光客を惹きつけている。そのため、湖の周辺にはホテルや旅館、みやげ屋が多く立地している。中禅寺湖からの水は華厳の滝で流れ落ちて大谷川となり、日光市内を流れて鬼怒川と合流する。

◆産業

◎日本一の生産量のカンピョウ　農林水産省の地域特産野菜生産状況調査によれば、2020年における栃木県のカンピョウの生産量は209t（全国シェア99.5％）と他の都道府県を圧倒して全国1位である。カンピョウは、ウリ科ヒョウタン属の1年生のツル性草木であるユウガオの果肉を薄く細長く剥き、それを竿に干して真夏の太陽で乾燥させた食材で、寿司の「かんぴょう巻き」に使われることで周知されている。栃木県においてユウガオの栽培は江戸中期に農業振興策の一つとして壬生町で奨励され、その後、栽培地域は上三川町、小山市、下野市（石橋町、国分寺町、南河内町）、宇都宮市、真岡市、二宮町、鹿沼市など県南東部に広がり、一大産地を形成するようになった。ユウガオ栽培が発達した大きな要因は土壌と気候にある。ユウガオは根を伸ばすために排水性のよい土壌と生育のために保水性のある土壌を好み、それらの条件を満たす土壌が県南東部に広く分布する関東ローム層であった。さらに、夏の高温はユウガオの結実にとって良好な条件でないが、7月から8月にかけて頻繁に生じる雷雨は土壌を冷やし、水分を補給するため結実の良好な環境になっている。ユウガオの収穫は7月から8月であり、収穫後、大きさ6kgほどの丸型の実はそれぞれ皮むき器で幅約5cm、厚さ約2mmの帯状に切り出される。それを2日間程度天日乾燥させ

て、カンピョウができる。カンピョウを乾燥させるためには夏の高温と太陽光の恵みが必要であり、栃木県南東部はそのような気候環境にもある。

◎日本一の収穫量のイチゴ　農林水産省の野菜生産出荷統計によれば、2021年における栃木県のイチゴの収穫量は2万4,400t（全国シェア14.8％）と都道府県別で最も多い。また、イチゴの作付面積も509ha（全国シェア10.3％）で全国1位である。栃木県でイチゴ栽培が本格化するのは1955年以降で、その頃のイチゴは畑地で露地栽培され、収穫は5月から6月と限られていた。その後、促成栽培技術が導入され、イチゴは露地栽培からトンネル栽培に、そしてハウスの施設栽培に変化した。イチゴの品種においても1984年に誕生した「女峰（にょほう）」は栽培しやすく、食味もよく、収穫時期を早めることができたため、ブランド品種となり、栃木県のイチゴ生産の発展を確かなものにした。さらに、1996年に誕生した「とちおとめ」は全国的な人気ブランドとなり、イチゴ産地として地位を不動のものにするだけでなく、県内のイチゴの栽培品種の約70％に達するまでになった。しかし、栃木県のイチゴ産地の全国シェアを維持するために新品種の開発が進み、2018年には「とちあいか」が誕生し、「とちおとめ」に取って代わろうとしている。県内全域でイチゴ栽培が行われているが、主要な産地は真岡市を中心とする県南東部である。これらの地域でイチゴ栽培が発達した理由は、平坦で肥沃な土地が広がること、山地地域からの水が利用できること、温暖で冬の日照時間が長いこと、そして昼と夜の寒暖差が大きいことなどの環境が大きな理由である。さらに、技術革新や品種改良による高品質のイチゴのブランド力と、新鮮なイチゴをその日のうちに市場出荷できる近接性も産地の発展に寄与した。

◎日本一の産出額のモヤシ　農林水産省の作物統計によれば、2017年における栃木県のモヤシの産出額は123億円（全国シェア21.7％）と都道府県別で最も多い。モヤシは温度や湿度の制御された施設（工場）の中で大量生産されており、収穫と包装の作業は自動化されている。県内には大規模なモヤシの生産施設をもつ企業が5社ほど立地している。このように、モヤシの大規模な生産施設が立地するのは、年間通じて栽培に適した17℃の水質のよい地下水が低コストで利用できるためである。モヤシは大豆を水だけを与え続けて7日間ほど栽培されるため、水質によって味やシャキシャキ感が異なってくる。そのため、日光連山を水源とする地下水は良質なモヤシ

を生産する大きな鍵となっている。また、地下水は生産されたモヤシの洗浄にも使われ、大量の水は必要不可欠である。さらに、モヤシは傷みやすい食材であるため、東北自動車道などにより東京市場への近接性が高い栃木県の地理的位置も、モヤシ生産の発展に重要な条件となっている。

◎日本一の収穫量のウド　農林水産省の地域特産野菜生産状況調査によれば、2020年における栃木県のウドの収穫量は570t（全国シェア39.34％）と都道府県別で最も多い。ウドは栽培の方法により2つのタイプがある。一つは地中に室を造り、根株を伏せ込み、長く伸びた白い芽を収穫する軟化ウドであり、もう一つは伏せ込んだ根株にもみ殻などをかぶせて芽を伸ばし、太陽光を当てて緑化させた山ウドである。いずれのタイプのウドも主要な産地は大田原市や那須塩原市や黒羽町などの県北地域であり、12月から翌年の6月にかけて収穫されて「那須の春香うど」の地域ブランドで東京市場に出荷されている。ウドの栽培には水はけのよい火山灰土壌や砂質土場などが適しており、最適適温は20℃前後で、夏冷涼な気候環境が望ましい。県北地域は那須火山の火山灰土壌に覆われており、夏冷涼な気候環境であるため、ウド栽培の適地になっている。さらに、ウド栽培は収穫時期が水稲作と重ならないため、水稲作と組み合わせで普及し発達してきた。

◎日本一の出荷額のシャッター　総務省・経済産業省の「経済センサスー活動調査 産業別集計（製造業）品目編」によれば、2020年における栃木県のシャッターの出荷額は約250億円（全国シェア23.6％）と都道府県別で最も多い。これは、シャッター製造の大手企業の大規模工場が県南部の足利市と小山市に立地していることによるものである。これらの工場では防犯・防災用などの重量シャッターや住宅のガレージや倉庫などにも使われる天井格納式のシャッタードア、そして一般的な軽量シャッターなど多種多様なシャッターが生産され、製品は全国各地に出荷されている。工場では重く大型のシャッターも生産しなければならないため、広く地盤が安定した土地を安い価格で手に入れる必要がある。さらに、製品を全国各地に輸送するためには交通の利便性のよい立地がシャッター工場に求められた。これらの立地条件に適合した場所が栃木県であり、自治体の企業誘致を契機に工場が立地した。

◎日本一の出荷額のプラスティック製靴　総務省・経済産業省の「経済センサスー活動調査 産業別集計（製造業）品目編」によれば、2020年における

栃木県のプラスティック製靴の出荷額は約127億円（全国シェア40.3％）と都道府県別で最も多い。プラスティック製靴の工場は高度経済成長期に都内や都内周辺から移転し、大規模な工場で量産することで出荷額を増やしてきた。これらの工業の多くは足利市や佐野市などの県南地域に立地しており、その立地要因は地理的位置と土地、およびモノづくりの伝統であった。地理的位置に関しては、東北自動車道や北関東自動車道、あるいは幹線国道によって、製品が全国各地に配送することが可能であった。土地に関しては、大規模工場のための地盤の安定した広い土地を安く手に入れることができた。そして、モノづくりの伝統に関しては、足利市を中心とする地域は江戸時代から織物業の中心地で、製造業に対する理解が深かった。以上に述べた栃木県におけるプラスティック製靴の工場立地の要因は他の工業にもあてはまり、移転してきた大規模な工場により様々な工業製品の出荷額が全国の上位を占めている。例えば、医療用X線装置や医療用電子応用装置、あるいは歯科用機械器具などの出荷額は2022年において全国1位になっている。

◆生活文化・その他

◎日本一のゴルフ場数（人口1万人当たり）　文部科学省の体育・スポーツ施設現況調査によれば、2015年における人口1万人当たりのゴルフ場数は0.78（全国平均は0.18）と都道府県別で最も多い。日本におけるゴルフ場数に関しては、2023年現在、千葉県が157と最も多く、次いで兵庫県（150）、北海道（141）、栃木県（118）、茨城県（113）の順になり、ゴルフ場の多くは大都市周辺で交通の便利な場所に分布していることがわかる。しかし、人口1万人当たりのゴルフ場数になると、栃木県の数値が圧倒的に高くなる。これは、栃木県が首都圏周辺に位置し、さまざまな交通手段によって東京からゴルフ場にアクセスしやすい立地条件をもっていたことと、ゴルフ場を建設するための適度に起伏と変化のある地形と、安くて広い土地が多く残されていたことと関係している。そのため、栃木県のゴルフ場は新幹線の最寄駅（小山駅・宇都宮駅・那須塩原駅）から送迎可能な範囲や、東北自動車道のインターチェンジに近接した土地に多く立地している。また、夏に涼しい環境でゴルフを楽しめる県北部の高原地域のゴルフ場は、北海道のゴルフ場に代わるものとして県外からの多くの客に利用されている。

◎日本一古い学校　足利市の足利学校が日本一古い学校として周知され

ており、イエズス会の宣教師フランシスコ・ザビエルも1549（天文18）年に「日本国中最も大にして最も有名なる坂東の大学……」と世界に紹介した。足利学校の創設には諸説あるが、学校の歴史が明らかになるのは室町時代中期からである。特に、関東管領の上杉憲実(うえすぎのりざね)は学校を整備し、学校領とともに孔子の教え「儒学」の五つの経典(けいてん)のうち易経を除く四つの書物を寄進し、庠主(しょうしゅ)（校長）を鎌倉から招聘して学生の養成を積極的に行った。16世紀初頭には生徒は3,000人を数えたが、易学中心の学びが次第に時代に合わなくなり、「坂東の大学」としての役割は江戸時代末期から明治初頭にかけて終わった。足利学校跡は孔子廟(こうしびょう)や学校門などの建物を含め1921（大正10）年に国指定史跡となり、1988年からは史跡の保存とともに足利学校の復元が着工され、1990年には江戸時代中期の学校の様子が甦っている。また、日本遺産審査委員会は史跡足利学校跡を含む「近世日本の教育遺産群－学ぶ心・礼節の本源－」を2015年に「日本遺産」に認定した。

栃木県の特徴とさらに理解を深めるために

　栃木県では北部から西部にかけて山地が連なり、その南側に関東平野と連続して平野部が広がっている。温暖湿潤な平野部には山地からの水資源が河川や地下水によってもたらされ、山地からは肥沃な土壌も運ばれている。そのため、平野部は豊かな農業地域となり、さまざまな農産物が生産されている。そのよう農産物の市場は東京大都市圏であり、農産物の市場出荷は主に高速道路によるトラック輸送に依存している。実際、栃木県では東北自動車道が南北に縦断して走り、北関東自動車道が東西に横断して走る。このような自動車道によって、東京大都市圏との近接性が高まり、それが農産物出荷に有利に働いている。さらに、交通の利便性は農業生産だけでなく工場立地にも、そして道路交通に新幹線などの鉄道が加わることで通勤圏の拡大や観光誘致にも有利に働いている。

〈栃木県に関する理解を深めるための本〉
多様な自然環境、歴史、産業・文化などに注目して、県の魅力を説明：
・松村啓子ほか編（2023）『大学的栃木ガイド』昭和堂
主要な農産物がいかにして導入され、主産地形成に至ったのか紹介：
・橋本智（2009）『とちぎ農作物はじまり物語』随想舎

⑩ 群馬県

収穫量日本一のこんにゃく芋

群馬県の概説

　群馬県は北部の越後山地で福島県と新潟県に、西部の関東山地で長野県と、東部の足尾山地で栃木県と接し、南部では関東平野と連続して埼玉県や栃木県と接しており、内陸の海なし県である。特に、上毛三山（赤城山・榛名山・浅間山）に囲まれ、南に広がる平野とそこを流れる利根川やその支流の景観は群馬県を象徴するものとなっている。また、北部の山地は日本海側と太平洋側の気候の境にもなり、冬には日本海側に積雪をもたらした大気の流れは山地を越えて「空っ風」と呼ばれる冷たく乾燥した強い季節風となる。夏には山地からのフェーン現象やヒートアイランド現象の暖かい空気が内陸まで入り込むため猛暑日が多くなるが、積乱雲も頻繁に発生し、雷が多い。平野部では利根川の水運と中山道や三国街道の交通網が江戸時代に整備され、物資や人の移動が盛んに行われていた。現在でも、関越自動車道や上信越自動車道や北関東自動車道によって、さらに上越新幹線や北陸新幹線の運行によって、首都圏と日本海側地域や内陸地域が円滑に結びつけられ、群馬県はそのような結びつきの結節点として機能するようになった。良好な交通条件は農業や工業の立地を促し、それらの産業は日本有数の生産量や製造量を誇るまでになった。他方、県北部の山地では浅間山や草津白根山などの火山が多く分布し、四季折々の森林景観や美しい火山景観、あるいは温泉などへの良好なアクセスを活用した観光も本県を特徴づけている。

群馬県の日本一

◆自然
◎日本一の自噴湧出量の温泉　　日本温泉協会『温泉』（通巻860号）によれば、2014年現在、日本において自噴湧出量の最も多い温泉は群馬県の草津

温泉で、毎分3万1,582ℓの温泉が自然に湧き出している。湧出量は1分間に源泉から採取できる湯量のことであり、自噴湧出量は自然に湧き出る量になる。一般には、自噴湧出量と掘削した湧出量、およびポンプなどで汲み上げている量のすべてを合計したものが湧出量となる。ちなみに、ポンプで汲み上げた量などを合計すると、最大の湧出量の温泉は大分県の別府温泉となる。草津では温泉が10か所以上から湧出しており、それらは主に町で所有管理している源泉で、万代源泉、湯畑源泉、白旗源泉、地蔵源泉、西の河原源泉、煮川源泉、熱の湯源泉の7源泉が代表的なものになっている。泉質は主にpH2.0前後の強酸性であり、雑菌などの殺菌効果だけでなく、神経痛や慢性消化器病などにも効能がある。草津温泉は有馬温泉（兵庫県神戸市）、下呂温泉（岐阜県下呂市）とともに日本三名泉に数えられており、江戸時代の温泉番付の格付けでも湯量と効能により東の大関に位置づけられていた。加えて、草津温泉の背後に位置する草津白根山の火口湖の湯釜は日本一酸性度の高い湖といわれ、その値はpH1.0前後となっている。

◎日本一の硫黄成分の含有量の温泉　県北部の嬬恋村の草津白根山山麓の標高1,800mに位置する万座温泉は1日当たり540万ℓの湧出量を誇る硫黄泉である。その温泉の遊離硫化水素は38.4mg/kgと高く、日本一の硫黄成分の含有量となっている。万座温泉は白濁ないし黄濁した湯に特徴があり、吸器病や胃腸病やリウマチや皮膚病など幅広く効能があり、美肌の湯としても知られている。また、万座温泉の街は通年営業の温泉街として日本で最も高い標高の場所に立地している。

◎日本一長いコンクリートダム　下久保ダムは、群馬県藤岡市と埼玉県児玉郡神川町にまたがり、利根川の支流の神流川に建設された。下久保ダムは全国でも珍しいL字型のダムであり、堤頂長は605mとコンクリートダムでは日本一を誇っている。ダムの建設は1965（昭和40）年に始まり、1968（昭和43）年に完成した。尾根をかさ上げしたL字型の形状により、貯水能力は川を堰き止める従来のダムの約10倍に及んだ。このような下久保ダムの大きな役目は、深刻な水不足に悩まされていた首都圏への都市用水の供給であり、東京都と埼玉県に対しそれぞれ1日当たり108万tと13万tを供給している。また、農繁期においては神流川流域と利根川中下流域の約1万2,000haの農地の用水として毎秒10tを安定的に供給している。さらに、下久保ダムは放流する水の量を調節して水害を防いだり、発電したり

して、さまざまな役割を果たしている。

◆産業

◎日本一の収穫量のこんにゃく芋　農林水産省の作物統計によれば、2022年における群馬県のこんにゃく芋の収穫量は4万9,200t（全国シェア94.8％）と圧倒的に多い。このように群馬県がこんにゃく芋の収穫量を伸ばしてきたのは1965年以降であり、それまでは福島県や栃木県や茨城県と上位を争っていた。それは、こんにゃく芋が病気や災害に弱く、毎年の収穫量が安定しないためであった。しかし、群馬県では病気や災害に比較的強い「はるなくろ」や「あかぎおおだま」や「みょうぎゆたか」などの品種が開発され、それらが従来の「在来種」や「支那種」や「備中種」に取って代わって多く栽培されるようになると、群馬県のこんにゃく芋の収穫量が安定して増加した。また、こんにゃく芋は種芋を植え付けてから収穫まで3年から4年かかり、水はけのよい土壌と直射日光や強風が避けられる土地が栽培適地とされている。そのため、群馬県におけるこんにゃく芋の主要な生産地は県の北部や西部の山地地域であり、とりわけ赤城山麓や榛名山麓や子持山麓などの火山灰土壌の傾斜地や関東山地の丘陵斜面でこんにゃく芋が多く生産されている。こんにゃく芋の生産は5月上旬に種芋を植え付けることから始まり、ミカンほどの大きさになった芋を11月に掘り取り、それを翌年の植付け時期まで倉庫で保管する。翌年の5月上旬に再び1年目の芋を植え付け、秋に夏ミカンほどの大きさになった2年目の芋を掘り取り、次の年の5月まで倉庫で保管する。そして、次の年の5月にさらにもう一度2年目の芋を植え付け、その年の11月に小玉のスイカほどに成長した3年目の芋が収穫・出荷される。

◎日本一の収穫量のキャベツ　農林水産省の作物統計によれば、2022年における群馬県のキャベツの収穫量は28万4,500t（全国シェア19.5％）と都道府県別で最も多い。キャベツの収穫量は群馬県と愛知県で1位と2位を常に競い合っているが、夏秋キャベツの収穫量は群馬県が圧倒的に多く日本一である。キャベツは比較的冷涼な気候を好むため、日本では南から北へ、平地から高原へと産地をつなぐようにして、あるいは収穫時期を調整することにより、市場への周年供給体制が確立している。キャベツは出荷時期により、春キャベツ、夏秋キャベツ、冬キャベツに大別され、千葉県や神奈川県や愛知県の温暖な地域では春キャベツや冬キャベツが、群馬県や長

野県では夏秋キャベツが高原野菜として栽培されている。東京中央卸売市場においても、7月から10月までのキャベツの入荷実績は群馬産のものが60％から70％を占めており、群馬産のキャベツが東京の食を支えているといえる。群馬県のキャベツの主要な産地は北西部の嬬恋村の標高700mから1,400mの高原地域で、そこでの夏冷涼な気候はキャベツ栽培に適していた。また、浅間山北麓の火山斜面では、火山灰を含む排水のよい土壌と、栄養豊かな黒い土（黒ボク土）があり、それらもキャベツ栽培に適していた。さらに、大規模な畑地経営が火山斜面の農地開発により可能になったことや、交通輸送や貯蔵の技術革新により東京市場との結びつきが強まったことも嬬恋村のキャベツ生産の発展に寄与してきた。

◎日本一の収穫量のモロヘイヤ　農林水産省の地域特産野菜生産状況調査によれば、2020年における群馬県のモロヘイヤの生産量は288t（全国シェア26.4％）と全国1位を誇っている。県内の主要な産地は、太田市と前橋市と渋川市であり、とりわけ太田市の収穫量は多い。モロヘイヤは6月上旬から9月上旬まで栽培され、夏の高温にも耐えることができる。群馬県の南東部から中央部にかけては夏に猛暑日が続き、その高い気温でも栽培できたのがエジプト原産のモロヘイヤであった。モロヘイヤはビタミンAをはじめ、B2、C、E、K、カルシウム、銅といった、ビタミン類やミネラル類を多く含み、美容や健康によい野菜として東京市場に出荷されている。モロヘイヤは傷みやすい野菜であるため、市場や消費地への近接性も栽培立地には重要である。

◎日本一の生産量の乳酸飲料　農林水産省の牛乳乳製品統計調査によれば、2022年における群馬県の乳酸飲料の生産量は4万5,568kℓ（全国シェア43.0％）と都道府県別で最も多い。乳酸飲料の工場の多くは館林市や前橋市や高崎市など県の中央部から南部にかけて立地しており、いくつかは大手の乳酸飲料メーカーの全国的な基幹工場になっておる。これらの工場立地は水質のよい水と乳酸飲料の原料となる良質な生乳に近接しているためである。群馬県では浅間山北麓の高原酪農と利根川中流域の水田酪農が展開し、それらの酪農で生産された生乳の約10％が加工用として乳製品の製造に向けられる。新鮮で良質な生乳は時間をかけずに加工され、首都圏の消費者に供給されており、乳製品の輸送の便や市場への近接性も、乳製品の工場が県央部や県南部に立地する理由の一つになる。同様の理由から、2024

年における群馬県のヨーグルトの生産量も14万8,729kℓ（全国シェア14.0％）と全国1位になっている。

◎**日本一のボールペンの製造額**　経済センサスの品目別統計表によれば、2020年における群馬県のボールペンの製造額は約144億円（全国シェア21.6％）と都道府県別で最も多い。ボールペンの製造には、ペン先の製造、ボディの製造、インクとそのカートリッジの製造、ボディの組み立てなどさまざまな高度な技術が必要になる。このようなモノづくり技術は県の東部（東毛地域）や西部（西毛地域）の製糸業や織物業によって育まれており、それらの地域にボールペン製造に関わる工場が立地している。特に、伊勢崎市と藤岡市には大手文具メーカーの基幹工場が立地し、ボールペン製造が大規模に行われ、高速道路の物流の利便性を活かして、大量の製品が全国に配送されている。加えて、ボールペンの製造には人手が比較的多く必要であり、農村の余剰労働力や外国人労働者が利用しやすかったことも工場の立地要因の一つである。

◆**生活文化・その他**

◎**日本一の人口1人当たりの乗用車台数**　自動車検査登録情報協会の資料（自家用乗用車の世帯当たり普及台数）と人口統計によれば、2021年における群馬県の人口1人当たりの乗用車台数は0.712台（全国平均は0.489台）と都道府県別で最も多い。これは、鉄道やバスなどの公共交通機関があまり整備されていないため、自家用車で通勤や通学する人が多いことや、日常の買い物に自家用車を利用する人が多いためである。実際、2010年の国勢調査によれば、群馬県において乗り合いバスを利用した通勤・通学の割合は0.4％と日本で最も低い。それに対して自家用車のみの通勤・通学の割合は75.1％と日本屈指の高さである。比例して、運転免許証保有率も高く、2014年における群馬県のそれは71.7％と日本一の高さである。また、群馬県の持ち家比率が高く、駐車スペースを確保しやすいことも自家用車の所有台数が多いことの理由になっている。

◎**日本一の公営電気事業体の発電所数**　群馬県企業局の資料によれば、2020年における群馬県の公営電気事業体の発電所は35か所（水力32か所、火力1か所、太陽光2か所）と都道府県別で最も多く、水資源が豊富なことから水力発電が主力となる。また、それらの年間供給電力量も約8億7,000万kWhで日本最大であり、それは標準家庭の消費電力（月当たり300kWh）

関東地方　69

の約25万世帯分を賄える。水力発電所は利根川上流に7か所、吾妻川水系に11か所、神流川水系に3か所、渡良瀬川水系に7か所、そして利根川の上流から中流にかけて5か所あり、いずれも常時水量があり、適度な傾斜のある山地やそれと平地との境が立地に選ばれている。しかし、公営電気事業体の水力発電の供給量は県全体の約5％を賄っているにすぎない。

◎日本一のモグラ駅　　JR上越線の土合駅の下りホームは新清水トンネルの中につくられ、駅舎から標高差約70m、462段の階段を下るため「日本一のモグラ駅」と呼ばている。土合駅は新潟県と群馬県の県境にある清水トンネルの出口に位置していたが、複線化するために新清水トンネルが1967年に開削され、駅舎はトンネル内となってしまった。現在、土合駅は無人駅になっているが、「日本一のモグラ駅」を訪ねる観光客は多い。

群馬県の特徴とさらに理解を深めるために

　群馬県は山間部の北部と西部、および平野部の南部や東部、あるいは県の中央を流れる利根川によって右岸地域と左岸地域とさまざまに地域区分され、それぞれの地域の特徴を活かした産業が発達している。しかし、それぞれの地域に共通している群馬県の風土の一つは地理的位置である。つまり、歴史的にもさまざまな交通路が県内を通り、人やモノや情報が行き来していた。群馬県は古代から交通路を通じて最新の文化や技術を積極的に取り入れ、東国の中心地としての豊かな経済力と文化を築き上げてきた。それは養蚕県や繭の国の礎になり、現代のモノづくりに繋がっていく。さらに、地理的位置を活かした産業発展は各地域に適応した商品を生み出してきた。それらは高冷地の夏野菜栽培や火山斜面におけるこんにゃく芋生産、大都市市場の近接性や物流の利便性を活かした野菜栽培や食品加工や製造業、そして冬の空っ風による乾燥を活用したダルマ製造や鬼瓦製造など多岐にわたり、いずれも日本を代表する産地に発展している。加えて、利根川水系の水の恵みも地域の生活や産業の発展に共通して貢献してきた。

〈群馬県に関する理解を深めるための本〉
歴史、地理地学、産業、交通、統計などから群馬県の諸相を深く理解：
・河合敦監修（2023）『群馬の教科書』JTBパブリッシング
群馬の魅力に関連する地域の現象を取り上げ、地図を用いて地理的に説明：
・都道府県研究会編（2019）『地図で楽しむすごい群馬』洋泉社

⑪ 埼玉県

日本一深い地下放水路

埼玉県の概説

埼玉県は関東地方の中央に位置する内陸県で1都6県と接しており、境を接する都道府県の数は長野県に次いで2番目に多い。北と東の県境にはそれぞれ利根川と江戸川が流れ、西の県境は関東山地に連なる秩父山地となる。秩父山地を源とする荒川が西部で西から東に流れ、中央部で北から南に流れている。そのため、埼玉県の地形は西から東に向かうにつれて、秩父山地などの山間地域、比企丘陵や狭山丘陵の丘陵地域、そして武蔵野台地や荒川低地、大宮台地や中川低地と変化している。かつては、利根川が現在の中川や江戸川の位置を流れ、低湿地や洪水常襲地として土地はほとんど開発されていなかった。しかし利根川の東遷によって新田開発が行われ、低湿地や洪水常襲地は江戸の人口を支える水田農業地域に変化した。台地でも江戸時代の食料増産に呼応して農地開発が進み、畑作農業地域が広がった。これらの農業地域は江戸や東京の食料基地となったが、東京の人口増加は住宅地が外延的に拡大することになり、埼玉県の低地や台地の土地は増加する東京の人口の受け皿として住宅地に変化していった。これは、埼玉県が東京都に隣接しているためであり、鉄道などの交通ネットワークが整備されることで、東京から埼玉県への外延的な人口移動は決定づけられた。このような現象は「東京のベッドタウン化」や「埼玉都民」という言葉で象徴されている。他方、県西部の秩父地域はかつて養蚕業が発達し、経済的に豊かであったが、現在では過疎化や高齢化が問題となっている。

埼玉県の日本一

◆自然
◎日本一長い川幅　国土交通省は河川敷を含めた堤防間を「川幅」と定めている。それに従うと、鴻巣市と吉見町の間を流れる荒川の川幅は2,537m

関東地方　71

（スカイツリー4つ分の長さ）と日本一の川幅になる。鴻巣市滝馬室地内（荒川左岸・御成橋のたもと）と吉見町大和田地内（荒川右岸堤防）それぞれに、「川幅日本一」のポールが建てられている。荒川は奥秩父の甲武信ヶ岳を源として秩父山地の水を集めて秩父盆地を流れ、そこから主に東に流れて関東平野にでて、熊谷市付近で流れをほぼ南東に変えて東京湾に注いでいる。荒川の特徴は、山地を抜けると川の勾配が緩やかになり、水勢も弱まるため、上流から運ばれてきた砂礫が河床に堆積し、洪水が生じやすく、河道がさだまらないことである。そのため、名前が示すように川が荒れて地域に水害をもたらすことが多く、江戸時代から水害に備えた治水や大囲堤防の建築が行われてきた。現在の川幅日本一の地点も水害の常襲地で、遊水機能を高めるため堤防間の幅を広く取り、さらに横堤も建設された。横堤は、流量が増加した際の洪水調節や遊水機能のほか、水流を減速させて流域の施設や耕作地を保護する役割を担っている。

◆ 産業

◎日本一の収穫量の里芋　　農林水産省の作物統計によれば、2022年における埼玉県の里芋の収穫量は1万7,900t（全国シェア12.9％）と都道府県別で最も多い。里芋の栽培には25℃から30℃と気温の高いことと日照時間の長いこと、そして土壌が乾かないような適度な降水と堆肥などによる肥沃な土壌が必要であり、そのような栽培環境にあるのが埼玉県の台地や低地の地域である。実際、埼玉県の日照時間は日本でも屈指の長さであり（第4位）、夏の高温や降水は里芋栽培の良好な環境となっている。県内における主要な産地は所沢市、狭山市、川越市などの狭山丘陵や武蔵野台地や入間台地の畑作地域である。それらの地域では畑地に継続的に堆肥を投入し、灌水設備も整備されてされているため、土壌が団粒構造となって、芋の根張りをよくして、良質の里芋を生産している。里芋の収穫時期は10月から翌年の3月までで、厳冬期においても土室による適切な貯蔵で安定して出荷されている。埼玉県の里芋はねっとりとした舌触りと上品な味わい、および色の白さを特徴としており、それらの特徴は県内外の市場関係者からだけでなく、有名料亭など業務用としても高く評価されている。

◎日本一の出荷量のユリ　　農林水産省の花き生産出荷統計によれば、2022年における埼玉県のユリの出荷量は2,360万本（全国シェア21.5％）と都道府県別で最も多い。県内における主要な産地は深谷市で、そこでは県

内の出荷量の約90％が生産されている。深谷市ではユリやチューリップなどの球根栽培が利根川と荒川流域に囲まれた肥沃な土地条件を利用して古くから盛んであり、それらの高い品質は品種改良により維持されてきた。特に、ユリ栽培では深谷市がLA系（ロンギフローラム・アジアンティック系）品種に取り組んだ先駆的な産地となり、その周年生産と品質のよさにおいて他産地を寄せ付けない産地に発展した。さらに、深谷市は消費地の大都市に隣接しており、生産物を素早く供給でき、消費者の動向に合わせてオーダーメイドの生産や出荷調整もできる。

◎日本一の出荷額の節句人形・雛人形　　経済産業省の経済構造実態調査によれば、2021年における埼玉県の節句人形・雛人形の出荷額は34.2億円（全国シェア44.6％）と他の都道府県を圧倒している。埼玉県における節句人形・雛人形製造の中心はさいたま市岩槻区、鴻巣市、越谷市であり、それらの始まりは江戸時代からである。その契機となったのは、日光街道や例幣使街道や中山道の宿場町として栄えたことや、豊富な水があったこと、桐などの材料に恵まれていたこと、そして日光東照宮造営の工匠の技術があったことなどである。それらの地域では、現在でも伝統技術を受け継ぎ、職人が頭や手や胴体、そして髪や着付けなどそれぞれを江戸時代から変わらずに手作りしている。さいたま市岩槻区は現在でも「人形のまち」として周知されており、鴻巣市は「鴻巣雛」の製造で知られている。鴻巣雛は京都西陣からの生地を使って作ることから、従来から「着物の着付けは関東一」と評価されていた。越谷市も江戸時代から「関東三大雛市（江戸十軒店、鴻巣、越谷）」が開催され、「越谷びな」の製造が伝統的に続けられている。

◎日本一の出荷額のアイスクリーム　　経済産業省の経済構造実態調査によれば、2021年における埼玉県のアイスクリームの出荷額は952.8億円（全国シェア23.8％）と都道府県別で最も多い。大企業の工場を中心にアイスクリーム製造工場の多くは、関越自動車道や東北自動車道や圏央道に隣接して立地しており、東京市場への近接性と全国各地への輸送の利便性が考慮されている。さらに、高速道路に隣接した立地は少ない生産拠点で全国の需要を効率的に賄うことを考えてのことであり、アイスクリーム生産に関連する事業所や冷凍倉庫など物流インフラも集積し、集積の利益も得られている。このような立地条件は他の食品工業にも反映されており、埼玉県は洋菓子やチョコレートやビスケット類などの製造も全国トップレベルに

ある。
◎日本一の出荷額の段ボール　　経済産業省の経済構造実態調査によれば、2021年における埼玉県の段ボールの出荷量は3億9,236万 m²（全国シェア11.8%）と都道府県別で最も多い。段ボール製造には、回収された使用済み段ボール（原料の約90%）から段ボール原紙（1ロールは1tから2t）を製造する工程と、段ボール原紙から段ボールシートを製造する工程、および段ボールケースをつくる工程に分かれており、いずれも大型機械が必要なため、大規模な工場用地が必要となる。また、製造された段ボールの需要の約40%は加工食品・飲料の製造工場であり、その立地は埼玉県や群馬県に多い。したがって、埼玉県の段ボール製造業の立地は原料となる使用済み段ボールの入手が比較的容易であり、供給先の食品工業などにも近接していることに有意性をもっている。さらに、高速道路などによる利便性や大都市近郊外縁部で広い工場用地が得やすいことも段ボール製造業の立地に有利に働いている。

◆生活文化・その他
◎日本一広いショッピングモール（ショッピングセンター）　　日本ショッピングセンター協会「SC白書2023」によれば、2023年現在、日本で最大規模のショッピングモールは越谷市に立地する「イオンレイクタウン」であり、その広さは16万 m²、店舗数は約710店（店舗面積245.33m²）に及んでいる。このショッピングモールの特徴は交通アクセスがよいことであり、JR武蔵野線の越谷レイクタウン駅のすぐ南に立地し、1万400台の駐車場と7,100台の駐輪場を備えているため、電車や車や自転車などを使って、県内外から年間約5,000万人以上が来店する。モール内は3つのエリアに分けられ、大型量販店やアパレル専門店やインテリアショップ、さらに飲食店などが来店者の多様なニーズに応えるために配置されている。

◎日本一深い地下放水路　　春日部市の国道16号線下に建設された首都圏外郭放水路は深さ約50mであり、日本一深い地下放水路である。首都圏外郭放水路は洪水を防ぐために建設された地下放水路で、その規模は世界最大級でもある。この地域は中川や綾瀬川の流域であり、利根川や江戸川や荒川の大河川に囲まれた低地になっており、洪水の被害を受けやすい。そのため、中川や倉松川、大落古利根川、幸松川などの地域の中小河川が洪水になった際、洪水の一部を江戸川に流すことが計画され、春日部市上金

崎から小渕まで約6.3kmの首都圏外郭放水路が1993年から13年かけて整備された。首都圏外郭放水路には、地下神殿のような「調圧水槽」があり、それは水の流れを弱め、江戸川に排水するための施設であり、59本の巨大な柱が林立している。

◎日本一多い市の数　総務省資料によれば、2024年1月現在、日本で最も市の数が多いのは埼玉県で、その数は40である。県南部では小さな市の自治体が多く存在し、合併が進まなかったため、数が多い。合併が進まなかったのは、東京のベッドタウン化によって行政の財政負担が増えたこととその地域差が大きいこと、自治体の財政基盤の格差が大きいこと、さらに合併の組み合わせが多くあったことなどが、市の合併を促進させなかった理由である。

埼玉県の特徴とさらに理解を深めるために

　埼玉県では利根川や江戸川や荒川とそれらの支流が流れ、県土に占める河川の面積率は3.9%と高く（全国2位）、河川との関りが多い。治水によって整備された土地は河川で運搬された肥沃な土壌により、豊かな農地となり、様々な農作物の実りを今日まで支えた。また、丘陵地や台地も江戸時代以降の開発により豊かな農地に変わっていった。このような土地の利用に大きな変化をもたらしたのは、東京に隣接した埼玉県の地理的位置である。東京の人口増加による宅地化が外延的に拡大し、県南部では農地の多くが宅地に転換され、鉄道沿線はベッドタウン化した。他方、東京市場に隣接する地理的位置の優位性は近郊農業としての野菜栽培や花卉栽培を発展させ、食品加工やそれに関連した段ボール製造も発展させた。いずれにせよ、埼玉県は東京の影響を現在も直接的に強く受けているといえる。

〈埼玉県に関する理解を深めるための本〉
埼玉県の気候、農林業、自然災害と防災、水資源と産業などを詳しく解説：
・菊池建太（2019）『埼玉の風土がよくわかる本』さわらび舎
埼玉県の全国に誇れる歴史・民族や文化財、自然などの「日本一」を紹介：
・関根久夫（2014）『補訂版 埼玉の日本一風土記』幹書房

⑫ 千葉県

収穫量日本一の落花生

千葉県の概説

　千葉県は関東平野の東部に位置し、北は利根川で茨城県と、西は江戸川で埼玉県と東京都に接し、東は太平洋に面している。県北部は下総台地とこれを囲む低地からなり、利根川に沿って手賀沼や印旛沼などの湖沼を含めて内陸性の低地が形成されている。太平洋沿岸は砂浜の背後に砂丘列と後背湿地からなる九十九里の海岸低地となっている。一方、県南部は上総丘陵や安房丘陵による山地地域となり、著しく開析された谷が多く分布する。全体的には、平野と丘陵が県土の大部分を占めており、標高500m以上の山岳がない都道府県は千葉県だけである。このような地形区分は北から下総国、上総国、安房国という歴史的な地域区分とほぼ一致し、その地域区分が現在における地域経済や生活文化の地域区分ともほぼ一致している。また、現在の千葉県の大きな地域的な特徴は東京大都市圏としての性格と、大都市周縁としての性格の二面性をもっていることである。東京大都市圏としては東京からの外延的な都市化によりベッドタウン化し、それに伴い交通インフラが整備されている。また、京葉工業地帯の発達により工業化が進むだけでなく、都市近郊農業として東京市場向けの農産物が多く生産されるなど、産業構造も変化している。他方、大都市周縁としては中山間地域としての性格を呈し、地域では過疎化や高齢化の問題も生じている。産業構造は旧来の農業や漁業に依存していることに変わりないが、温暖な気候を活用した観光産業が地域経済の柱になっている。

千葉県の日本一

◆自然
◎日本一の人工海浜の長さ　千葉港に造成された人工海浜のいなげの浜、検見川の浜、幕張の浜は連続し、その総延長は4,320mと人工海浜としては

日本一の長さを誇る。特に、中心となるいなげの浜は稲毛海浜公園にあり、公園は東京湾周辺の埋立て事業により旧稲毛海岸の海岸線と砂浜の自然環境が消失したため、その自然を取り戻すために1977年に開園した。いなげの浜と検見川の浜は日本初の人工海浜として公園開園に先立って1976年に整備され、白砂青松の海浜が復元された。いなげの浜は海水浴場として、検見川の浜はウィンドサーフィンなどのマリンスポーツの場として利用されている。また、幕張の浜は幕張海浜公園や幕張メッセなどと隣り合って展開し、海辺を活用した市民花火大会などの大型イベントが数多く開かれている。3つの人工海浜をつないでアクアリンクちばからZOZOマリンスタジアムまで約6kmの散策コースも整備されている。

◆産業

◎日本一の収穫量の落花生　　農林水産省の作物統計によれば、2022年における千葉県の落花生の収穫量は1万4,900t（全国シェア85.1％）と圧倒的に多く全国1位である。千葉県の落花生の栽培は1876（明治9）年に山武郡南郷村（現在の山武市）の農家が試作したのが始まりで、現在の旭市周辺において砂地の畑地でも栽培できる作物として普及した。大正期になると栽培の中心地であった旭市から八街市や富里市にも普及し、旭市の栽培に取って代わるようになった。それは、砂地の土地や旱魃に強く、安定した収穫を得られる青島種が栽培されていたためであった。昭和期の初めには従来の青島種に代わり、多収で良質な優良品種の「千葉43号」や「千葉55号」や「千葉74号」が栽培されるようになり、千葉県における落花生栽培は安定した収量が得られるようになり、全国でもトップレベルの生産地になった。第二次世界大戦後、優良品種「千葉半立」が育成され、その栽培が普及し、千葉県における落花生生産の全国1位の地域はゆるぎないものになった。「千葉半立」は栽培が比較的容易なこと、収量が高く安定していることなどから、現在でも栽培品種の約60％を占めている。現在の落花生の栽培面積は、都市化による農地の宅地転換や野菜栽培への土地利用変化によって減少傾向にあるが、八街市や富里市や成田市などの印旛地区では栽培地が広く分布し、落花生の中心的な産地になっている。落花生の播種は5月中旬から6月上旬であり、8月中旬ごろの開花後に花の茎の基から子房柄が伸びて地中にもぐって莢をつける。開花から75日から90日で収穫され、1週間程度地干しされて落花生が出荷される。

関東地方　77

◎日本一の収穫量のカブ　　農林水産省の作物統計によれば、2022年における千葉県のカブの収穫量は2万9,400 t（全国シェア27.2%）と都道府県別で最も多い。県内の主なカブの産地は柏市、東庄町（とうのしょうまち）、松戸市で、なかでも柏市は市町村別で全国1位の生産量を誇る。利根川低地に沿った畑作地帯の露地とトンネルでカブが周年栽培されている。本来、カブは冷涼な気候環境を好むため、秋に収穫され、夏の高温期や冬の低温期での栽培は難しかったが、栽培の技術革新や品種改良、および市場の需要により、周年で収穫され出荷されている。カブ栽培の大きな特徴は播種から収穫までが短いことであり、夏で約35日、冬でも約100日と、多毛作できる作物になっている。このような多毛作を可能にしているのは利根川による肥沃な土壌とその肥培（ひばい）管理である。

◎日本一の収穫量のナシ　　農林水産省の作物統計によれば、2022年における千葉県のナシ（日本ナシ）の収穫量は1万9,200 t（全国シェア9.8%）と都道府県別で最も多い。千葉県においてナシ栽培が盛んなのは良好な4つの環境にあるためである。1つ目は、栄養分を保ち、排水性のよい火山灰土壌である。2つ目は温暖な気候と、甘味を増すために必要な日照時間の長さである。3つ目は江戸時代から継承されてきた栽培技術の高さである。そして、4つ目は消費地に近接しているため、消費者に新鮮で熟したものをすぐに届けることができることである。千葉県のナシ栽培は江戸時代中期に現在の市川市八幡（やわた）地区で始まったとされ、八幡地区は江戸末期には関東地方で最大の産地に発展した。明治期になると現在の松戸市二十世紀（にじゅっせいき）が丘で「二十世紀」が育成されるなど品種改良や栽培技術の革新が行われ、現在では糖度が高く食味のよい「幸水」（7月下旬から8月中旬に収穫）や「豊水」（8月下旬から9月中旬に収穫）が主力の品種となり、いくつかの品種を組み合わせて、ナシの出荷時期の長期化が図られている。千葉県におけるナシの主要な産地は白井市、市川市、船橋市、および鎌ケ谷市や松戸市、柏市など東葛地域である。

◎日本一の収穫量のマッシュルーム　　農林水産省の地域特産野菜生産状況調査によれば、2020年における千葉県のマッシュルーム収穫量は2,890 t（全国シェア41.4%）と都道府県別で最も多い。県内の主要な産地は利根川下流に位置する香取（かとり）市で、その中心的な役割を担っているのが一つの農業法人である。この農場のマッシュルームは完全無農薬で栽培され、その特

徴はフランス産の種菌を使うため肉厚で、香りがよく、甘味が強いことである。マッシュルームは温度や湿度や二酸化炭素濃度を適切に管理した室内で栽培されており、菌を植え付けて約35日後に収穫され、年間通して安定的に出荷されている。良質なマッシュルームを生産するには培地づくりが重要であり、オランダ式のマッシュルーム用培地製造システムを導入するとともに、近くに立地するJRA美保トレーニングセンターの馬厩肥（馬の敷きわら）を有効活用している。

◎日本一の漁獲量のスズキ　農林水産省の漁業・養殖業生産統計によれば、2021年における千葉県のスズキの漁獲量は1,495t（全国シェア24.5%）と都道府県別で最も多い。栄養豊富な東京湾はスズキの主要な産地であり、市川市から富津市の漁業者がまき網や底曳網や刺し網で漁獲している。漁獲されたスズキの大部分は船橋漁港に1年を通じて水揚げされるが、最盛期は5月から10月である。船橋漁港では魚本来の価値を最大限に引き出して出荷するため、スズキの血抜きと神経抜きを行う「瞬〆」が行われ、良質なスズキが「江戸前船橋瞬〆すずき」の地域ブランドで豊洲や名古屋や仙台など多くの卸売市場に出荷されている。

◎日本一の生産額の醤油　経済産業省の経済構造実態調査によれば、2021年における千葉県の醤油の出荷額は約4,128億円（全国シェア28.8%）と都道府県別で最も多い。千葉県の醤油の主要な産地は野田市と銚子市であり、いずれも大手醸造資本の工場が立地して醤油生産を行っている。これらの地域における醤油醸造の発展は江戸中期以降であり、江戸前の調理法の発達とともに濃口醤油の需要が江戸で増加したためであった。また、それらの地域は利根川や江戸川を利用した物資輸送の利便性をもち、原料の穀物や塩、および商品としての醤油の高瀬舟を用いた輸送に便利であった。例えば、江戸期における銚子の醤油醸造業者は醸造した醤油樽を舟で運び、帰りの舟で行徳の塩を運んできた。小麦や大豆も利根川流域で調達し、舟で銚子まで運ばれた。江戸時代の銚子には10を超える醤油醸造所があり、江戸の食文化を支えていた。現在の銚子市には大手の醸造資本2社の工場が江戸時代から立地し、醸造を続けている。

◎日本一の出荷額の石油製品・石炭製品　経済産業省の工業統計調査によれば、2019年における千葉県の石油製品・石炭製品の出荷額は2兆8,480億円と都道府県別で最も多い。とりわけ、ジェット燃料油とナフサの出荷

額は2019年現在で全国シェア33.5%と23.4%を占めており、全国1位となっている。これらの石油製品は千葉港から袖ケ浦市にかけての京葉臨海工業地帯の石油化学コンビナートで生産されており、そのコンビナートの集積は日本最大といわれている。原料や製品の海運による輸送の利便性は高く、ジェット燃料に関しては成田国際空港や羽田国際空港への近接性も生産性の高さに貢献している。

◆生活文化・その他

◎日本一の営業距離の懸垂型モノレール　モノレールの型式には車体が走行軌道の上を移動する跨座型と、走行軌道の下に垂れ下がって移動する懸垂型とがある。懸垂型のモノレールの営業距離の日本における最長は1988年に開業した千葉モノレールである。当初は千葉みなとから千城台までの営業であったが、1999年に県庁前から千葉駅までが開通して、全体の営業距離が15.2kmで日本一となった。ちなみに、懸垂型モノレールの営業距離の世界一はドイツ・ヴッパタール市のモノレールであったが、千葉モノレールはそれを抜いて世界一となり、2001年にギネス認定を受けている。

◎日本一の来園者数のテーマパーク　Themed Entertainment Association (TEA)によれば、2022年のテーマパークの入園者数の世界ランキングは、ユニバーサル・スタジオ・ジャパンが1,235万人で世界3位、東京ディズニーランドと東京ディズニーシーはそれぞれ1,200万人と1,010万人で世界4位と世界5位であった。東京ディズニーランドと東京ディズニーシーは東京ディズニーリゾートとして一つのテーマパークと考えると、来園者数は世界1位のフロリダ・ウォルト・ディズニー・ワールド・リゾートのマジックキングダム（約1,700万人）を凌ぎ、世界一のテーマパークとなる。

◎日本一の貨物取扱量の空港　国土交通省の資料によれば、2021年における空港別の貨物取扱量は成田国際空港が261万tで最も多く、2位以下を大きく引き離しており、そのほとんどが国際線による貨物輸送である。成田国際空港は国内や国外の大手貨物航空が就航しているため、国際線の輸送貨物が増加しており、世界の空港における航空貨物取扱量も第5位にランクされている。また、空港周辺に物流基地が形成されていることも貨物取扱量の増加につながっている。輸出品は精密機械や集積回路（IC）が多く、高価で小さく飛行機で輸送しやすいという特徴がある。他方、輸入品は通信機や医薬品が多い。

◎日本一の広さの港湾区域　千葉港は東京湾の奥に位置し、北は市川市から南は袖ケ浦市にまで海岸線延長が約133kmにおよび、港湾区域面積は約2万4,800haと日本一である。千葉港は1954年に開港し、京葉臨海工業地帯や東京大都市圏の物流拠点として発達し、国際拠点港湾に指定されて国際貿易港としての役割を担っている。主要な物流貨物は鉄鋼、エネルギー、機械、食品、自動車などであり、2020年の総貨物取扱量は1億3,400万tで、千葉港は名古屋港に次いで全国第2位の港湾となっている。

◎日本一多い貝塚　文化庁の「平成24年度周知の埋蔵文化財包蔵地数」によれば、千葉県の貝塚の数は739か所（全国の貝塚の18.7％）と都道府県別で最も多い。また、千葉市若葉区の加曽利貝塚は日本において最大級の縄文貝塚といわれており、縄文時代の食住が体験できる施設や博物館が併設されている。千葉県に貝塚が多いのは、縄文時代の海岸線が現在よりも内陸にあり、遠浅の海で貝の生息と捕獲に適していたためと考えられる。

千葉県の特徴とさらに理解を深めるために

　千葉県は東京湾と太平洋の海の恵みと、利根川や江戸川の川の恵みを江戸時代から現在まで、農業や漁業だけでなく水運・物流や工業などさまざまな産業が受けてきた。それらの恩恵は豊かな実りや製品をもたらし、それぞれ日本有数の生産量を誇ってきた。しかし、千葉県における豊かな生産を支えてきたのは風土によるものだけでなく、そこで暮らしてきた人々がさまざまに工夫し技術革新を行ってきたことも大きい。例えば、落花生の主産地は県北部の風土が栽培適地であったことによるものであるが、品種改良や技術革新を続けてきたことが今日の発展につながっている。加えて、江戸時代から江戸や東京との近接性やつながりを利用してきたことも、さまざまな産業の隆盛につながり、現在の東京と一体となった発展にも繋がる。

〈千葉県に関する理解を深めるための本〉
地図を活用して、千葉県の地形や歴史、交通、産業、観光などを説明：
・都道府県研究会（2020）『地図で楽しむ本当にすごい千葉』宝島社
県内各地の自然や歴史遺産、産業、生活文化などを観光資源として概観：
・ふるさと文化研究会編（2006）『房総（千葉）学検定公式テキストブック』国書刊行会

⑬ 東京都

出荷量日本一の切葉
フェニックス・ロベレニー

東京都の概説

　東京都は東京湾に面し、南を多摩川で神奈川県と、東を江戸川で千葉県と、西を関東山地で山梨県と、北を埼玉県と接し、関東平野の中心的な位置にある。東京の発展の歴史は徳川家康が江戸に移封されて江戸幕府を開き、江戸の都市づくりを行ってきたことに始まる。計画的な都市づくりと食料基盤としての関東平野の存在や玉川上水などによる生活用水の確保により、江戸に多くの人口が流入し、江戸中期には江戸は世界屈指の百万都市に発展した。明治期になると、江戸は東京と地名を変えるが、都市としての性格は変化することなく、文明開化による西洋化や政治経済の中央集権化により、東京への人・モノ・金・情報の集中が進み、東京は大都市に発展してきた。その後も人・モノ・金・情報の東京への集中は進み、現在では東京への一極集中の現象が顕著になっている。また、東京の都市の性格も日本やアジアの大都市の一つから世界都市の一つにと変化している。大都市東京の大きな特徴は江戸時代から現在まで多くの災害（富士山噴火、大火、大地震、戦災）に見舞われながらも復興し、災害に強い都市づくりが行われてきたことである。もう一つの特徴は自治体としての東京都には、大都市としての東京と農村や山間地や島嶼地の東京が存在し、それらが共存共生していることである。例えば、都心から鉄道で約1時間の距離にある高尾山は緑豊かな余暇空間であり、都心から船で24時間の小笠原諸島は世界自然遺産に登録された自然空間になっている。東京都は様々な性格をもっており、それらに魅せられた人々を世界中から集めている。

東京都の日本一

◆ 自然
◎日本最大の排他的経済水域　　東京都総務局ホームページによれば、東

京都の排他的経済水域は東京内湾、伊豆諸島、小笠原諸島に至るまで約170万 km²におよび、日本全体のそれの38％を占めている。ちなみに、日本の領海と排他的経済水域を合わせた面積は約447万 km²であり、それは国土の約12倍、世界で6番目の広さになる。国連海洋法条約（海洋法に関する国際連合条約）によれば、排他的経済水域は、領海基線（海面が一番低い時に陸地と水面の境界となる線）から200海里（約370km）を越えない範囲内で設定されている。排他的経済水域では、天然資源の探査・開発などを含めた経済的活動の主権的権利と、海洋の科学的調査、海洋環境の保護・保全などの管轄権が認められている。排他的経済水域に関連して、日本の最東端（小笠原村南鳥島）と最南端（小笠原村沖ノ鳥島）も東京都である。

◆産業

◎日本一の出荷量の切葉　農林水産省の花き生産出荷統計によれば、2022年における東京都の切葉の出荷量は2,690万本（全国シェア31.2％）と都道府県別で最も多い。都の島嶼地域では、フェニックス・ロベレニー、レザーファン、ルスカス、キキョウラン、ドラセナ、ハラン、サカキなどの切葉の生産が盛んであり、切葉の主要な産地になっている。特に、八丈島の八丈町ではフェニックス・ロベレニーが温暖な気候を活かして栽培され、その出荷額は町の農業粗生産額全体の約40％以上になっている。また、東京都中央卸売市場における八丈島産のフェニックス・ロベルニーの占有率は90％以上にも及び（枚数ベース）、それは八丈島を代表する作物になっている。そのため天候被害や風による品質低下を防ぐため、フェニックス・ロベルニーは露地での栽培からネットハウスでの栽培に移行しつつある。さらに、八丈島ではレザーファンやルスカスをはじめ多品目が組み合わされて生産されており、離島農業の経営の安定化が図られている。

◎日本一の収穫量のブルーベリー　農林水産省の作況調査（果樹）によれば、2021年における東京都のブルーベリーの収穫量は334t（全国シェア14.9％）と都道府県別で最も多い。日本でのブルーベリーの本格的な商業生産は小平市で始まり、小平市から日本各地にブルーベリー栽培が広がっていった。ブルーベリーは酸性土壌を好み、関東ローム層で覆われた武蔵野台地や多摩地域はブルーベリー栽培に適した条件にあった。主要な産地は小平市や国分寺市や練馬区などであり、収穫時期は6月から8月になる。東京都のブルーベリー栽培における大きな特徴は、収穫量が多いが出荷量が

少ないことである。これは、市場に出荷するより、消費者に近接していることを活かした観光農園の摘み取りで消費されているためである。観光農園ではラビットアイ系と呼ばれる品種が摘み取られており、熟しすぎるとウサギの目のように赤くなるため、収穫後の新鮮なうちに消費する必要があり、摘み取りに適している。例えば、練馬区ではブルーベリー摘み取り園が2007年の8園から2020年には31園に急増し、観光農園におけるブルーベリーの消費が拡大していることを物語っている。このようなブルーベリー栽培は都市域における農地保全や都市農業の存続発展に貢献している。

◎**日本一の出荷額のオフセットの印刷物**　経済センサス-活動調査によれば、2021年における東京都のオフセット印刷物の出荷額は4,041.3億円（全国シェア16.2%）と都道府県別で最も多い。また、オフセット印刷の事業者数も937と最も多い。20世紀の初頭に米国で開発されたオフセット印刷は容易な製版と安価な費用と明瞭な印刷により石版印刷（せきばんいんさつ）に取って代わるようになった。1914年には日本にも導入され普及した。特に、印刷の依頼者との綿密なやり取りが必要なため市場に隣接して立地する必要があり、印刷業者が山手線の内側に、特に新宿区や千代田区に集中して立地するようになった。その結果として、現在でも多くの印刷業者が新宿区や千代田区に立地し、印刷物の出荷額も多い。1980年代以降、オフセット印刷のデジタル化が進むと、データによる入稿やデータでのやり取りが行われるようになり、都心に工場を立地させる必要がないと考える印刷所も現れ、一部の印刷所は広い土地や倉庫などを求めて郊外に移転する傾向にある。しかし、東京都心がオフセット印刷の集中地域であることに変わりない。

◆**生活文化・その他**

◎**日本一多い人口**　2020年の国勢調査における都道府県別の総人口は、東京都が1,404万7,594人で全国1位であり、2位の神奈川県（923万7,337人）を大きく引き離している。総人口と関連して東京都の人口密度も1km^{2}当たり6,402.35人と全国1位である。東京都の人口構造の大きな特徴は流入人口が多いことであり、2020年の流入人口比率（対総人口）は19.7%と著しく高い（第2位は京都府の7.4%）。また、2020年の単独世帯の割合（対一般世帯数）も50.2%で全国1位と高く、流入人口の多くが単身者であるといえる。そのため、世帯当たりの家族数は1.92人と全国で最も低くなっている。このように単身者が多く居住する東京都では婚姻可能性も高く、2020年の人口

千人当たりの婚姻の割合は5.26件と高く全国1位である。このように若年人口が流入することにより、東京都の老年人口指数（65歳以上の人口/15〜64歳人口×100）は34.6と全国で最も低く、数字的には人口の高齢化が抑えられているといえる。また、流入人口が多い原因の一つとして雇用機会の多いことや多くの所得が得られることが考えられる。例えば、2021年の総務省の全国家計構造調査によれば、東京都の1世帯当たりの年間収入は620万円程度であり全国1位ないし2位を争う水準である。さらに、東京都の人口の特徴として外国人の人口が多いことが挙げられる。実際、2020年における人口10万人当たりの外国人人口は3,441.1人と全国で最も多い（2位は愛知県の3,067.6人）。

◎日本一多い大学数　文部科学省の学校基本調査によれば、2023年度における東京都の大学数とその入学者数は、それぞれ144校（全国の17.8％）と15万7,086人（全国の24.8％）であり、ともに他の道府県を圧倒して全国1位である。また、学部学生数も68万1,667人（全国の25.9％）とかなり多く、東京都が全国1位になっている。つまり、東京都には大学も多く立地するが、全国の大学生の4分の1が東京都にいることになり、それは東京の文化機能の一極集中現象の一つの事例と東京に若年人口が流入する理由を示している。東京都に大学が多く立地しているのは、明治初期の大学設置に大名屋敷跡地が活用されたことと、お抱えの外国人教授の利便性を考慮してのこと、および高等教育に必要な知識や情報の集積の利益からであった。東京都心の大学や学生の集中を回避するため、都心における大学増設の抑制や大学の郊外移転が1980年代から行われてきたが、知識や情報の集積の利益を得られないことから、2010年以降、都心に回帰する大学も少なくない。

◎日本一多い都市公園数　国土交通省の都市公園データベースによれば、2020年における東京都の都市公園数（可住地面積100 km^{2}当たり）は586.74か所（全国平均は91.36か所）と都道府県別で最も多いが、人口1人当たりの公園面積は4.26 m^2（全国平均は10.12 m^2）で最も小さい。都市公園は都市住民の生活や余暇のために都市公園法で設置が決められており、東京都も国営公園（2か所、約176 ha）や都立公園（83か所、約2,056 ha）、および区市町村立公園（8,586か所、約3,813 ha）が設置されている。東京都の代表的な都市公園は都立日比谷公園や都立上野恩賜公園、都立水元公園、代々木公園、国営昭和記念公園などであり、いずれも日本の都市公園百選に選ばれ

ている。ちなみに、都立上野恩賜公園内の恩賜上野動物園の年間入園者数は、2019年で約317万人と全国の動物園において第1位であった。

◎日本一高い塔（タワー）　墨田区押上に2012年に開業した「東京スカイツリー」は634 mの電波塔で、東京タワーに代わって日本一の塔となった。その高さは東京の旧国名の「武蔵（むさし）」の語呂合わせで決められた。東京スカイツリーは都内をはじめ関東全域のテレビ・ラジオの電波を送信している。また、東京スカイツリーで使用されている業務用エレベーターは昇降行程の長さが464.4 mあり、日本最長のエレベーターになっている。

◎日本一多い初詣の参拝者数　全国の神社別の初詣参拝者数によれば、2024年における明治神宮は約319万人で全国1位である（2位は成田山新勝寺の約311万人）。明治神宮は都心部にあり、交通の便がよい立地条件から多くの参拝者を集めている。また、自然豊かな環境と都内屈指のパワースポットとして周知され、家内安全や商売繁盛、恋愛成就や良縁、合格祈願などさまざまなご利益があるとされることも参拝者が多いことにつながっている。

東京都の特徴とさらに理解を深めるために

　東京都は日本の中心としての都市機能を強く反映し、人・モノ・金・情報が集まり、一極集中化が進み、プライメイトシティとしての性格が強い。さらに、東京大都市の持つ都市機能は世界との結びつきを強くし、世界都市へと変貌している。他方、東京大都市を支える基盤も確かなものとなっており、流入人口や将来の都市人口を支える郊外住宅地や都市住民の生活を支える食料基盤やさまざまなインフラが量的だけでなく、江戸がエコシティと呼ばれたように、質的にも整備されている。

〈東京都に関する理解を深めるための本〉
地形や気候などの自然環境や歴史文化環境や社会経済環境を総合的に解説：
・菊地俊夫・松山洋編（2020）『東京地理入門』朝倉書店
江戸から東京に変わった「東京」を地理や地名や地図から具体的に解説：
・浅井建爾（2018）『知れば知るほどおもしろい　東京の地理と地名がわかる事典』日本実業出版社

⑭ 神奈川県

消費量日本一のシュウマイ

神奈川県の概説

　神奈川県は関東地方の南西端に位置し、西は丹沢山地と箱根山地でそれぞれ山梨県と静岡県に接し、北は多摩川で東京都と接するとともに、南と東はそれぞれ相模湾と東京湾に面している。神奈川県は海に面しているため、基本的に温暖多湿の太平洋側気候で過ごしやすいが、北西部の山地は夏冷涼で冬寒冷の気候である。神奈川県は大きく横浜川崎地域、横須賀三浦地域、湘南地域、県央地域、県西地域に大きく区分することができ、歴史的にみると、鎌倉幕府の成立や北条氏による小田原城下町の整備などにより、横須賀三浦地域や湘南地域が発展していた。しかし、江戸末期から明治期にかけて横浜港の開港やその後の東京の拡大の影響により横浜川崎地域が発展し、第二次世界大戦後は郊外住宅の外延化にともない県央部の都市化も進んだ。都市化や郊外住宅化により、神奈川県は日本で最も多い数の政令指定都市をもつまでになり、2024年現在、横浜市と川崎市、および相模原市の3市が政令指定都市になっている。県西地域は丹沢山地や箱根温泉などの観光地が立地し、鉄道交通により都心とのアクセスもよいため、集客力の高い観光地になっている。他方、多摩川や相模川による肥沃な土壌と温暖多湿な気候と大都市市場の近接性は生産性の高い農業を育んできた。さらに、海に面した地理的有利性は漁業だけにとどまらず、臨海工業の発展にも及んでいる。全体的には、神奈川県は自然環境的にも、歴史文化的にも、そして社会経済的にも恵まれた地域といえる。

神奈川県の日本一

◆自然
◎日本一の入湯税収入の自治体　　日本温泉協会の資料によれば、2021年において箱根町の入湯税収入は4億831万円で全国1位であり、2位の別府

市の2億5,939万円を大きく引き離している。入湯税は温泉入浴したときに課される税金であり、地方税法として市町村が課すことができる目的税である。入湯税の額は法律で1人1日150円を標準とすると定められ、市町村ごとに異なる金額を定めることができる。箱根温泉は箱根火山カルデラの内側に湧出する温泉の総称であり、江戸時代には湯本、塔之沢、宮ノ下、堂ヶ島、底倉、木賀、芦之湯の箱根七湯であったが、現在では明治期以降に開発された10の湯を加えて箱根十七湯となっている。箱根温泉の源泉総数と総湧出量は全国第7位であり、42℃以上の高温の源泉数は全国第5位などと、全国屈指の温泉地である。東京大都市圏に近接し、交通の便がよいため、年間の宿泊者数は約430万人で全国1位であり、宿泊施設数やその定員数も全国第1位である。泉質はアルカリ性単純温泉、食塩泉（ナトリウム－塩化物泉）、石膏泉（カルシウム－硫酸泉）など約20種類に及び、場所によって多様な泉質の温泉を楽しむことができる。例えば、食塩泉は湯本温泉の須雲川沿いや強羅付近の潜在カルデラ内に多く分布し、石膏泉は中央火口丘とその周辺に分布している。箱根火山は2度に渡る噴火によって大きなカルデラ構造になったと従来考えられていたが、現在では小さな火山の集合体で、いくつかの潜在的なカルデラ構造が複数あると考えられており、それが多様な温泉源になっている。

◆産業

◎日本一の出荷額の家庭用合成洗剤　　経済センサスの品目別統計表によれば、2020年における神奈川県の家庭用合成洗剤の出荷額は約4,233億円（全国シェア27.5％）と都道府県別で最も多い。家庭用合成洗剤は大きく洗濯用合成洗剤と台所用合成洗剤に分けられ、それぞれ界面活性剤を30％以上使っているものと、40％以上使っているものとで区別されている。界面活性剤は水と油を混ぜることができる成分で、食品の油や皮脂などの油汚れを落とす働きがあり、石油や牛脂、パーム油などの脂肪酸からつくられるが、多くは石油からである。日本では1950年代初頭に合成洗剤が生産されるようになり、電気洗濯機の普及や油物の料理の嗜好拡大により家庭用合成洗剤の需要が高まった。合成洗剤の製造工程には界面活性剤の製造から一貫して行なう場合と、界面活性剤を別途調達して加工する場合とがあるが、当初は石油化学工業の一つとして一貫した工程で生産されていた。そのため、神奈川県における家庭用合成洗剤の工場は川崎市や横浜市の臨海

部の京浜工業地域に立地していた。このような工業は大気汚染や水質汚染をもたらし、それらの公害は高度経済成長期において大きな社会問題になった。さらに、家庭における合成洗剤の使用増加は身近な河川の富栄養化や水質汚染ももたらした。これらの社会的問題に企業や消費者が積極的に取り組み、合成洗剤の製造過程や使用における有害物質の排出抑制などが図られ、大気汚染や水質汚染などの問題は解決されている。加えて、合成洗剤の生産も界面活性化剤の製造と切り離して加工する工場も多くなり、それらは輸送の便もよい湘南地域などにより広い土地を求めて移転している。

◎日本一の出荷額のシャンプー・ヘアリンス　　総務省統計局の経済センサスによれば、2021年における神奈川県のシャンプー・ヘアリンスの出荷額は351.6億円（全国シェア16.1％）と都道府県別で最も多いが、2位の愛知県と年によって順位が入れ替わることもある。ちなみに、2020年における出荷額では愛知県が495.3億円（全国シェア21.6％）で全国1位であり、神奈川県は2位であった。シャンプー・ヘアリンスの生産に関しては、神奈川県も愛知県も似た立地傾向にあり、それは合成洗剤の製造にも似ている。シャンプー・ヘアリンス生産には界面活性剤、コンディショナー（条件調節剤）、その他の水性材料が必要であり、全体の材料の50％から60％は水（バクテリアによる劣化を避けるため脱イオン水）である。そのため、現在では製造工場が界面活性剤の製造と切り離して別に立地する傾向にある。神奈川県では、研究施設を備えた製造工場が県央部の農村地域に広い土地と良好な製造環境を求めて立地しており、そこで製造された高級シャンプー・ヘアリンスが「ふるさと納税」の返礼品にもなっている。

◎日本一の出荷額のガソリン　　経済産業省の経済構造実態調査によれば、2021年における神奈川県のガソリンの出荷額は1万1,808億円（全国シェア23.3％）と都道府県別で最も多いが、千葉県と毎年1位と2位を争っている。ちなみに2020年の出荷額では千葉県が1万661億円（全国シェア25.6％）で全国1位であり、神奈川県は2位であった。神奈川県にしても千葉県にしても東京湾岸の臨海コンビナートに立地する大規模な石油製油所がガソリンの出荷額を高めている。神奈川県では横浜市から川崎市にかけての臨海コンビナートに日本最大級の石油精製能力をもつ製油所がいくつか立地している。石油精製ではガソリン、灯油、ジェット燃料、および軽油などが生

産されており、パイプラインによって近隣の工場に送られ、石油精製と石油化学が一体となった石油化学コンビナートが形成されている。

◆生活文化・その他

◎日本一の消費量のシュウマイ　　全国の県庁所在地と政令指定都市を対象に、2021年から2023年の1世帯（2人以上）の年間支出金額を調べた総務省の家計調査によれば、シュウマイの年間支出額は横浜市が2,428円（全国平均は1,093円）で全国1位であり、2位と3位もそれぞれ川崎市（1,813円）と相模原市（1,589円）であった。そのため、神奈川県はシュウマイの消費量が日本一と考えられる。このように横浜市がシュウマイの消費量が多いのは有名な弁当会社の「シュウマイ弁当」が1928（昭和3）年に販売され広まったことによるものといわれている。冷めても美味しく、揺れる車内でも食べやすい一口サイズのシュウマイは横浜名物として定着し、県内だけでなく土産物として県外にも流通している。ちなみに、シュウマイ弁当を開発した弁当会社の店舗は神奈川県と東京を中心に約150店舗あり、それらのうち約40％が横浜市内の主要鉄道駅やその周辺に集中している。他方、横浜市の中華街には広東省の出身者が多く、「北方的餃子、南方的焼売（北の餃子、南のシューマイ）」の中国の言葉通り、シュウマイをつくる中国人が多かった。そのことも横浜市にシュウマイの食文化が定着した要因の一つである。

◎日本一長い通勤時間　　総務省の社会生活基本調査によれば、2016年における神奈川県の平均通勤時間（往復）は1時間45分と都道府県別で最も長い（全国平均は1時間19分）。ただし、2位の千葉県（1時間42分）と3位の埼玉県（1時間36分）と4位の東京都（1時間32分）と大きな差がなく、そのことはそれぞれの都県から都心に通勤する人が多いことを示している。神奈川県から都心通勤が多いのは、都心まで乗り換えなく行ける路線が多く、また乗り換え1回で都心に通勤できる地域を加えると、神奈川県の多くの地域から快適に通勤ができるためである。さらに、神奈川県の居住環境は海や緑の自然に恵まれ、気候も温暖であり、鎌倉や三浦半島などの主要な観光地も近いため良好であり、通勤時間を我慢しても居住したい人が多い。加えて、県内を走る鉄道路線の数は東京都と同様に多く、県内のほとんどの地域で外出や通勤に便利な鉄道網が構築されている。

◎日本一のJリーグのチーム数　　神奈川県には、Jリーグのサッカーチー

ムが川崎フロンターレ、横浜F・マリノス、湘南ベルマーレ、横浜FC、SC相模原、YSCC横浜の6チームあり、その数は日本一である。Jリーグは日本のプロサッカークラブを統括する公益社団法人日本プロサッカーリーグ、および同法人が運営するプロサッカーリーグの略称であり、1993年に10チームのJ1がつくられた。その後、1999年にJ2が、2014年にJ3が組織され、現在はJ1からJ3の3部で毎年入れ替えが行われるシステムで運営されている。Jリーグの大きな特徴は発足当初から地域に根ざしたスポーツクラブを目指しており、地域と連携したスポーツ振興が図られている。神奈川県にJリーグのチームが多いのは、スポンサーとなる大企業が多く存在していることやサッカースタジアムを建設する土地があったことが理由として挙げられるが、人口が多く、もともとサッカーをはじめスポーツが盛んな地域であったことも理由の一つである。スポーツが盛んな地域であったことは、高校野球の甲子園の通算勝率（2015年まで）にも反映されており、神奈川県は62.3％で全国1位である（2位は大阪府の61.6％）。

神奈川県の特徴とさらに理解を深めるために

神奈川県は自然環境も良好で、土地条件もよく、様々な点で恵まれている。そのため、農作物の収穫も豊かで、大都市市場に近いことから都市農業や都市近郊農業が発達している。また、臨海の地理的環境や交通の利便性を活かして工業も発達し、日本経済の基盤となっていた。それらの生産物の多くは日本屈指の量を誇っているが、多くはかつて日本一であったかもしれないが、現在は2位や3位、あるいは10位以内と順位を落としている。それは、産業が衰退したのではなく、量より質の新たな基準でさまざまな経済活動が行われているためである。例えば、都心通勤者の増加にともなって、良好な居住環境が求められるようになり、大気汚染や水質汚染の改善が求められ、緑の環境保全や安全安心な農産物が求められている。

〈神奈川県に関する理解を深める本〉
神奈川県の地理・地名・地図に刻まれたユニークな現象の謎を読み解く：
・浜田弘明（2023）『神奈川「地理・地名・地図」の謎』実業之日本社
歴史、地学、産業、交通、統計などを用いて神奈川県の新たな姿を解説：
・JTBパブリッシング編（2022）『神奈川の教科書』Kindle版、JTBパブリッシング

⑮ 新潟県

生産量日本一のマイタケ

新潟県の概説

　新潟県は本州の日本海沿岸のほぼ中央に位置し、朝日山地、飯豊(いいで)山地、越後(えち ご)山脈、西頸城(にしくびき)山地、白馬山地に囲まれ、日本海に面して南北に長い県域となっている。そのため、県全域が日本海側気候に属し、豪雪地帯の指定を受けている。冬は日照時間が短く、曇天の日が多いが、春から秋にかけての日照時間は比較的長くなり、好天の日も多い。日本海沿岸には長野県から流れる日本一長い信濃川と阿賀野川の下流域や河口に越後平野が、そして長野県北部を水源とする関川の下流域には高田平野が広がり、それらの沖積地が水稲の栽培地として新潟県の生活や経済を伝統的に支えてきた。江戸時代には米を輸送するため北前船の航路が発達し、内陸からの米や物資が新潟港や直江津港や出雲崎港(いずもざきこう)に集められた。明治期になり、柏崎県と新潟県と相川県が合併して現在の新潟県が生まれた。現在の新潟県の地域区分である上越(旧高田藩を中心とする地域)、中越(旧柏崎藩や旧長岡藩を中心とする地域)、下越(旧越後府や旧新発田(しばた)藩や旧村上藩を中心とする地域)、および佐渡の4つの地域も幕藩体制や明治期初めの県制に基づいている。第二次世界大戦後、農地解放や農地整備などにより水稲作がさらに発展するとともに、工業も新たな港湾建設や交通インフラの整備や農村の余剰労働力を活用して発達した。特に、交通インフラは新潟県の発展にとって重要であり、上越新幹線と北陸新幹線と五つの高速道路は首都圏や北陸地方との結びつきを強めている。

新潟県の日本一

◆自然
◎日本一の河岸段丘　　河岸段丘は河川の中流や下流において流路に沿って発達した階段状の地形であり、土地の隆起や河川の働きによってつくら

れる。高位の段丘は古く、下位の段丘ほど新しい。日本では多くの河川が河岸段丘を形成しているが、とりわけ日本最長の河川の信濃川とその支流の中津川が合流する津南町（つなんまち）では9段に及ぶ河岸段丘が発達し、その規模は日本最大となっている。そこでの段丘崖が中津川と並行して北西－南東向きに形成されているため、大部分は中津川によって形成された段丘と考えられており、そのような階段状の地形は約40万年前からつくられた。各段丘面には厚さ5mから10mの礫層（れきそう）を中心とした堆積物があり、それらの河川堆積物により礫の供給地や河川環境がわかる。津南町には日本一の河岸段丘が眺望できる、「川の展望台」と「空の展望台」（マウンテンパーク内）がある。

◎日本一小規模な山脈　　胎内市（たいない）と新発田市にまたがる櫛形山脈（くしがた）は、加治川と胎内川を南北に、国道290号と国道7号を東西とする範囲にあり、櫛形山（標高568m）を最高峰とする全長13.5kmの日本で最も小規模な山脈である。この山脈の平均標高は300m程度であるため、トレッキングコースや登山道がいくつか整備され、比較的簡単に縦走ができる。櫛形山の山頂からは飯豊連峰や日本海に浮かぶ佐渡島、越後平野の田園風景を眺めることができるため、多くのハイキング客が訪れている。また、櫛形山脈にはブナ林や40種以上の桜が自生しており、人々が自然観察を楽しむ場になっている。さらに、中世には山城が25か所以上も築かれ、そのうち数か所は国指定の文化財にもなっており、櫛形山脈は歴史探訪の場としても楽しむことができる。

◎日本一高温の最低気温　　一日の最低気温が日本で最も高温であったのは、2023年8月10日24時00分に糸魚川市（いといがわ）で記録した31.4℃である。これは、九州の西の海上から朝鮮半島付近を北上した台風に吹き込む南からの風が強まり、その風が日本海側では脊梁山脈を越えて乾燥した熱風となるフェーン現象によるものである。一般的には、太平洋側から暖かく湿った空気が流れ込む春に、日本海側の地域で発生しやすいとされているが、台風の通過にともなって夏や秋にも日本海側の地域で起こるケースも少なくない。フェーン現象は気温の急激な上昇により健康や農作物に悪影響を与えるだけでなく、乾燥や強風によって大きな火災が生じることがある。実際、2016年12月の「糸魚川大火」はフェーン現象により延焼被害が大きくなった。

◎日本一の飛来数のハクチョウ類　　環境省全国ガンカモ類の生息調査によれば、2022年における新潟県のハクチョウ類の飛来数は2万1,365羽（全国の約42％）と都道府県別で最も多い。新潟市の福島潟、鳥屋野潟、佐潟、および阿賀野市の瓢湖（ひょうこ）はシベリアから越後平野に飛来するハクチョウ類の主要な越冬地になっている。国内最大の砂丘湖の佐潟と瓢湖はラムサール条約の登録湿地にもなっている。

◆ 産業

◎日本一の収穫量の米　　農林水産省の作物統計によれば、2022年における新潟県の米の収穫量は63万1,000t（全国シェア8.7％）と都道府県別で最も多く、米の産出額や作付面積も全国1位である。新潟県の米生産の発展は、江戸時代以降の新田開発や灌漑用水工事や低湿地の干拓などによるものであり、信濃川や阿賀野川などの大河川によって運ばれた肥沃な土壌、登熟期（とうじゅく）（穂が出た後に実る期間）の気温（平均気温25℃）と日較差、および豊かな雪解け水の利用と品種改良の努力が日本一の産地へと導いた。県内の米は主に産地によって新潟産米（うおぬま）、魚沼産米、岩船産米（いわふね）、佐渡産米に分けられている。新潟産米は主に越後平野で肥沃な土壌に基づいて生産され、魚沼産米は県東部の山沿いの豊富な雪解け水と気温の日較差に基づいて生産されている。岩船産米は県北部の三面川（みおもてがわ）流域の山間部で生産され、佐渡産米は温暖な気候を利用し朱鷺（とき）と共生する方法で生産されている。いずれの地域でもそれぞれの地域の性格を活用し、コシヒカリを中心とした米生産が行われている。コシヒカリは全国に普及したブランド品種であるが、新潟県農業試験場などを中心に育種され、新潟が全国に先駆けて1956年に奨励品種に指定して積極的に栽培を開始した。それ以来、食味や香りのよさや粘り気などが高く評価され、新潟のブランド米として定着した。

◎日本一の生産量のマイタケ　　農林水産省の特用林産物生産統計調査によれば、2020年における新潟県のマイタケの生産量は3万6,877t（全国シェア67.1％）で全国1位である。県内の中心的な産地は魚沼地域（魚沼市・南魚沼市・十日町市・津南町）で、県全体の約70％を生産している。マイタケ生産には原木栽培とオガクズを用いた菌床栽培とがあり、広い室内環境で人工的に森林環境を造りだして生産できる菌床栽培が中心となっている。魚沼地域は夏冷涼で冬寒冷なため雑菌の繁殖を抑制できることや、適度な温度と湿度を管理しやすいこともマイタケ生産に適していた。また、水稲

作の省力化にともない農村における余剰労働力をマイタケ生産に使えることもマイタケ生産を促進させた。魚沼地域では米とともに雪国のマイタケとして主要な商品になっている。

◎日本一の出荷額のチューリップ切り花　農林水産省の花木等生産状況調査によれば、2022年における新潟県のチューリップ切り花の出荷額は約7億円（全国シェア50％）と都道府県別で最も多い。県内の主要な産地は新潟市、胎内市、新発田市であり、これらの地域では春季の十分な日照と冷涼な気候、および冬季の積雪により湿度と気温変化の少ないことがチューリップの生育と花の色づきに適した環境になっている。また、新潟市の砂丘地や他地域における水田の乾田化もチューリップの切り花生産や球根生産（富山県に次いで全国2位）を促進させた。新潟県では江戸末期にチューリップの球根栽培が本格的に始まり、新潟県がチューリップ球根栽培の発祥地にもなっている。球根生産とともに切り花生産も盛んになり、2,500種以上の品種が切り花として出荷されている。ちなみに、新潟県の花はチューリップである。

◎日本一の出荷額の米菓　経済産業省の経済構造実態調査によれば、2021年における新潟県の米菓出荷額は103億円（全国シェア62.4％）と圧倒的な全国1位を誇っている。また米菓と同様の食品として切り餅・包装餅の2020年の出荷額も279億円（全国シェア65.2％）と圧倒的な全国1位である。新潟県は米菓の原料となる米の産地であるが、湿度の高い気候のため米菓生産に不向きであるとされていた。しかし、米菓生産の体系化や数値化など産学共同研究により米菓製造の技術革新を進め、新潟県は日本一の米菓産地になった。特に、新潟県では粳米と餅米の両方を使った米菓の製造技術が確立し、米菓の硬いものや柔らかいもの、あるいは厚いものや薄いものなどさまざまな種類のものが生産できた。同様に、切り餅製造も1950年代後半から冬の農閑期を利用して始まり、レトルト餅、生切り餅、鏡餅、無菌生切り餅などさまざまな種類を製造することにより発展を遂げてきた。

◎日本一の出荷額のカトラリー　経済産業省の経済構造実態調査によれば、2021年における新潟県のカトラリー（ナイフ・フォーク・スプーンなどの金属洋食器）の出荷額は44.3億円（全国シェア81.9％）と圧倒的な全国1位である。新潟県のカトラリー製造の90％以上が燕市のものであり、燕市は「金属洋食器の街」として全国に知られている。燕市における金属洋食器

北陸地方　95

製造の歴史は信濃川の氾濫に苦しむ農民の副業として江戸初期に始まった和釘づくりに起源があるとされ、キセルや鑢(やすり)の製造技術や高度な磨きの技術の伝統に基づいて、明治期以降に洋食器の生産が輸出産業の一つとして次第に軌道に乗るようになった。第二次政界大戦以降、金属加工技術の伝統と集積に加え、ステンレス加工などの技術革新や新しい意匠を積極的に導入して、燕市の金属洋食器製造は欧米への輸出を中心に発達した。加えて、日本における食生活の欧風化や多様化にともない、国内の金属洋食器の需要も拡大し、燕市の金属洋食器製造の発展は確かなものとなっている。

◎日本一の出荷額の石油ストーブ　経済産業省の経済構造実態調査によれば、2021年における新潟県の石油ストーブの出荷額は404.4億円(全国シェア71.9%)と都道府県別で最も多い。石油ストーブの製造は三条市に創業の起源をもつ2つの大企業により発展した。これらの企業も三条市の金物職人の技術とモノづくりの気質によって、第二次世界大戦後に石油コンロの製造を行い、その技術を活かして雪国の寒さを克服する暖房器具として石油ストーブを開発した。開発された石油ストーブは県内だけでなく全国から多く注文されるようになり、三条市の2つの製造会社は全国的な大企業に成長した。さらに、これらの企業では石油ストーブから石油ファンヒーターやエアコンディショナーの開発などを積極的に行い、新潟県から全国に製品を出荷している。石油ストーブに関連して、新潟県の原油の生産量は2021年現在で31万6,885kℓ(全国シェア64.6%)と全国1位となっている。

◆生活文化・その他

◎日本一多い神社数　文化庁の宗教統計調査によれば、2022年における新潟の神社数は4,679社(全国シェア5.8%)と都道府県別で最も多い。新潟県に神社が増加したのは江戸時代からであり、新田開発による新村の増加や北前船などによる人的交流の増加により地域の信仰の拠り所として神社が増えた。さらに明治期以降、政府が出した神社の統廃合を要請する合祀政策に県が消極的だったことや、県の人口が比較的多く、それに伴って集落ごとに神社が残されていたことも、現在の神社数の多さにつながっている。これらの神社は地域に密着し、伝統的な祭りも維持されている。

◎日本一の清酒の消費量　国税庁統計年報によれば、2021年における新潟県の成人1人当たり清酒の消費量は8.3ℓ(全国平均3.9ℓ)と都道府県別で最も多い。新潟県の清酒の消費量が多いのは、全国で最も多い89蔵の酒

蔵を有する酒造りの地域であることと、地域ごとに旨い清酒が醸造されていることが主な理由である。旨い清酒の醸造には、全国屈指の米どころであり、酒造りに適した米が生産されていることと、周囲を取り囲む山地からの雪解け水やその湧き水が酒造りに利用できること、そして日本で最も多くの杜氏（越後杜氏）を抱え、酒造りの技術の蓄積が多いことが関わっている。さらに、新潟県は大きく4つの地域に分けられ、気候風土が異なるため、水や原料の米も異なり、多様な清酒が醸造されることも消費を促している。

◎**日本一多い新幹線の駅数**　新潟県内を走る新幹線は上越新幹線と北陸新幹線であり、それらの駅は2023年現在で7駅と都道府県別で岩手県と並んで最も多い（山形新幹線はミニ新幹線で、法律上、在来線扱いとなるため、新幹線の駅数に含めない）。上越新幹線には越後湯沢駅、浦佐駅、長岡駅、燕三条駅、新潟駅の5駅があり、北陸新幹線には上越妙高駅と糸魚川駅の2駅がある。新潟県に新幹線の駅が多いのは、2つの新幹線が走っていることと、県域が南北に長く、江戸時代から異なる文化や生活圏をもつ地域が存在していたこと、そして新幹線が太平洋側と日本海側の地域を結ぶ基幹交通路であることと新潟市が日本海側の最大の都市であることなどを反映している。

新潟県の特徴とさらに理解を深めるために

　新潟県は南北に長く県域が広く、佐渡を含めて大きく4つの地域に分けられるだけでなく、山沿いの地域や海沿いの地域、さらに古くからの地域や新田開発などによる新しい地域など多様な地域性をもっている。そのような多様な地域性を伝統として残し、それを活かした金属加工や食品加工などの産業が発達してきた。また、地域の伝統を受け継ぎ、地域資源を活用した地域産業も残されている。例えば、雪を利用してきた「越後上布」や「かんずり」の生産は利雪の考え方を活かしたものである。

〈新潟県に関する理解を深めるための本〉
新潟県のユニークな事象や現象を地域別に収集し、それらを多面的に解説：
・鈴木郁夫ほか（2013）『新潟もの知り地理ブック2』新潟日報事業社
・鈴木郁夫・赤羽孝之監修（2007）『新潟もの知り地理ブック』新潟日報事業社

⑯ 富山県

落差日本一の称名滝

富山県の概説

　富山県は南と東西を山地で囲まれ、それぞれ岐阜県、新潟県と長野県、および石川県と接し、北は日本海の富山湾に面している。山地からの黒部川や常願寺川、神通川、庄川が急流となって富山湾に流れ込み、富山湾を抱くように富山平野や砺波平野が広がり、人々の主要な生活の場や経済の場が形成されている。富山県は日本海側気候であり、県内全域が豪雪地帯に指定されている。冬季の日照時間は短く、夏季はフェーン現象の影響で気温が上がる。このような気候風土は豊かな水資源をもたらし、河川による沖積地での水稲作を発展させてきた。また、山地から急流となってもたらされる水資源によって、低落差発電も発達し、さまざまな地場産業の基盤となった。富山県では富山平野の中央に走る呉羽丘陵を境に東を呉東、西を呉西と呼び、県東部と県西部に地域区分される。この地域区分は歴史的にみても、旧加賀藩領（県西部と県東部の新川地区）と旧富山藩領（県東部の富山地区）の区分とほぼ一致する。現在では地域は県西部の高岡地区と砺波地区、および県東部の富山地区と新川地区の4つに区分されることが多い。従来、富山県は京都や大阪との結びつきが強く、西日本の文化圏と考えられることが多かった。しかし、高速道路の開通や北陸新幹線の開業により首都圏との結びつきが強くなると、東日本の文化の影響を強く受けるようになり、東京に向かう人やモノや金や情報の流れが多くなっている。その結果、富山県の産業も従来とは異なる方向性をもつようになっている。

富山県の日本一

◆自然
◎日本一の急流の河川　　常願寺川は富山市北ノ俣岳（標高2,661m）を源として富山平野の東部を流れ、富山市東部を経て日本海に注ぐ。川の延長

は56km（平野部18km）であり、河口と源流の標高差が約3,000mとなるため、平均河床勾配1/30と日本一の急流となる。常願寺川流域の年間降水量は約4,000mm（全国平均は約1,700mm）であり、常願寺川中流域で積雪深も最大で約2.5mに達するため、大量の水と急流が上流の土砂を大量に削りとって下流へと運び、河床高が地盤高よりも高い天井川が形成された。天井川は水害をしばしばもたらすため、江戸時代から治水工事や水制工事（流速の軽減や流向の是正）が行われるとともに、明治以降には水資源を活用したダム式などの発電所の建設も行われた。さらに、常願寺川は山地からの肥沃な土砂を富山湾にもたらすため、プランクトンの繁殖を促し、良好な漁場を作っている。

◎日本一の落差のある滝　立山町の称名滝は落差350mで、日本一を誇っており、日本の滝百選にも選ばれている名瀑である。立山連峰からの源流は、弥陀ヶ原台地から称名滝となって一気に流れ落ち、称名川となった後に常願寺川に流れ込む。称名滝は4段に分かれて落ちる「段瀑」であり、一段目70m、二段目58m、三段目96m、四段目126mとなっている。滝の名称は、浄土宗の開祖である法然が滝の轟音を「南無阿弥陀仏」という称名念仏の声と聞いたことに由来している。称名滝に向かって右側に落差約500mのハンノキ滝が雪解けの増水期に出現するが、常にみられる滝でないため滝として認められていない。

◎日本一堤高が高いダム　「ダム便覧2024」によれば、立山町の黒部川上流に建設された黒部ダムの堤高は186mで日本一を誇っている。黒部ダムは1956年に着工して1963年に完成した水力発電専用のダムである。黒部ダムは北アルプスの立山連峰と後立山連峰に挟まれた黒部峡谷に建設されたアーチ式のダムで、周囲の山岳地から集められた水は人造湖の黒部湖（日本のダム湖百選の一つ）に貯水される。その総貯水量は2億tに達する。人造湖に貯水された水は約10km下流の地下に建設された黒部川第四発電所に送られ、ダムとの落差（545.5m）で発電を行っている。黒部ダムは関西電力が建設したため、発電された電気は関西電力の送配電地域に送電されている。ちなみに、富山県は北陸電力の送配電地域になるため、黒部ダムの発電の恩恵を受けていない。しかし、黒部ダムは日本を代表するダムの一つであり、立山黒部アルペンルート観光のハイライトであるため、多くの観光客が訪れており、観光において富山県に大きな恩恵をもたらしている。

◆産業

◎日本一高い水田率　　農林水産省の作物統計調査によれば、2022年における富山県の水田率（水田面積／耕地面積×100）は95.3％（全国平均54.4％）と全国1位である。富山県の水稲作は急流河川によって形成された複合扇状地の平野を舞台にして豊富な水資源を活かすための農業水利や水田の整備により発展してきた。特に、農業用水は平野を囲む立山連峰などの山岳地を源とする黒部川、神通川（じんづうがわ）、庄川（しょうがわ）などの河川から頭首工（とうしゅこう）（堰）により取水され、網の目のように張り巡らされた農業用水路を流れて農地を潤しており、そのことが日本一の水田率につながっている。これらの農業用水の多くが発電事業と共存している。ちなみに、富山県全体の用水路発電は29か所あり、その数は全国一を誇っている。さらに、富山県では江戸時代から政策として米作りが奨励され、冬の積雪により米の単作になるため、県内どの地域も米の生産性および品質の向上に努めてきた。その結果、現在でも農産物出荷額に占める米の割合も68％と高く（全国平均19％）、そのような水田農業の伝統も日本一の水田率をもたらす要因になっている。

◎日本一の出荷額のチューリップの球根　　農林水産省の花木等生産状況調査によれば、2016年における富山県のチューリップ球根の出荷額は約3億円（全国シェア約60％）と都道府県別で最も多いが、2位の新潟県と常に拮抗しており、この2県がチューリップの球根生産で競い合っている。富山県でのチューリップ栽培は大正期に東礪波郡庄下村（現在の砺波市）で始まり、水田裏作の有望な商品作物として普及した。県内における現在の主要なチューリップ球根の生産地は砺波市、南砺市、高岡市の呉西地域であり、それはチューリップ栽培が始まった歴史を反映している。加えて、呉西地域が気温、日照時間、肥沃な土地、豊富で良質な水などチューリップの生育に適した環境であったこともチューリップ球根生産の定着・発展の大きな要因である。例えば、秋に植えられた球根は冬の積雪で適当な温度と湿度によって保護される。また、4月から6月にかけて晴天が続くことにより、地下部の球根が肥大し、良質の球根が生産される。そして、チューリップは成育中に根から多くの水を吸い上げるため、豊富な雪解け水がその生育に役立っている。

◎日本一の人口10万人当たりの医薬品製造所数　　厚生労働省の薬事工業生産動態統計調査によれば、2021年における富山県の人口10万人当たり

の医薬品製造所数は6.8か所（全国平均は0.6か所）と全国1位である。また、医薬品生産金額は6,204億円（全国シェア6.8%）で全国5位であるが、人口1人当たりでは60.5万円（全国平均7.3万円）で全国1位である。また「富山の薬売り」として知られる伝統的な配置用医薬品生産に限ってみれば、その生産金額は15.3億円（全国シェア62.3%）と全国1位である。さらに、医薬品製造従業者数（人口1万人当たり）も111.9人（全国平均は7.8人）と全国1位である。このように、県内には新薬開発メーカー、ジェネリックメーカー、大衆薬メーカー、配置薬メーカーなど、メーカー約80社と100を超える製造所が富山市を中心に集積しており、「くすりの富山」や「薬都とやま」の伝統は受けつがれている。「くすりの富山」の歴史と伝統は江戸時代の「反魂丹」などの配置薬業に始まる。配置薬業は質の高い薬を先用後利の形態で販売するもので、それは販売人（売薬さん）の薬に関する豊富な知識を前提にして利用者との信頼関係で成り立っており、「くすりの富山」を全国ブランドにする原動力となった。現在では、医薬品製造に関する人材育成にも力が入れられており、富山大学薬学部には日本唯一の伝統医薬学を研究する和漢医薬学総合研究所が設置されている。

◎日本一の出荷額の住宅用アルミニウム製サッシ（アルミサッシ）　経済センサスの品目別統計表によれば、2020年における富山県の住宅用アルミニウム製サッシの出荷額は4,472.6億円（全国シェア31.1%）と都道府県別で最も多い。アルミサッシの製造工場は富山市と高岡市を中心に富山平野から砺波平野にかけて広く分布している。基本的には、アルミサッシの製造にはアルミの精錬が必要であり、そのためには大量の電力と水が必要となる。富山県は大量の雪解け水と水力発電による豊富な電力があり、アルミの精錬に適した立地であった。さらに、アルミの精錬に必要なボーキサイトを輸入するための港も富山湾にあり、そこでの富山新港臨海工業地域には多様な産業のコンビナートも造られている。さらに、富山県には金属の製品製造や加工の伝統があることもアルミサッシ産業の発達の下地になっており、アルミ製品の全国的な製造企業の発祥の地にもなっている。特に、高岡銅器のモノづくりの伝統は重要であり、アルミサッシの製造工場が高岡市周辺に立地する一つの要因にもなっている。高岡の銅器製造は江戸時代の初めに鋳造師を招いて始められ、江戸中期には梵鐘や銅像などの大型製品から、室内置物や神仏具など細かなものまで製造され、高岡銅器は全

国に知られるようになった。現在でも日本の銅器の約90％が生産され、富山県は銅器生産日本一でもある。

◆生活文化・その他

◎**日本一の持ち家住宅延べ床面積**　総務省の住宅・土地統計調査によれば、2018年における富山県の持ち家住宅延べ床面積は171.8m²（全国平均は119.9m²）と都道府県別で最も広く、それは東京都（93.3m²）の約2倍の広さである。また、持ち家1軒当たりの居住室数も7.01室（全国平均は5.50室）と全国1位である。持ち家率は76.8％で秋田県に次いで全国2位であり、富山の人々が広く部屋数の多い持ち家住宅に居住していることがわかる。このような豊かなで快適な住環境は複数の働き手がいる家計によって支えられており、大家族による生活の伝統が共稼ぎ（共稼ぎ率は全国3位）などの労働形態を促進させ、日本国内で屈指の所得水準や銀行の貯蓄率の高さを生み出している。しかも、地価が比較的安いために広い土地を入手しやすく、住宅の建築費用も低廉である。2021年における富山県の住宅の工事費用は床面積1m²当たり約17万円（全国平均が約21万円）であり、日本で最も安く、東京都（日本一高い住宅建設費）の約63％である。このように、家族で協力して居住生活しているためか、離婚率は人口1,000人当たり1.20（全国平均は1.53）と国内で最も低い。

◎**日本一の年間消費量のブリ**　2人以上の世帯を対象にした都道府県庁所在地と政令指定都市で調査された総務省の家計調査によれば、2021年から2023年における富山市のブリの年間消費量（平均値）は3,592g（全国平均は1,427g）と全国1位である。富山県では、冬を代表する郷土料理「かぶら寿司」や「ブリ大根」に欠かせない食材であり、歳暮や正月の年取り魚としても欠かせない（東日本の年取り魚はサケ）。日常的にも刺身や焼き魚として食べられており、富山県のブリの消費量は当然のように多くなる。ブリは春から夏にかけて日本海を北上し、秋になると再び日本海を南下し、11月から1月にかけて最も脂がのり美味しくなった「寒ブリ」として富山湾にやってくる。ブリは富山湾で大敷網と呼ばれる定置網にて漁獲され、氷見漁港、新湊漁港、四方漁港、岩瀬漁港、水橋漁港、滑川漁港、魚津漁港、黒部漁港に水揚げされて県内や県外に流通する。かつては、富山湾で漁獲水揚げされたブリは塩ブリにされて、越中ブリとして飛騨高山へと運ばれ、さらに野麦峠を超えて飛騨ブリとして信州松本や諏訪地方まで運ばれた。

このことから、富山県と岐阜県、さらには長野県を結ぶ旧街道はブリ街道とも呼ばれていた。富山県では「ブリは捨てるところはない」といわれ、フト（内蔵）はなます、カマは塩焼き、アラはブリ大根などすべての部位が食材として消費されている。

◎**日本一の数の女性学級・講座数**　文部科学省の社会教育調査によれば、2017年度における富山県の女性人口100万人当たりの女性学級・講座数は2,737.6学級・講座（全国平均は373.9学級・講座）と全国1位であり、それらの社会教育活動が盛んである。富山県では女性の労働人口比率が高く、特に結婚、出産、子育て期でも就業を中断することなく、継続していることに特徴がある。これは、大家族による助けがあることも一つの要因であるが、女性の就業や社会進出に対する理解があることも大きな要因である。このように女性が積極的に社会進出するための社会教育として女性学級・講座が用意され、それらに積極的に参加していることがさらなる女性学級・講座づくりにつながっている。女性学級・講座に参加することの家庭や社会の理解もそれらの数を維持している要因といえる。

富山県の特徴とさらに理解を深めるために

　富山県はいくつかの地域に区分されるが、富山湾を囲む平野部とその周囲の山間地域とがまとまった統一感のある県である。それは、山地からの雪解け水が山と平野を垂直的につなぐように平野部に集まり、平野部では用水のネットワークによってそれぞれの地域を水平的につないでいく。最終的には、河川の水は富山湾に注がれていく。川や水の流れは地域をまとめるだけでなく、さまざまな恩恵を地域にもたらしてきた。例えば、農業水利によって米どころとなり、急流の落差を活用した水力発電は工業にも役立ち、富山湾に注がれたミネラルの多い河川水は豊かな漁場としての富山湾を育んだ。水は富山県を性格づける重要な資源である。

〈富山県に関する理解を深めるための本〉
砺波平野と黒部川扇状地を取り上げて、それらの生産基盤の変貌を解説：
・金田章裕（2019）『21世紀の砺波平野と黒部川扇状地』桂書房
歴史、自然・地理、文化とさまざまな分野の地域の不思議を集め解説：
・富山新聞社編（2014）『富山ふしぎ探訪』北國新聞社出版局

北陸地方　103

17 石川県

漁獲量日本一のニギス

石川県の概説

　石川県は本州の日本海側にあり、南西から北東に向かって細長く、南西は福井県に、東側は富山県に、南東側は両白山地で岐阜県と接している。県域は令制国の加賀国と能登国に当たり、それらが大まかな地域区分になる。また、県域はすべて加賀藩領であり、加賀藩は外様大名でありながら越中国を加えて幕藩体制において最大石高（約120万石）の大名であった。加賀藩の影響は金沢市における街づくりや伝統産業の発達などに現れており、明治期初頭に石川県の人口が他県より多かったことも加賀藩の功績であった。岐阜県との県境にある白山を源とする手取川が加賀地域の中央部を流れ、手取川扇状地を形成して日本海に注ぐ。同様に、白山を源とする河川は北西に流れ、沖積平野の加賀平野を形成する。これらの扇状地や沖積平野は人々の生活や経済活動の舞台になっている。経済活動の中心は農業、とりわけ水稲作が中心であったが、加賀野菜など新たな商品作物の導入もみられる。また、輪島市の輪島塗、加賀市の九谷焼、金沢市の漆器や友禅染などの伝統産業とともに、新しい産業として機械工業や電子工業なども発達している。さらに、北陸新幹線の開業に伴い、観光産業にも力を入れており、金沢市を中心とする都市観光や能登半島を中心とする農村観光、白山地域を中心とする自然ツーリズムなど多様であり、観光産業の発展のポテンシャルは高い。

石川県の日本一

◆自然
◎日本一大きなトチの木　　白山市の太田の大トチノキは樹齢約1300年、幹周約13m、樹高約25mで、日本一のトチの木である。このトチの木は国指定天然記念物であり、日本名木百選にも選ばれている。トチの木は落葉

広葉樹で、適度に湿気のある肥沃な土壌で育つとされており、県内では白山麓に多く分布する。白山麓の地域では伝統的にトチの実を食べる文化があり、トチの実を食べるためには実の皮をむいて、独特の苦みや渋み（アク）を抜くための処理が必要となるが、アク抜きの方法も加熱処理や水晒しや灰汁使用など地域によりまちまちである。アク抜きされたトチの実は餅米とともに蒸して搗かれ、栃餅にして食べられている。白山麓では平地が少なく、米が多く収穫できないため、少しでも多くの主食を確保しようと白米や糯米にトチの実を混ぜて量を増やしたことが栃餅の食文化の始まりだといわれている。

◎日本一の冬の発雷回数　気象庁の資料によれば、冬の発雷回数は石川県（観測地金沢市）が年間37日（2022年）で日本一であり、冬季の降雪時に雷が生じることが多く、このような雷はブリが獲れる時期と重なるため、「ブリ起こし」と呼ばれている。また、気象庁が公開している1981年から2010年の30年間の年間平均雷日数でも、石川県（観測地金沢市）の年間雷日数は42.4日と全国1位であり、以下、福井県（35.0日）、新潟県（34.8日）、富山県（32.2日）と続き、上位を北陸地方が占めている。石川県を含む日本海側の地域では夏だけでなく11月から2月にかけての冬に発雷が多くなるため、年間の発雷回数も多くなる。冬に日本海側の地域で発雷が多くなるのは、日本海を流れる対馬海流の暖かい海面にシベリアからの冷たい季節風がぶつかり、大気の下層と上層の間に大きな温度差が生じ、激しい上昇気流が生じるためで、この上昇気流により積乱雲が発達して雷が起こる。

◆産業

◎日本一の漁獲量のニギス　農林水産省の漁獲量調査の確報によれば、2019年における石川県のニギスの漁獲量は960t（全国シェア37.9％）と都道府県別で最も多い。ニギスはシロギス（白鱚）に似ているため、「似鱚」と呼ばれているが、分類上はシロギスとは異なり、サケの仲間に入る。ニギスは中底層性の魚で、日本海や太平洋沿岸の水深100mから320mの海域に多く生息し、周年にわたって産卵するが、春と秋が主な産卵期となる。石川県では、ニギスは「メギス」と呼ばれてなじみの深い魚であり、7月と8月の休漁期を除いて一年中、中低層性の魚を狙う曳き網で漁獲されている。特に、主要な産卵期の3月と4月、および9月と10月がニギス漁の盛んな時期となる。また、石川県の底曳網漁業は、1船曳きによるかけ回しという方法

で行われており、特定の魚種を狙って漁獲することが困難な漁法である。そのため、漁場や水産資源の保全や維持管理が必要であり、休漁期や底曳船の規模などが配慮されている。ニギスは癖のない白身に脂がしっかりのった美味しい魚で、季節による味の変化がないため、どのような料理にも合うが、水分が多く、鮮度を保つのが難しい。そのため、ニギスが産地以外で流通することは少ないし、干物や焼き物や空揚げなど火を通し手料理されることが一般的である。金沢市内の飲食店では、ニギスをすり潰してつみれにし「金沢おでん」の具材の一つになっている。

◎日本一の出荷額の金属箔　経済産業省の工業統計によれば、2019年における石川県の金属箔の出荷額は30億8,400万円（全国シェア80.1％）と圧倒的な全国1位を誇っている。箔は金属を薄く打ち延ばしたもので、その原料は金だけでなく、プラチナ、銀、銅、あるいはそれらの合金などである。金沢箔は金箔が中心となり、100％純粋な金を用いるのではなく、微量の銀と銅を加えた合金が原料として用いられている。これは、合金にすることで、箔を打ちやすくするためである。金沢市の金箔生産では、最初に10円玉程度の分量の原料が機械で100分の1mmまで押し延ばされていく。次に、箔は専用の紙（箔打紙）に挟んで1000分の1mmまでさらに打ち延ばされ、「上澄」と呼ばれる箔がつくられる。箔打紙は粘土を混ぜた手漉和紙を灰汁、柿渋、卵に浸して1か月ほどかけてつくるもので、紙質が箔の質を大きく左右している。最終的には、上澄はさらに10,000分の1mmまで打ち延ばされ、「金箔」としての商品になる。金属箔は工芸材料として仏壇や仏具、水引や西陣織などの金銀糸、漆器の沈金や蒔絵、陶磁器の絵付けなどに用いられるとともに、近年では製薬や化粧品の材料や食品の添加物にも用いられている。石川県で金属箔の生産が発達したのにはいくつか理由がある。1つ目は、湿度が高いため、乾燥によって静電気が生じるのを好まない金属箔の生産に適していたこと。石川県は日照率の低い日本海側特有の気候で、「弁当忘れても傘忘れるな」という言葉があるほど雨が多く、湿度の高い地域である。2つ目に、江戸時代に江戸と京都以外に箔づくりが禁止されていたが、加賀藩が金属箔生産を奨励し保護してきたことも大きく、これによって江戸や京都に負けない職人の技術や気質が醸成された。3つ目は、金属箔の需要が多かったことが挙げられる。金沢市には金沢箔の生産だけでなく、加賀友禅や金沢漆器、さらに金沢周辺では輪島塗などの伝統工芸が加賀藩

の政策として集積し、金属箔の需要と直接に結びついていた。さらに、北陸地方で浄土真宗が広く信仰され、加賀藩も各戸で仏壇をもつことを奨励したため、金箔をふんだんに使った仏壇や仏具が各戸に置かれた。このことも、金箔の需要につながった。

◆生活文化・その他

◎日本一多い人口10万人当たりの生け花・茶道教室数　　総務省の経済センサス基礎調査によれば、2014年における石川県の人口10万人当たりの生け花・茶道教室の数は10.55軒（全国平均は3.44軒）と都道府県別で最も多い。石川県では加賀藩の武家文化が「加賀宝生」と称される能楽や邦楽などの伝統芸能、そして茶道や華道に代表される生活文化、さらには豊かな庭園文化を育んできた。そのような伝統を受け継いで華道や茶道が人々の生活に定着している。2020年現在で、華道をたしなむ人の割合は2.0％、茶道をたしなむ人の割合は1.2％とそれぞれ全国2位と4位である。また、生け花に関しては人口10万人当たりの花屋の店舗数が26.7軒と高く、花を買って家庭に飾る習慣が定着していることがうかがえる。一方、石川県は茶道王国とも呼ばれ、その歴史は加賀藩の3代藩主の前田利常が著名な茶人を招いたことから始まった。それ以来、城下町金沢では武家だけでなく町人にも茶道が広まり、茶室が設けられるようになり、加賀百万石文化の基底をつくってきた。現在でも毎年大きな茶会として、夏の百万石まつりで開催される「百万石茶会」と秋の「金沢城・兼六園大茶会」があり、加賀文化の伝統が受け継がれている。さらに、小学校から高等学校までのクラブ活動でも華道や茶道が行われ、若い世代にも加賀の伝統文化が受け継がれている。

◎日本一の年間購入金額の和菓子（饅頭と羊羹以外）　　2人以上の世帯を対象として都道府県庁所在地と政令指定都市で調査された総務省の家計調査によれば、2021年から2023年における金沢市の饅頭と羊羹以外の和菓子の年間購入金額（平均値）は14,022円（全国平均は9,217円）と全国1位である。金沢市は京都と松江とともに日本三大和菓子どころの一つとされ、人口当たりの和菓子店の件数も京都に次いで全国2位であり、和菓子の製造と消費が盛んな地域である。金沢市では茶席で好まれる上生菓子や、歳時を彩る縁起菓子など豊富な和菓子がつくられているが、和菓子づくりの歴史は加賀藩の茶道の奨励と密接に関連している。茶道には和菓子が欠かせないため、加賀藩は城下に藩御用菓子屋を設けて和菓子を献上させ、和菓子

文化が金沢に根付くようになった。また、浄土真宗では盛大な報恩講が行われ、供え物の落雁や饅頭が信者にふるまわれ、それは和菓子文化の大衆化の大きな契機となった。

◎日本一の年間購入金額のチョコレート菓子　総務省の家計調査によれば、2021年から2023年における金沢市のチョコレート菓子の年間購入金額（平均値）は2,985円（全国平均は2,321円）と全国1位である。金沢市においてチョコレート菓子の消費が多いのには諸説あるが、加賀藩の和菓子文化と菓子に親しむ風土が影響しているとみられる。実際、チョコレートや洋菓子やアイスクリーム・シャーベットの消費額も全国屈指のレベルである。また、江戸末期に大阪から全国に送られた砂糖の出荷記録によれば、江戸を除けば北陸3県で多く、従来から甘いもの好きであったことも現代のチョコレート菓子や洋菓子などの消費額の高さにつながっているかもしれない。さらに金沢市は第二次世界大戦の戦災の被害を受けておらず、和菓子店や菓子作りの技術が残されていたことも現在の洋菓子作りの発展に関係しているともいわれている。

石川県の特徴とさらに理解を深めるために

　石川県は能登と加賀に大きく地域区分できるが、加賀藩の政策や文化の影響を受けて、県としての地域的な統一が図られてきた。加賀藩の伝統は生活文化として人々の日常に定着し、衣食住のなかで受け継がれ、茶道文化や和菓子文化など日本屈指の地位にあるものが少なくない。加賀藩の伝統は伝統工芸として地域の産業にも定着し、金属箔生産とそれに結びつく加賀友禅や金沢漆器などのモノづくりのコンプレックスと集積を生み出してきた。他方、伝統を重視しながら、新しいものを取り入れる気風もあり、それは機械工業やIT産業の発展や洋菓子の消費に反映されている。つまり、伝統を守る風土と新しいものにチャレンジする風土が共存している。

〈石川県に関する理解を深めるための本〉
手取川扇状地における自然や大地の恵みや人間の活動について解説：
・北國総合研究所編（2022）『白山手取川ジオパーク　まるごとガイドブック』北國新聞社
能登地域の自然と調和した生活文化や産業を里海里山の関連で説明：
・北國新聞社出版局編（2018）『能登の里山里海めぐり』北國新聞社

⑱ 福井県

生産量日本一の六条大麦

福井県の概説

　福井県は日本海に面し、石川県、岐阜県、滋賀県、京都府と隣接し、敦賀市の北東にある山中峠から木ノ芽峠を経て栃ノ木峠に至る稜線（県の形状でくびれているところ）で、「嶺北」と「嶺南」と呼ばれる2つの地域に区分されている。歴史的にみると、嶺北は越前国に、嶺南は若狭国になり、歴史文化的な違いだけでなく、地形や気候などの自然環境も異なっている。嶺北地域は山地に囲まれるようにして、福井平野や武生盆地などの比較的広い低地が分布する。それらの低地は農業生産や生活の舞台として重要であった。海岸では段丘が発達し、浸食された海食崖と奇岩は東尋坊に代表される観光地となっているが、三国港のような比較的大きい港の立地は少なかった。他方、嶺南地域は山地が海岸まで迫り、丘陵地が複雑に入り込んでいるため、農業や生活の基盤となる低地が少ない。しかし、海岸線はリアス海岸になっており、天然の良港が多く、漁港として利用されている。また、敦賀港などの大きな港も発達している。気候も嶺北地域は北陸型の性格をもち、積雪が多く、降水量も年3,000mmに達することもあり、晴天日数が年100日以下と少ない。ただし、海岸地域は対馬海流の影響を受けて、暖かく雪も少ない。雪が少なく比較的暖かい気候は嶺南地域の特徴でもあり、それは山陰地方の気候に近い。つまり、嶺北と嶺南の境が北陸地方と山陰地方の気候の境になっている。

福井県の日本一

◆自然
◎日本一の産出量の恐竜化石　　福井県立恐竜博物館の資料によれば、日本で産出された恐竜化石の約80％は福井県のものであり、福井県は「恐竜王国」として全国的に知られている。1978年に岩手県から日本初の恐竜化

石が発見され、それ以来、1道18県で恐竜化石が発見されている。日本では、主に白亜紀に大陸から運ばれてきた砂や泥が陸上で堆積した地層や、陸に近い海で土砂が堆積した地層から発見されている。福井県では勝山市北谷町において恐竜の歯や骨や足跡の化石などが1988年に発見され、それ以来、恐竜博物館の前身である福井県立博物館が中心となり発掘調査や研究が行われ、福井県の恐竜化石の産出量が日本一となっている。調査研究の結果、勝山市周辺では広い平地が広がり、数種類の恐竜が群れをつくって生活していたことがわかった。福井県立恐竜博物館は、恐竜化石の一大産地である勝山市に建てられ、カナダのロイヤル・ティレル古生物学博物館と中国の自貢恐竜博物館とともに世界三大恐竜博物館の一つであり、日本一の恐竜博物館でもある。4,500 m^2 もの広大な展示室は「恐竜の世界」「地球の科学」「生命の歴史」の3つのゾーンに分けられ、50体もの恐竜骨格をはじめとして千数百もの標本が展示されている。資料点数は約4万1,000点に及んでいる。年間入館者は2018年の約100万人がピークであり、近年ではそれに迫るように増加している。

◎日本一広い栽培面積の水仙群生地　　越前海岸は淡路島と鋸南町（南房総）とともに日本水仙の三大群生地の一つで、その栽培面積は約70 haと日本一である。越前海岸の日本水仙は1954年に県花に指定され、「越前水仙」としてブランド化もされている。栽培地は福井市と越前町と南越前町の越前海岸地域であり、対馬海流による温暖な気候と日本海の冷たい潮風の影響で、引き締まった花とその強い香り、そして日持ちすることが越前水仙の特徴になっている。12月から2月にかけて寒風に耐えて越前海岸の急斜面に咲き誇る景観は、多くの文学作品にも取り上げられている。さらに、越前海岸の日本水仙の群生する景観は文化的景観として保全保護されている。

◆ 産業

◎日本一の収穫量の六条大麦　　農林水産省の作物統計によれば、2022年における福井県の六条大麦の収穫量は1万8,100 t（全国シェア27.87％）と都道府県別で最も多い。六条大麦の県内作付面積は福井平野を中心に約5,200 haであり、そのうち約1,600 haは坂井市とあわら市に集中している。六条大麦は秋に播種し、苗の状態で越冬して、春に成長した実を初夏に収穫する。麦類は冬に降水量の多い地域を原産とする作物であるため、降水量が多く（2021年の年間降水日数は175日で日本一）、春から初夏にかけて気

温が高温になる福井県の気候は大麦栽培に適している。収穫された六条大麦は麦ご飯や麦茶などの食用として流通している。近年では消費者からのニーズにより、食物繊維などの機能性成分を多く含む糯性のある六条大麦品種のファイバースノウが栽培面積の100％近くを占めている。この品種は倒伏に強く、耐雪性、耐寒性に優れているため、福井県の気候風土に適しているだけでなく、精麦白度が高く、精麦品質がよい。

◎**日本一の収穫量のナツメ（棗）**　農林水産省の作況調査（果樹）によれば、2018年における福井県のナツメの生産量は6.6t（全国シェア97.1％）と圧倒的な全国1位である。ナツメは漢方や薬膳では欠かせない食材であり、福井県は古来よりナツメの産地として知られていた。室町時代には越前朝倉氏の領地として棗荘（旧坂井郡棗村、現在の福井市）の地名があり、江戸時代には福井領内の産物としての記録もある。ナツメは暑さ寒さや乾燥に強い作物であるが、ナツメの栽培適地は温暖で比較的降水のある環境であるため、福井県の温暖で降水量の多い環境は適している。収穫時期は8月下旬から9月下旬にかけてであり、振動機で木を揺らして、赤みがかった薄緑色の実を落とし、それを集めるようにして収穫作業が行われる。

◎**日本一の漁獲量のサワラ（鰆）**　農林水産省の漁業・養殖業生産統計によれば、2021年における福井県のサワラの漁獲量は1,744t（全国シェア12.2％）と都道府県別で最も多い。産卵前の秋から冬にかけて盛漁期となる「福井のさわら」は「越前ガニ」や「若狭フグ」とともに福井県の地域ブランドになっている。このような良好な漁場は、若狭湾のリアス海岸と沖合から立ち上がる天然礁による複雑な潮流、および豊富なプランクトンによりつくられている。サワラは主に定置網で漁獲され、定置網の漁場から漁港までの距離が近いため、水揚げ後すぐに箱に詰められ、市場に出荷されることも「福井のさわら」の特徴である。サワラは鮮度が落ちやすく身割れしやすい魚のため、漁獲直後に大量の氷を用いて鮮度を保ち、すぐに市場へ出荷されている。

◎**日本一の出荷額の眼鏡フレーム**　経済産業省の経済構造実態調査によれば、2021年における福井県の眼鏡フレームの出荷額は357億円（全国シェア93.9％）と他を圧倒して全国1位を誇っている。県内の眼鏡フレームの主要な産地は福井市と鯖江市であり、その発展の歴史は明治後期に大阪から職人を招いて技術を習得し、農家の冬の副業としての眼鏡フレームづくり

から始まった。その後、眼鏡フレームづくりは地域全体に広まり、昭和初期には日本一の産地となった。特に、鯖江市は眼鏡フレームの生産や眼鏡産業が集積し、「めがねのさばえ」として知られるようになった。鯖江市が眼鏡フレームの生産で大きな飛躍を遂げる契機は、金属アレルギーを起こしにくいチタン製のフレームを世界ではじめて開発したことであった。ファッション性の高いフレームも生産され、産地の発展は持続している。

◎日本一の生産額の羽二重　　経済センサスの品目別統計表によれば、2020年における福井県の羽二重(はぶたえ)の生産額は3億3,400万円（全国シェア37.0％）と都道府県別で最も多い。羽二重は経糸(たていと)と緯糸(よこいと)を交互に交差させる平織物の織り方で織られた純白の滑らかで光沢のある織物である。羽二重は明治期の日本の絹織物の輸出の中心であり、京都府や群馬県で多く生産されたが、大正期になると福井県が日本一の産地になった。これは、昼と夜の乾湿の差が少ないことから絹織物製造に適していたこと、機業技術を先進地域に積極的に学び地域の人々に伝えたこと、そして緯糸を水で濡らして織っていく「ぬれよこ」の製法を生み出したことなどに起因している。特に、ぬれよこの製法により地合(じあい)が引き締まり、こしが出て丈夫になり、撚(よ)りがかかっていないので引っかかりもなく、極上のすべすべとした羽二重が生まれた。

◆生活文化・その他

◎日本一多い消費量と消費金額の電力　　2人以上の世帯を対象に都道府県庁所在地と政令指定都市で調査された総務省の家計調査によれば、2021年における福井市の消費電力とその料金は、それぞれ7,719.5kWh（全国平均は4,734.2kWh）と181,814円（全国平均は123,804円）であり、いずれも全国1位である。2位は富山県、3位は石川県と北陸三県の電力の消費量と消費金額がずば抜けて高い。これは、日本海側の冬の寒さとともに、北陸三県における新築物件に占めるオール電化普及率が63.6％、一般住宅に占めるオール電化普及率が24.1％と全国屈指の高さであることも関係している。また、北陸三県では広い家で部屋数が多いため、照明やエアコンの大型化やその数の多さも電力消費量の増加につながっている。

◎日本一高い男女の労働人口比率　　国勢調査によれば、2020年における福井県の男女の労働力人口比率（対15歳以上人口）はそれぞれ69.4％（全国平均は63.2％）と54.5％（全国平均は48.1％）と全国1位である。また、総務

省の就業構造基本調査によれば、2021年の福井県の有効求人倍率は1.87倍（全国平均は1.16倍）で全国1位である。福井県は雇用の場が比較的多く、男女を問わず多くが就職し、労働環境が良好であることを示唆している。実際、離職率は3.1％と全国で最も低いことも、良好な労働環境を示している。また、女性の就業率が高いことは共稼ぎ世帯が多いことにつながり、2020年の共稼ぎ世帯率も39.69％（全国平均は23.71％）と高く、これも全国1位である。さらに、65歳以上の高齢者の就業の割合も高く、2020年で29.0％と全国1位である。このように、労働環境が良好な福井県は老若男女を問わず多くの人が働き、それぞれが収入を得ることで広い住宅（持ち家住宅の延べ面積は全国2位）に居住し、多く貯蓄しているといえる。全国消費実態調査によれば、2015年の福井県の貯蓄現在高の平均は1,856万円であり、東京都と神奈川県に次いで全国3位であった。

福井県の特徴とさらに理解を深めるために

　福井県は歴史的に越前国と若狭国に分けられ、その区分が風土や産業に影響を及ぼしてきた。比較的広い平野を利用した水稲や麦の栽培、天然の良港を拠点とした漁業、と地域の基幹的な生業は伝統的に異なっていたが、それらの生産物の流通については、京の都に近いことがいずれも有利に働いた。また都に近いことで、人々は産物の商品性に敏感になり、より商品価値の高い産物を流通させるように努めてきた。例えば、絹織物の羽二重生産の先進地は京都府や群馬県であったが、それらの技術を積極的に学び、先進地域を凌駕するまでになった。また、眼鏡フレームも新たな農家の副業として導入され、製造技術の習得を経て、現在では眼鏡フレームの世界三大産地の一つになっている。これまでの福井県は歴史的に京都とのつながりを強くしていたが、今後は北陸新幹線の開通により東京とのつながりも強くなる。

〈福井県に関する理解を深めるための本〉
地形、地質、歴史文化、産業などの特徴を地図で読み解きながら紹介：
・昭文社旅行ガイドブック編集部編（2021）『福井のトリセツ』昭文社
「都」を支えた場所や「中央」に直結した役割を歴史や地理の知見で説明：
・実業之日本社編（2014）『福井「地理・地名・地図」の謎』実業之日本社

⑲ 山梨県

収穫量日本一のスモモ

山梨県の概説

　山梨県は南を日本一高い富士山で静岡県と、西を赤石山脈（南アルプス）で静岡県と長野県と、北を八ヶ岳で長野県と、そして東を奥秩父山地や関東山地で東京都や神奈川県と接しており、基本的には標高2,000mから3,000mの山々に囲まれた海なし県の一つである。山々に囲まれた甲府盆地は県央部に広がり、そこでは標高の高い山々が海からの湿った空気を遮り、年間を通じて雨や雪が少なく、晴天日数や日照時間の多い気候になっている。また、甲府盆地には釜無川や笛吹川や富士川などの河川が流れ、人々の生活や経済活動を支えてきた。そのため、甲府盆地では古くから米作りが行われ、国府や国衙や国分寺が置かれて地域の中心であった。戦国時代には有力な大名の武田氏により治水工事やさまざまな産業振興が行われ、甲府盆地の経済的な基盤は確かなものになった。江戸時代になると、甲斐国（山梨県）は関東防衛の要所として重視され、幕府直轄領として整備され、甲州街道や駿州往還、佐久往還、青梅往還などの諸街道が整備された。このことにより、さまざまな物資が甲府盆地に流入しやすくなるとともに、甲斐国の物資もさまざまな地域に送られるようになった。とりわけ、盆地では米作りとともに養蚕や織物業が盛んになり、山地では製炭や漆採取や鉱山経営が発達した。これらの産業は現代の山梨県の主要な産業にも受け継がれたり、その基盤になっていたりする。

山梨県の日本一

◆自然
◎日本一長い日照時間　　総務省の日本統計年鑑によれば、2021年における山梨県の年間日照時間は2,320時間（全国平均は2,034時間）と都道府県別で最も長い。山梨県の盆地では、四方を囲む山が雨雲や海からの湿った大

気の進入を防ぐため、日照時間が長くなる。具体的には、西から流れてきた大気は、2,000mから3,000mの山岳の風上側で上昇気流となり、風下側で下降気流となる。山梨県は風下側に入り、下降気流は晴天をもたらす。とりわけ甲府盆地は下降気流の影響で日照時間が長く、降水量が少ない気候になる。南アルプスは北西風や西風、および南西風の西寄りの風をブロックする。そのため、南西風の多い春一番は関東平野で吹くが、山梨県では吹きにくい。夏に西寄りの風が吹くと、フェーン現象が起きて気温が高くなり、甲府盆地は高温になる。冬の季節風は北風で、南アルプスに遮られることなく八ヶ岳の両脇から入ってくるため、八ヶ岳おろしとなって盆地を吹き荒れる。いずれの季節の風も雨雲を伴うことなく、乾いた大気の流れであるため、大雨をもたらすことはない。

◎日本一古い桜　北杜市の実相寺境内にある神代桜は推定樹齢1800年から2000年といわれ、樹高10.3m、根元の幹周りが11.8mあり、日本で最も古いエドヒガンザクラの木である。この桜は福島県の三春滝桜、岐阜県の淡墨桜とともに日本三大桜の一つになっており、大正時代には国指定天然記念物第1号となっている。伝説では、ヤマトタケルノミコトが東征の際に植樹したと伝えられ、「神代」の名前の由来にもなっている。また、日蓮聖人が樹勢の衰えの回復を祈願して、樹勢が回復したことから、「妙法桜」と呼ばれることもある。

◆産業

◎日本一の収穫量のブドウ　農林水産省の作物統計によれば、2022年における山梨県のブドウの収穫量は4万800t（全国シェア25.1％）と都道府県別で最も多い。日本のブドウ栽培は、現在の山梨県甲州市付近でヨーロッパブドウの一種の甲州種を栽培したことに始まり、その栽培は甲府盆地の東部の勝沼周辺の農家に広まり、江戸時代には竹材で棚を作り棚仕立てでブドウを栽培する甲州式が一般的となった。勝沼周辺で栽培されたブドウは甲州ブドウとして周知されたが、江戸末期には養蚕業が普及し、ブドウ栽培は停滞することになる。しかし、昭和初期に化学繊維の発明と普及により養蚕業が衰退し始めると、甲府盆地の農業地域は養蚕業から果樹農業に大きく転換し、ブドウ栽培が大きく飛躍することになった。そもそも甲府盆地の気候風土は日照時間の長さや日較差の大きさがブドウの果汁の糖度を高め、果肉を引き締めて粒を大きくするためブドウ栽培に適していた。

第二次世界大戦後、生食用のブドウとして甲州種やデラウエア（種なしブドウ）が近接性を活かして東京市場に大量に出荷され、山梨県のブドウ栽培は揺るぎない地位を固めた。その後、ブドウの栽培は甲府盆地全体に広がり、栽培品種も巨峰やピオーネや甲斐路など多様になり、栽培方法も露地だけでなくハウス栽培やキャップ栽培（雨除け栽培）などを品種とともに組み合わせ、収穫時期を5月下旬から10月下旬まで長期化させることでさらに発展した。

◎日本一の収穫量のモモ　　農林水産省の作物統計によれば、2022年における山梨県のモモの収穫量は3万5,700t（全国シェア30.5％）と都道府県別で最も多い。山梨県のモモ栽培は、江戸時代にはすでに行われており、桃、ぶどう、梨、くり、柿、りんご、ザクロ、銀杏またはクルミといった「甲州（甲斐）八珍果(はっちんか)」の一つとして甲州街道を通じて幕府に献上されていた。しかし、明治期の養蚕業の発展や第二次世界大戦期の食料増産などにより、モモの栽培は大きく広がることはなかった。第二次世界大戦後、食生活の変化などを契機にモモの需要が拡大し、甲府盆地東部の峡東地域(きょうとう)（甲州市・山梨市・笛吹市）を中心にモモ栽培が拡大した。モモ栽培の発展は年間日照時間が長いこと（より多くの糖分をつくり出す）、日較差が大きいこと（糖分が消費されず蓄積される）、年間降水量が少ないこと（土壌養分が流されない）などの自然環境が寄与している。他方、東京市場に近接していることや、栽培技術が高く日川白鳳(ひかわはくほう)や川中島白桃や浅間白桃などニーズに合わせて多様な品種を開発したこと、およびモモの収穫時期が6月下旬から8月下旬であるため、ブドウの主要な収穫時期を避けて栽培できることなどの社会的要因もモモ栽培の発展に寄与してきた。

◎日本一の収穫量のスモモ　　農林水産省の作物統計によれば、2022年における山梨県のスモモの収穫量は5,940t（全国シェア31.6％）と都道府県別で最も多い。山梨県では江戸時代にスモモの栽培が行われていたといわれているが、産地として知られるようになったのは明治期における南アルプス市落合地区であった。さらに、本格的な栽培の拡大は1975年以降であり、桑園や水田の転作物として峡東地域などを中心に県全体に広まるようになった。ブドウやモモの栽培と同様に、山梨県の自然環境と社会的条件が良質のスモモを生産するのに適していた。スモモは初夏から夏の終わりにかけて収穫期となり、モモの収穫期と重なる。山梨県では露地品種のサマー

エンジェルや極大種で贈答用となる貴陽(きよう)など多様な品種を栽培しており、品種の多様化は山梨県の果実生産の特徴でもある。

◎**日本一の生産量のワイン**　国税庁課税部酒税課の資料によれば、2019年における山梨県のワイン生産量は5,189kℓ（全国シェア31.2%）と都道府県別で最も多く、国内ワイナリー数も85場（全国シェア25.7%）と日本一である。明治初期に日本の近代化が進められ、政府主導のもとに官営のワイン醸造が始まり、その先駆的役割を担ったのは江戸時代からブドウの産地として知られていた山梨県であった。特に、祝村(いわいむら)（現在の山梨県甲州市勝沼町）では日本初の民間ワイン醸造場が明治初期に造られ、フランスでブドウ栽培とワイン醸造を学んだ者らによって、日本固有種の甲州ブドウを用いた本格的なワイン醸造が始まった。それ以来、甲府盆地東部の勝沼地区は良質で多様なブドウ栽培を基盤にして、日本ワインの中心的な生産地となっており、約60の醸造所が集中している。山梨県の気候風土（テロワール）に基づくブドウで醸造されるワインに関しては、2013年7月にワインとして日本ではじめて「山梨」という地理的表示が国税庁に認められた。2017年には地理的表示「山梨」が見直され、一定の生産基準と官能検査を満たさなければ認められなくなり、その基準はブドウ本来の香りや味わい、および酸味とのバランスのよい山梨らしいワイン生産につながっている。

◎**日本一の出荷額のミネラルウォーター**　経済産業省の経済構造実態調査によれば、2021年におけるミネラルウォーターの出荷額は523.3億円（全国シェア30.4%）と都道府県別で最も多い。山梨県は富士山や南アルプス、八ヶ岳など高い山に囲まれた山岳県であり、県土の77.8%を森林が占めている（森林面積の割合は全国4位）。高い山々と豊かな森林がろ過装置となり、清らかな水が豊富に生み出され地下の帯水層(たいすいそう)に貯えられる。帯水層では溶けだしたミネラルを豊富に含むようになり、ミネラルウォーターがつくられる。

◎**日本一の出荷額の貴金属装身具**　経済産業省の経済構造実態調査によれば、2021年における山梨県の貴金属装身具（貴金属・宝石類）の出荷額は281.3億円（全国シェア28.4%）と都道府県別で最も多い。江戸時代に良質な水晶が金峰山(きんぽうざん)（甲府市北の山梨県と長野県の境に位置する）を中心とする地域から産出されたため、甲府では水晶研磨技術が発展し、それが金属装身具産業発展の契機となった。明治期になると水晶工芸と貴金属工芸が結び

甲信地方

つき、金属装身具産業が発展した。第二次世界大戦後、首飾りやイヤリング、指輪、水晶細工などの宝飾品が量産され、甲府は宝飾のまちとして全国に周知されるようになった。このような貴金属宝飾産業の発展の最も大きな要因は江戸時代からの技術と職人の集積である。現在、貴金属宝飾産業はアジアの近隣諸国の台頭により衰退傾向にあるが、伝統の研磨宝飾技術を活かした新たな商品が開発されるなど、山梨の貴金属宝飾産業の回復が期待されている。

◎日本一の出荷額の数値制御ロボット　経済産業省の経済構造実態調査によれば、2021年における山梨県の数値制御ロボットの出荷額は約2,110億円（全国シェア70.1％）と他の都道府県を圧倒して全国1位である。数値制御ロボットはプログラミングによって繰り返し動作するもので、富士山麓の忍野村に立地する世界的な大企業の本社工場において生産されている（産業用ロボットの世界シェア18.5％で1位）。この本社工場は178万 m^2 と大規模で、敷地内には部品製造や加工、塗装、組立てなどの工場と研究開発部門が集積している。良好な自然環境と大規模な工場用地、そして高速道路利用の便利さなどが工場立地の大きな誘因であり、山梨県における研磨技術などのモノづくりの知恵や技術の蓄積も産業立地の重要な要因になっている。

◆生活文化・その他

◎日本一高い空き家率　総務省の住宅・土地統計調査によれば、2018年における山梨県の空き家率（対総住宅数）は21.3（全国平均13.6％）と都道府県別で最も高い。空き家とは概ね1年間を通じて電気・ガス・水道の使用実績がない建築物である。山梨県に空き家が多いことの背景には人口減少や少子高齢化、および核家族化がある。また、兼業農家の多いことも農地付きの空き家が増える要因になり、住宅の再利用が進まないことでさらに空き家率を高めている。しかし、高い空き家率の最大の要因は利用されない別荘（二次的住宅）の放置である。実際、山梨県において空き家率の高い地域は北杜市（42％）と富士吉田市（28％）であり、それぞれ八ヶ岳山麓と富士山麓の別荘地帯である。このような状況を改善するため、山梨県では空き家活用ビジネスの制度がつくられ、空き家バンクの開設や改修費の一部補助などが実施されている。

◎日本一の数の人口100万人当たりの図書館数　総務省の「統計でみる

都道府県のすがた」によれば、2021年における山梨県の人口100万人当たりの図書館数は65.8館（全国平均は27.0館）と都道府県別で最も多い。図書館の全体数でみれば、山梨県の図書館の数は55館と多くなく、最も多い東京都（395館）の7分の1である。しかし、人口当たりにすると日本一の館数になる。これは、合併前の旧市町村の図書館が分館として残されていることや、図書館の利用者が多いこと（来館者数は全国3位）、年間開館日数が多いこと（全国2位）、そして本の貸し借り以外の役割をもっていることなどの理由からである。図書館の大きな役割は本の貸し借りであるが、山梨県の図書館は学習や読書のスペースを提供したり、子育て家庭の読み聞かせ教室や高齢者の読書会などの場になったりして、地域サークルのサロンとしての役割も担っている。

山梨家の特徴とさらに理解を深めるために

山梨県は高い山々に囲まれた盆地状の土地を主な舞台にし、人々は豊かな自然の恵みに適応しながら、気候風土（テロワール）を活かして生活し、産業を発展させてきた。果物の生産やワイン醸造などはテロワールを最大限に生かして発展した産業であった。他方、山梨県にはモノづくりの英知と技術の蓄積があり、そのような伝統が貴金属宝飾産業や最新の電子機器産業の発展につながっている。いわば、テロワールの恵みとモノづくりの伝統が両輪となって、地域が前に進んでいるといえる。そして、山梨県で生活する人々はテロワールの恵みやモノづくりの伝統に固執することなく、常に新しいものを見出して取り入れていく進取の気質を強く持っていることも大きな特徴である。実際、昭和初期まで養蚕業の中心地であった山梨県が化学繊維の台頭や世界恐慌を契機に果樹生産に一気に転換したことは、これをよく表している。そして、リニア新幹線の敷設も革新を求める県の特徴を反映している。

〈山梨県に関する理解を深めるための本〉
豊かな地域資源に恵まれ、独自な風土に培われた様々な日本一を再認識：
・山梨総合研究所編（2022）『山梨ならではの豊かさ』ぎょうせい
地形、地質、歴史文化、産業などの特徴を地図で読み解きながら紹介：
・昭文社旅行ガイドブック編集部編（2021）『山梨のトリセツ』昭文社

⑳ 長野県

生産量日本一のブナシメジ

長野県の概説

長野県は四方を北アルプスや南アルプスなどの山脈や山地で囲まれ、群馬県、埼玉県、山梨県、静岡県、愛知県、岐阜県、富山県、および新潟県の8つの県に隣接する海なし県で、隣接する県の数は日本一である。県内の高い山地や山脈は日本を代表する河川の源となっている。例えば、天竜川や木曽川は南に流れて太平洋に注ぎ、千曲川や犀川は合流して信濃川となって北に流れて日本海に注いでいる。これらの河川沿いに低地が広がり、長野県の6つの地域区分の目安にもなっている。具体的には、千曲川流域は佐久平と善光寺平に、犀川流域は松本平に、木曽川流域は木曽谷に、天竜川流域は伊那谷と諏訪湖を中心とする諏訪盆地に分けられ、それぞれに風土が異なり、独特の歴史と生活文化をもった地域社会が形成されている。長野県は内陸性気候であるため、気温の日較差と年較差が大きいという共通の特徴があるが、冬は県の北部と中部と南部で気候の違いが明確になる。北部は季節風により積雪が多くなり、中部や南部の平地では山地を越えてきた乾いた季節風が晴天をもたらす。このような地域で異なる風土を活かして、それぞれの地域で特徴的な農業や工業が発達し、それらの多くは日本有数の生産量を誇っている。さらに、豊かな自然やそれぞれの地域で受け継がれた有形無形の多様な文化は観光資源となり、観光は長野県の主要な産業の一つにもなっている。

長野県の日本一

◆自然
◎日本一多く分布する日本百名山　　日本百名山とは、小説家であり登山家の深田久弥（1903〜71年）の山岳随筆『日本百名山』（1964年初版、新潮社）に載っている100座の山のことであり、それらのうち長野県には29座が

分布しており、その数は日本一である。日本百名山において、3,000m級の峰の数は23座あり、そのうちの15座が長野県にある。ただし、12座は他県との境界にある。県内にある日本名山の3,000m級の峰は常念岳(2,857m)、空木岳(2,864m)、木曽駒ヶ岳(2,956m)の3座である。このように高い山々が多く分布するため、山道などには多くの峠もある。日本の峠の数は2,954か所といわれ、そのうちの173か所が長野県にあり、その数も日本一である。

◎日本一の規模の大雪渓　　北アルプスにおける白馬大雪渓、針ノ木大雪渓、そして劔沢雪渓は日本三大雪渓といわれており、それらの中でも北アルプス後立山連峰の白馬大雪渓(北安曇郡白馬村)は幅100m、長さ3.5km、標高差600mと、日本で最大規模の雪渓である。標高の高い山では、年間を通して気温が低く、積雪が解けることなく万年雪となって残り、それが雪渓となる。白馬大雪渓は白馬岳登山のメインルートにあり、多くの登山客やハイキング・トレッキングの客が訪れている。大雪渓下端(白馬尻小屋)までは猿倉(村営猿倉荘)から徒歩1時間30分であり、このルートの登山道は白馬大雪渓遊歩道と呼ばれている。

◎日本一多い蝶の生息種類数　　『信州の蝶』(1996年、信濃毎日新聞社)によれば、長野県における蝶の生息種類数は149種類で日本一である。日本には、約250種以上の蝶が生息しているといわれており、その半数以上が長野県に生息している。このように長野県に多くの種類の蝶が生息するのは、県域が南北方向に長く、標高の高低差も大きいため、変化に富んだ蝶の生育環境があるためである。また、県内には人間の手がほとんど入っていない自然や、人間の手が加わった里山(二次的自然)が多くあることも、多くの種類の蝶の生息につながっている。

◎日本一標高の高い所にある普通鉄道の駅　　しなの鉄道(旧信越本線)小諸駅と中央本線の小淵沢駅を結ぶJR小海線の野辺山駅は標高1,346mであり、日本で標高の最も高い普通鉄道駅である。また、野辺山駅と隣の清里駅の間にはJR鉄道最高地点(標高1,375m)もある。この最高地点は八ヶ岳山麓の分水嶺になっており、南側に降った雨は富士川に流れ込み太平洋に注ぎ、北側に降った雨は千曲川に流れ込み、信濃川となって日本海に流入する。

◎日本で最も海から遠い場所　　国土地理院の調査によれば、日本で海から最も遠い場所は、佐久市田口字榊山209-1の地点である。この地点は群馬

甲信地方　121

県南牧村との境界近くであり、雨川ダムの南東約2200mの地点にあたる。この地点から海岸線までの距離は約115kmある。

◆ **産業**

◎ **日本一の収穫量のセロリ**　農林水産省の作物統計によれば、2022年における長野県のセロリの収穫量は1万2,200t（全国シェア41.6%）と他の都道府県を圧倒して全国1位である。県内の主要産地は北アルプス山麓の標高600mから1,000mの高原に位置する松本市の高原地域と、八ヶ岳西麓に位置する茅野市と富士見町、および原村であり、セロリは5月から11月にかけて長期間出荷されている。セロリは冷涼な気候と適度な水分を含んだ土壌を好み、収穫期に雨が少ないことや気温の日較差が大きいことなどが適地の条件であり、それらの条件を満たす場所が長野県の高原地域であった。収穫は深夜1時頃から朝にかけて行われ、気温が上昇するとセロリの水分が抜けて商品価値が低下するため、夜間に収穫されたセロリは朝のうちに出荷される。県内では大正期に八ヶ岳山麓で栽培が始まったが、栽培の本格的な発展は第二次世界大戦後の食生活の欧風化やヘルシーな生活の流行によりもたらされた。現在、県内の農家では品種選抜によるオリジナル品種が多く栽培され、茎が肉厚で、筋は少なく、食感がシャキシャキしているが、柔らかで食べやすい品種が選抜されている。そのため、長野産セロリの市場競争力は高く、主に首都圏や中京圏の市場に出荷されている。

◎ **日本一の収穫量のレタス**　農林水産省の作物統計によれば、2022年における長野県のレタスの収穫量は18万2,600t（全国シェア33.0%）と都道府県別で最も多い。レタスは冷涼な気候を栽培適地としており、低暖地から秋冬野菜として出荷され、夏季は端境期となっていた。その端境期を解消するため、長野県の標高500m以上の高冷地における夏の涼しい環境を利用してレタス栽培が発達した。さらに日較差の大きさにより甘みと旨味をもった美味しいレタスを火山斜面などで大規模に大量に栽培できることもレタス栽培が発達した大きな要因である。県内の主要産地は八ヶ岳山麓の川上村と南牧村、および北アルプス山麓の塩尻市である。特に、川上村は代表的なレタス産地として全国的に知られている。川上村の農地は標高1,000m以上の場所に分布し、年間の平均気温8℃前後とレタス栽培に最適地となっている。川上村では、レタスの播種と育苗が3月下旬から7月下旬に、農地への定植が4月下旬から8月上旬に行われ、そして定植して40日か

ら50日でレタスが収穫される。川上村が日本一のレタス産地となったのは、交通インフラの整備、段ボール出荷などの輸送手段の改善、鮮度保持のための技術革新、機械化やマルチ栽培など栽培技術の革新、および系統出荷による共販体制の確立などによるものであった。

◎日本一の生産量のブナシメジとエリンギ　農林水産省の特用林産物生産統計調査によれば、2022年における長野県のブナシメジの生産量は5万1,580t（全国シェア42.0％）と圧倒的な全国1位を誇っている。ブナシメジは1970年に大手酒造メーカーが人工栽培に成功し、伊那郡上郷町（現在の飯田市）の農業協同組合と独占契約して本格的な栽培が開始された。杉などのオガ粉を加水しながらアク抜きと熟成を行い、米ぬかや大豆皮などを加えて、キノコの培地が作られる。その培地をプラスチックの瓶につめて、室温15℃から16℃、湿度98％の生育環境を管理し、10日ほどでキノコの芽が出揃う。芽が出揃って1週間ほどでブナシメジは大きく成長して、出荷される。このように、ブナシメジの栽培は培地づくりから始まって100日から120日かかる。

同様に、人工的な菌糸培養で生産されるエリンギも日本一の生産量を誇っている。2022年における長野県のエリンギ生産量は1万5,961t（全国シェア42.2％）と都道府県別で最も多い。長野県のエリンギの生産は、きのこ生産・販売企業が従来のえのきたけに代わる商品として人工的な栽培技術や品種を確立したことにより1998年頃から本格的に始まり、その主要な産地は県北部の中野市である。

◎日本一の出荷量のカーネーション　農林水産省の花き生産出荷統計によれば、2022年における長野県のカーネーションの出荷量は4,190万本（全国シェア21.9％）と都道府県別で最も多い。カーネーションは冷涼な地域での栽培に適しており、秋から冬にかけて多く生産されるが、全国的には施設栽培により周年的に生産されている。長野県では松本市や佐久市や富士見町などの高冷地において栽培され、5月の母の日に間に合うように施設で生産され出荷されるが、出荷のピークは7月から9月となる。高冷地で栽培されたものは気温の日較差により色鮮やかで、日持ちがよいのが特徴になっている。

◎日本一の出荷額の味噌　経済産業省の経済構造実態調査によれば、2021年における長野県の味噌の出荷額は734.7億円（全国シェア51.3％）と

他の都道府県を圧倒して全国1位であり、味噌の生産量も29万285tで全国1位を誇っている。信州味噌は米麴(こめこうじ)と大豆でつくる米味噌で、淡色で辛口を特徴としている。味噌づくりには洗浄、浸漬、蒸しなど水を使う工程が多く、雪解け水や山々からの清流などの水資源に恵まれた長野県は味噌づくりの適地である。また、明治期の諏訪地域において製糸業の多くの従業員の賄(まかな)い用として味噌を大量生産するようになったことと、大正期の関東大震災において救援物資として信州味噌を首都圏に供給し、東京市場で高評価を得たことが、今日の長野県の味噌産業の発展につながった。

◎日本一の出荷額の時計（ムーブメントを含む）　工業統計調査の確報品目別統計表によれば、2020年における長野県の時計（ムーブメントを含む）の出荷額は約392億円（全国シェア46.9％）と全国1位である。時計の中心的な生産地は大手企業の基幹工場が立地する諏訪地域である。諏訪地方は「東洋のスイス」と呼ばれ、その環境は近くの山々からの清流を利用できるだけでなく、高原の清浄な大気にも恵まれており、それらが高品質な精密機械の製造・組立と製品の品質維持に適していた。また、製糸業とそれに基づくモノづくりの伝統も精密機械工業の発展の基盤になっている。

◎日本一の出荷額のギター（電気ギターを含む）　工業統計調査の確報品目別統計表によれば、2020年における長野県のギター（電気ギターを含む）の出荷額は約34億円（全国シェア47.6％）と全国1位である。主要な生産地は松本盆地であり、山々に囲まれた乾燥した気候と寒暖差の大きいことによってもともと家具製造や楽器製造などの木工産業の適地となっていた。1960年代になると楽器製造の一つとしてクラシックギターやエレキギターの製造が始まり、有名アーティストの多くが信州ギターを用いて演奏を行うようになると、その品質が高く評価され、長野県は国産ギターの主要産地として位置づけられるようになった。

◆生活文化・その他

◎日本一の健康寿命　国民健康保険中央会の資料によれば、2021年における長野県の要介護度を基にした健康寿命は男性81.4歳、女性85.1歳と、男女とも全国1位である。要介護度を基にした健康寿命とは、介護保険における要介護度2以上の認定者数などから不健康な期間の平均を算出し、これを平均余命から減じたもので、介護を必要とせず自立した生活ができる期間を表す。このように健康寿命が長いのは、高齢者（65歳以上）の就業率の高

さ（2020年で30.6％と全国1位）、野菜摂取量の多さ、ボランティアによる健康づくりの取り組み、および医師や保健師や管理栄養士の地域医療活動の充実などによるものである。

◎日本一の博物館数　文部科学省の社会教育調査によれば、2018年度の長野県の人口100万人当たりの博物館数は40館（全国平均は10.1）で全国1位である。博物館・美術館の総数も341館で、全国1位である。博物館が多い理由は、長野県はいくつかの地域に分かれ、それぞれの地域で歴史文化や自然を後世に伝えていく必要があったことや、教育県として芸術・文化の振興に関しては精力的に振興が行われてきたこと、および多くの観光客を集める観光資源の一つとして位置づけられていることなどである。

長野県の特徴とさらに理解を深めるために

　長野県はいくつかの地域に分かれ、それぞれの地域で独自の歴史や生活文化が発達してきた。このような地域性は各地の風土に適した生活文化や産業を発達させ、それらが今日の日本一や日本屈指の産業の基礎になっている。また、県全体に共通する風土や地域資源もあり、それらも各地域で効果的に産業や文化に活かされている。例えば、山々に囲まれた内陸県の寒暖差のある乾燥した気候や豊富な水資源の活用、そして限られた土地空間の有効利用はどの地域でもみられる。さらに、地域の生活文化も豊かであり、それは健康寿命の長さや、充実した社会教育活動に反映されている。一方、長野県は盆地の寄せ集めとみなされることもあるが、県歌「信濃の国」は県の一体性を強調し、県民の精神的主柱にもなっている。

〈長野県に関する理解を深めるための本〉
自然環境、歴史文化、産業、建造物、生活から長野県の本当の姿を解説：
・市川正夫責任編集（2020）『令和版やさしい長野県の教科書 地理』しなのき書房
・加瀬清志（2013）『知っておきたい長野県の日本一』信濃毎日新聞社

㉑ 岐阜県

生産額日本一の提灯

岐阜県の概説

　岐阜県は本州のほぼ中央に位置し、県の北部から東部は飛騨山脈で富山県と長野県に接し、西部は両白山脈や鈴鹿山脈などで福井県や滋賀県や三重県と接し、南部は濃尾平野が広がり、愛知県と接している。岐阜県は海なしの内陸県の一つであり、標高0mの低地から標高3,000mの山岳地まで多様な自然環境をもち飛騨と美濃の2つの地域に大別できる。これらの地域は「飛山濃水」という言葉で特徴づけられ、飛騨の山と美濃の水は岐阜県を特徴づける自然環境の要素である。さらに、美濃は岐阜県を代表する4つの河川の流域によって、すなわち揖斐川流域や長良川下流域の西濃・岐阜地域、長良川や飛騨川も流域の中濃地域、および木曽川流域の東濃地域に区分され、名古屋大都市圏の近接性の違いによって住宅地化や産業立地が異なる。戦国時代には「美濃を制する者は天下を制す」といわれ、都に通じる主要街道が通り、高い米の石高を確保できる農地が広がっていたため、地政学的にも有利な場所であった。江戸時代になると、地政学的に有利な場所を考慮して、幕府は大藩を配置することなく、いくつかの小藩に分割して統治させた。そのため、幕藩体制による歴史性や伝統は地域に大きな影響を及ぼすことはなく、自然環境の影響や明治期以降の名古屋大都市圏の影響が岐阜県の地域性を形成する基となっている。

岐阜県の日本一

◆自然
◎日本一滝の数が多い町　　下呂市小坂町には落差5m以上の滝が216か所あり、小坂町は日本一滝の多い町として知られている。小坂町は2004年3月1日に萩原町、下呂町、金山町、馬瀬村と合併し、下呂市になっている。飛騨地方にある小坂町は霊峰御嶽山（標高3,067m）の西麓に位置し、急峻

な山麓地形と山の森林に貯えられた豊かな水の流れにより、形状や落差の異なる滝が多くつくられている。これらの滝は滝巡りとしてエコツーリズムの主要なアトラクションとして活用されており、日本の滝百選の一つである根尾の滝は滝巡りでも人気の滝になっている。根尾の滝は飛騨川の支流の濁河川（にごりごかわ）（小坂川上流）にある落差63 mの滝で、魔利支天山（まりしてんやま）の火山活動で押し出された溶岩が侵食されて断崖となり、濁河川が一気に落下してつくられている。御嶽山の約5万4000年前の噴火による溶岩が侵食された断崖は小坂の滝めぐりの入口の巌立峡（がんだてきょう）でもみられ、この溶岩の侵食地形が多く滝を生み出している。このような自然豊かな小坂の滝は高く評価され、「岐阜の宝もの」第一号に認定されている。

◎日本一総貯水容量の多いダム　　日本ダム協会のダム便覧によれば、揖斐川町上流に2008年に建設された徳山ダムの総貯水容量は6億6,000万 m^{3}で日本一の規模を誇っている。揖斐川は長良川と木曽川とともに木曽三川に数えられ、濃尾平野西部の大垣市を流れて伊勢湾に注ぐ。大垣市は揖斐川や他の河川も流れ込んで水害常襲地となっており、揖斐川の水害や治水の対策として1957年に徳山ダムが計画され、その完成まで51年を費やした。ダムの建設に伴い旧徳山村全体が水没し、ダムによる人造湖とダムの名称は水没した村名にちなんで徳山湖と徳山ダムと命名された。徳山ダムは中央土質遮水壁型ロックフィルダムで、ダムの目的は揖斐川の洪水調節と水量維持、揖斐川流域の農地灌漑の給水、岐阜県や愛知県への上水供給、中京工業地帯や東海工業地域などへの工業用水供給、および水力発電と多様である。

◆産業

◎日本一の出荷額の陶磁器（食器）　　経済産業省の経済構造実態調査によれば、2021年における岐阜県の陶磁器（食器）の出荷額は197億円（全国シェア53.8％）と他の都道府県を圧倒して全国1位である。美濃焼は伊万里（いまり）・有田焼、瀬戸焼とともに日本三大陶磁器に数えられ、岐阜県の陶磁器日本一を支えてきた。美濃焼の主要な産地は東濃地域の多治見市（たじみし）と土岐市（ときし）と瑞浪市（みずなみし）であり、その焼物の歴史は1300年前から様々な意匠や技術や工夫を加えながら現代まで続いている。明治期以降になると、製品別分業制度の発展や低コストによる製陶技術により、美濃焼の産地は日常雑器の生産において他産地に負けないようになり、日本一の地位を確かなものにした。東濃

地域で美濃焼が発達した理由は、良質の粘土の産地であったこと、土から粘土を精製するための豊富な水があったこと、窯(かま)が造りやすい緩斜面の地形が多いこと、そして江戸や京などの市場に近いことなどであった。さらに、洋食器や和食器など製品別分業が地域や窯元(かまもと)ごとに行われ、そのことも技術や意匠などの競争を促して美濃焼の評価を高め、陶磁器産業の発展につながった。

◎日本一の出荷額のタイル　　経済産業省の経済構造実態調査によれば、2021年における岐阜県のタイルの出荷額は258億円（全国シェア64.4％）と他の都道府県を圧倒して全国1位である。タイル生産は大正期に美濃焼の技術を活かして笠原町（現在の多治見市）で始まり、美濃焼タイルとして知られるようになった。美濃焼タイルの需要は関東大震災による鉄筋コンクリート建築の増加により高まり、それがタイル産業の発展の契機となった。昭和期には、磁器質施釉(じきしつせゆう)モザイクタイルが笠原町で全国に先駆けて開発され、第二次世界大戦後の建築ブームを追い風にしてタイル需要がさらに高まった。加えて、斬新なデザインや大胆な配色のタイルも生産されるようになり、美濃焼タイルは輸出商品としても需要を高めた。結果として、笠原町はかつて茶碗の町として知られていたが、現在ではタイルの町として知られている。

◎日本一の出荷額の包丁　　経済産業省の経済構造実態調査によれば、2021年における岐阜県の包丁の出荷額は138億円（全国シェア56.1％）と他の都道府県を圧倒して全国1位である。包丁生産の主要な産地は関市で、そこでの刃物づくりの歴史は鎌倉時代末期まで遡る。良質な土や豊富な水、および飛騨の山間地で生産された炭の存在が日本刀づくりを発展させた。しかし、江戸中期には日本刀の需要が減り、多くの刀匠が小刀、包丁、ハサミなどの刃物鍛冶(はものかじ)に転向した。さらに明治時代に廃刀令が布かれると、刀鍛冶の多くはポケットナイフの生産へと移行し、その後、鍛造加工(たんぞうかこう)による調理包丁の製造も始まった。いずれにせよ、日本刀づくりの技術が受け継がれて質の高い包丁が製造されるようになり、関市は近代刃物の産地として発展する。関市の刃物は、切れ味がよく、芯が強く、刃こぼれがしにくいという特徴をもち、包丁だけでなくハサミやナイフの主産地でもある。

　そのため、関市はドイツのゾーリンゲンと並ぶ「世界一の刃物都市」として世界中で周知されている。ちなみに、2022年における岐阜県のハサミの

出荷額は44億円（全国シェア28.8％）で全国1位であり、ナイフは39億円（全国シェア28.6％）と大阪府に次いで全国2位であった。

◎日本一の出荷額の提灯　経済産業省の経済構造実態調査によれば、2021年における岐阜県の提灯の出荷額は32億円（全国シェア56.4％）と都道府県別で最も多い。生産される提灯は岐阜提灯として全国的に周知されており、主要な産地は岐阜市である。岐阜提灯は18世紀中頃に岐阜城下で作られたのが始まりとされている。現在の美濃市周辺で漉かれた美濃和紙が長良川を下り、岐阜城の立地する金華山の麓の河岸の紙問屋に集積し、その美濃和紙と豊富にある良質な竹材、および竹細工職人や木工職人の技術により岐阜提灯が作られるようになった。19世紀には、現在のような特徴を備えた岐阜提灯が普及し、お盆用として広く用いられるようになった。岐阜提灯の特徴は、形状が卵型で、骨となる竹ひごが細く、貼られる紙は薄く、火袋に花鳥や風景や人物などの絵が彩色豊かに描かれていることである。岐阜提灯の製造工程は和紙の加飾、火袋の製作、木地の加工、仕上げの4つに大きく分けられて分業しており、和紙の加飾は摺込師が、火袋の製作は張師が、絵付けは絵師が、木地つくりは木地師が、塗り加工は塗り師が、そして蒔絵付けは蒔絵師が担当している。

◎日本一の生産額の木製机・テーブル・椅子　経済センサスの品目別統計表によれば、2020年における岐阜県の木製机・テーブル・椅子の生産額は約215億円（全国シェア14.7％）と都道府県別で最も多い。主要な産地は飛騨地域の高山市であり、大川市（福岡県）、静岡市（静岡県）、府中市（広島県）、および旭川市（北海道）とともに家具の五大産地の一つとして知られている。高山市は森林に囲まれ、豊かな木材資源、特にブナ材の資源に恵まれており、そのことが家具製造の発展の要因となった。さらに、豊かな森林資源を背景に木工の技術や職人が集積していたことも家具製造の発展基盤になっている。実際、7世紀の租庸調では飛騨地域の人々は大工（飛騨工）として出仕することで庸・調を免れていたという。しかし、飛騨地域の本格的な家具生産は1920年頃からであり、その歴史の始まりは有効活用されていなかったブナ材を家具づくりに活用することであった。ブナ材は加工の難しさや乾燥しにくいことや腐食しやすいことなどの欠点があるが、曲げに強く、耐久性や強度に優れ、色が鮮やかで見栄えに優れているため、椅子やテーブルなど高級家具に適していた。そのため、家具の五大

東海地方　129

産地のなかで高山市は木工の伝統技術を活かした木製の机や椅子やテーブルに特化し、生産された民芸調の製品は全国的に高い評価を受けている。

◆生活文化・その他

◎日本一の支出額の喫茶代　2人以上の世帯を対象に都道府県庁所在地と政令指定都市で調査された総務省の家計調査によれば、2021年から2023年における岐阜市の世帯当たりの喫茶代の平均は1万4,400円（全国平均は7,621円）と全国1位である。岐阜市の喫茶文化は1919年に柳ヶ瀬で開催された内国勧業博覧会でブラジル料理とともにコーヒーが提供されたことが始まりであり、それ以来、コーヒー店が増加した。第二次世界大戦後、アパレル産業の発達にともなって愛知県や岐阜県の業者から生地を買い付けるために全国から仕入れ業者が集まり、喫茶店が商談の場所として利用されるようになった。そのため、喫茶店は朝早くから夜遅くまで営業し、モーニング（トーストやゆで卵が無料でついてくるサービス）を提供するようになった。提供されるモーニングは次第に豪華になり、市民も喫茶店を多く利用するようになり、喫茶店は市民の交流の場にもなってきた。このようにして、岐阜市における喫茶文化がつくられ、喫茶代の支出が日本一となった。さらに同じ家計調査によれば、岐阜市民の和食や中華食や洋食の外食にかける年間消費額も日本一である。中華食や洋食は年次的な変化があり全国1位でないこともあるが、和食は連続して全国1位である。これも、集まりの多いことと、その集まりの食事に和食が用いられていることを示している。

◎日本一の農村景観　恵那市岩村町の富田地区は全国の環境問題を研究している国土問題研究会から1989年に農村景観日本一に選ばれ、その後も「日本のむら景観コンテスト」の集落部門で農林水産大臣賞を受賞した。この地区の農村は東から西に緩やかに傾斜した岩村盆地につくられており、農家と白壁の土蔵が盆地を形成する緑の丘の山際に点在し、その前面に広がる水田の景観は日本の伝統的な農村風景であり、懐かしさを感じるふるさとの景観でもある。見渡すことのできる日本一の農村景観の総面積は約150haであり、それは岩村町のほぼ半分の広さである。現在では、農村景観の保全活動やその景観を活かした事業の展開が行われており、農地の多面的な利用や都市住民との交流、および新たな地域資源の発掘や農産物・加工品の生産などを図って、地域の持続的な活性化を進めている。

◎**日本一面積の広い市町村**　高山市は岐阜県北部の飛騨地域にあり、東と西をそれぞれ飛騨山脈と両白山地に囲まれた盆地の中心に位置している。高山市は2005年に実施された平成の大合併により盆地にある近隣9町村（国府町、久々野町、丹生川村、朝日村、宮村、清見村、上宝村、高根村、荘川村）と合併した。その面積は約2,178 km²となり、大阪府や香川県の面積よりも広く、東京都とほぼ同じ広さである。高山市の市域において森林面積が約92％を占めていることが特徴的であり、林業は飛騨地域における伝統的な主要産業であり、製材業や木工業も発達している。このように、盆地状の飛騨地域は高山市を中心に産業経済や歴史文化や地域社会がコンパクトにまとまった地域であり、ひとまとまりになりやすかったことが合併を促し、広い市域を形成するようになった。高山市には高速道路も通じており、東京や名古屋や大阪からの直行バスも運行され、高山市の歴史文化や伝統的な街並みは多くの観光客を集めている。

岐阜県の特徴とさらに理解を深めるために

　岐阜県が飛山濃水といわれる地域区分や地域性を基本的な性格にしてきたことは昔も今も変わっていない。したがって、飛騨と美濃という地域区分も様々な地域現象に反映されている。岐阜県の主要な産業の多くは身近な地域資源を伝統的に利用してきたものであり、それぞれの伝統的な知恵や技術を活かしながら新たなものに挑戦することで日本有数の産地になっている。例えば、陶磁器やタイルは美濃焼の茶器の製造の伝統に基づいて生産されており、木製机や椅子は飛騨地域の豊富なブナ材と伝統的な木工技術に基づいて生産されている。このように陶磁器や木製机などの製造業が発達していることは、第2次産業事業所数構成比（対事業所数）にも反映されており、2014年における岐阜県のその数値は24.1％（全国平均は17.7％）で全国1位である。つまり、岐阜県はモノづくりの事業体が多く立地し、伝統的にモノづくりが盛んな場所といえる。

〈岐阜県に関する理解を深めるための本〉
地形、地質、歴史文化、産業などの特徴を地図で読み解きながら紹介：
・昭文社旅行ガイドブック編集部編（2021）『岐阜のトリセツ』昭文社
飛山濃水の歴史の一端や地域の盛衰、産業の変遷など地図を通じて説明：
・今井春昭（2019）『岐阜地図さんぽ』風媒社

㉒ 静岡県

収穫量日本一の芽キャベツ

静岡県の概説

静岡県は日本のほぼ中央にあり、東は箱根山で神奈川県と、北は日本最高峰の富士山で山梨県と、そして南アルプス（赤石山脈）で長野県と、西は弓張山地で愛知県と接し、南は太平洋に面し、伊豆半島の東に相模灘、西に駿河湾と遠州灘が続いている。北部の山岳地域からは東から狩野川、富士川、安倍川、大井川、天竜川が南に向かって流れ太平洋に注ぎ、下流部には海岸平野が形成されており、それらが産業や生活の主要な舞台になっている。特に、静岡平野と三方原は多くの人口が集まり、それぞれの中心都市である静岡市と浜松市は政令指定都市になっている。しかし、それぞれの河川がつくる海岸平野にも沼津市や富士市などの人口10万人以上の10都市が立地しており、県内におけるプライメイトシティは存在しない。静岡県は糸魚川-静岡構造線と中央構造線という日本列島の主要線があり、それらにより地質構造的には箱根富士火山と伊豆半島の東部、赤石山脈とその前山の中部、中央構造線内側の東部、および海岸平野の4つに地域区分されるが、歴史的な区分である伊豆国、駿河国、遠江国から続く地域区分が一般的である。実際、富士川と牧之原台地を境にして東部、中部、西部に区分され、それらに伊豆半島を加えた4つの地域に区分されることが多い。静岡県は典型的な太平洋側気候であり、温暖で適度な降水がある。首都圏や中京圏へのアクセスもよいため、居住環境は良好である。そのため、住みたい都道府県の上位に常に位置づけられている。

静岡県の日本一

◆ 自然

◎日本一深い湾　　駿河湾は日本一深い湾である。伊豆半島の石廊崎と御前崎を結ぶ駿河湾の湾口は約56km、奥行きは約60kmで、湾の表面積は約

2,300 km² と広大であり、深さは最も深い地点で水深2,500 m となる。海底峡谷が湾口から湾奥部まで南北に連なることで深い水深がつくられており、その谷はフィリピン海プレートとユーラシアプレートの境に位置している。駿河湾にはイワシ、アジ、サバをはじめ、サクラエビ、メダイ、ムツ、ヒラメなど約1,000種の魚類が生息しているといわれ、それらの水産資源が静岡県の水産業を支えている。また、駿河湾のような優良な漁場は北部の山岳地域から流れて海に注ぐ河川のミネラル分にも支えられている。

◎日本一広い河口幅　富士川の河口幅は1,950 m と日本一である。南アルプス北部を源流とする釜無川が、甲府盆地の南で笛吹川と合流して富士川となる。富士川は富士山の西側を南に流れて太平洋に注ぐが、山形県の最上川と熊本県の球磨川とともに日本三大急流の一つになっている。富士川の流路延長は128 km、流域面積は3,990 km² に及んでいる。河口の駿河湾ではサクラエビ漁が行われており、その漁期は3月下旬から6月上旬までの春漁と、10月下旬から12月下旬までの秋漁の2漁期となる。漁獲されたサクラエビが天日干しされて、富士川の河川敷が真っ赤に染まる光景は特徴的である。ちなみに、サクラエビの漁獲量は全国1位（全国シェア100％）であるが、その漁獲量は減少する傾向にある。

◎日本一の水量の湧水　清水町にある柿田川湧水群の水量は日量約110万tと、日本一の湧水量を誇っている。8500年前の富士山の大噴火により、大量の溶岩を噴出し、その溶岩は三島溶岩流として三島市や柿田川上流部まで及んだ。富士山の雨水や雪解け水は三島溶岩流に浸透し、26年ほどかけて三島溶岩の先端部の柿田川（柿田川公園）で湧き出てくる。そのため、柿田川は豊富な湧水に涵養され、岐阜県の長良川と高知県の四万十川とともに日本三大清流に数えられている。また、柿田川の湧水群は1985年に日本名水百選にも選定された。

◎日本一の周囲長の汽水湖　県西部にある浜名湖の周囲長は114 km に及び、汽水湖としては日本一の長さである。汽水湖は湖水に海水が混入している湖で、海に開いている水路を通じて海水の出入りがある。浜名湖はもともと淡水湖であったが、1498年の明応地震の津波によって湖と海を隔てていた砂提が決壊して汽水湖になり、湖の南部が遠州灘に通じ、海水の出入りがある。湖の形状は複雑で、細江湖や猪鼻湖などの支湖や湾・入江をもち、そのことが周囲長の長くなる原因にもなっている。また、湖では

天然魚の漁業や釣りのほかウナギ、ノリ、カキ、スッポンなどの養殖が盛んである。さらに、複雑な入江はボートやヨットなどのマリンスポーツに格好の場所となり、湖周辺は観光地やリゾート地としても利用されている。

◆産業

◎日本一の収穫量の普通温州みかん　農林水産統計のみかんの結果樹面積、収穫量及び出荷量によれば、2022年における静岡県の普通温州みかんの収穫量は7万4,000t（全国シェア26.4％）と都道府県別で最も多い。また、普通温州みかんの結果樹面積と出荷量もそれぞれ3,560ha（全国シェア22.4％）と6万2,400t（全国シェア25.3％）でともに全国1位である。温州みかんは江戸時代に九州で生まれ、静岡県には江戸中期に藤枝市の岡部町にはじめて植栽されたといわれている。その後、青島温州（あおしまうんしゅう）が1950年頃に静岡市で見出され、その糖度の高さと風味のよさから、県内全域で栽培されるようになった。現在においても青島温州は温州みかんの栽培面積の半分以上を占めており、みかんの主要な品種になっている。また、新たな品種として寿太郎温州（じゅたろう）が1975年頃に沼津市の西浦で発見され、濃厚な味と青島温州以上に高い糖度が特徴となっている。寿太郎温州は沼津地域のオリジナル品種として栽培面積は増えている。静岡県のみかん栽培は普通温州を中心としているが、ハウス栽培で極早生種（ごくわせしゅ）や早生種が周年的に出荷されている。

◎日本一の収穫量の芽キャベツ　農林水産省の地域特産野菜生産状況調査によれば、2020年における静岡県の芽キャベツの収穫量は351t（全国シェア93.4％）と圧倒的な全国1位を誇っている。また、芽キャベツの作付面積と出荷量もそれぞれ33ha（全国シェア89％）と351t（全国シェア94％）でともに全国1位である。芽キャベツは頂芽（ちょうが）が結球（けっきゅう）するキャベツとは異なり、1つの株から伸びた茎の葉の付け根に生える脇芽（わきめ）が鈴なりに結球したもので、1株から約50個が収穫できる。県内の主要な産地は菊川市で、そこでの収穫量は県全体の60％から70％を占めている。芽キャベツは暑さや多湿を好まないため、空っ風で乾燥した温暖な気候の遠江（とおとうみ）地域は栽培適地となっている。菊川市における芽キャベツの収穫時期は11月から翌年の3月までであり、農家は茎の下の方から一つひとつ手で収穫していく。

◎日本一の収穫量の葉ショウガ　農林水産省の地域特産野菜生産状況調査によれば、2020年における静岡県の葉ショウガの収穫量は279t（全国

シェア46.6%）と他の都道府県を圧倒して全国1位を誇っている。また、葉ショウガの作付面積と出荷量もそれぞれ10ha（全国シェア28%）と279t（全国シェア48%）でともに全国1位である。主要な産地は静岡市南部の久能地区であり、そこは温暖な気候と豊富な日照量を活かした全国有数の葉ショウガの産地になっている。茎の付け根のところが鮮やかに紅がかっていることや、辛みをおさえた味わいと独特の歯ごたえもが久能産の葉ショウガの特徴になっている。久能産の葉ショウガはハウス施設で促成栽培され、その出荷時期は4月中旬から7月上旬である。

◎**日本一の生産量の荒茶**　農林水産省の作物統計によれば、2022年における静岡県の荒茶の生産量は2万8,600t（全国シェア37.0%）と都道府県別で最も多い。静岡県で茶栽培が発達したのは、温暖多雨な気候が茶の栽培に適していたこと、東海道の交通要衝にあり商品流通に適していたこと、牧之原台地の開発により大量の生産と出荷が可能になったこと、そして、輸出商品の一つとして横浜港に比較的近かったことなどの理由からであった。また、静岡県ではそれぞれの地域の自然環境を活かして、それぞれの茶ブランドの産地が発達した。静岡県では気候風土や土地条件、および生産された茶葉の風味から大きく8つの茶産地に分けることができる。すなわち、8つの茶産地は天竜・森・春野（天竜川上流域など）、川根（大井川上流域）、磐田・袋井・掛川・菊川、牧之原、藤枝・島田・岡部、本山（安倍川上流域）、清水・庵原、富士・沼津である。摘み取ったお茶の葉を蒸して揉んだ後、乾燥させたものが荒茶である。荒茶は半製品であり、大きさも不揃いで茎なども混じっている。荒茶の生産には手作業が不可欠であり、茶づくりの基本は手摘技術（静岡県無形文化財）といわれている。現在では、摘採は手摘みのほか摘採機などを用いて行われ、茶葉は一番茶（4月下旬から5月上旬）、二番茶（6月下旬から7月上旬）、三番茶（7月下旬から8月上旬）、秋番茶（10月上旬から中旬）と年3回ないし4回収穫されている。

◎**日本一の漁獲量のカツオ**　農林水産省の漁業・養殖業生産統計によれば、2022年における静岡県のカツオの漁獲量は5万7,804t（全国シェア29.3%）と都道府県別で最も多い。カツオは太平洋を黒潮とともに夏に北上し、親潮の力が強くなると南下する回遊魚であり、それを漁獲する近海漁業がカツオ漁のもともとの形態であった。しかし、漁船の動力化と大型化により、カツオの漁場も沿岸から遠洋へと拡大し、カツオ漁は主に遠洋漁

業の形態となり、マリアナ諸島やパラオ諸島付近の南方海域での本格的な竿釣操業が行なわれるようになった。さらに、ミクロネシア全域やパプアニューギニア北部海域などに漁場が拡大すると、カツオの漁獲量も増加した。釣り上げられたカツオは船内で急速凍結されて焼津港まで運ばれ水揚げされている。焼津港のカツオの水揚げ高は日本一であり、それは冷蔵施設や加工工場が充実しているだけでなく、首都圏を含めて全国の市場に配送しやすい位置にあるためである。ちなみに、静岡県はカツオの缶詰の生産量でも全国1位である。

◎**日本一の出荷額のプラスチックモデル**　経済産業省の経済構造実態調査によれば、2021年における静岡県のプラスチックモデルの出荷額は332億円（全国シェア77.5％）と他の都道府県を圧倒して全国1位である。静岡県におけるプラスチックモデル生産の始まりはヒノキ棒材を用いて木製教材模型を製造したことであった。第二次世界大戦後、木からプラスチックに模型の素材を転換させ、スケールモデル（自動車や飛行機などの縮尺物）を中心に生産が拡大するようになった。その後、スーパーカーやミニ四駆など人気商品が生みだされ、静岡県はプラスチックモデルキットの一大生産地となった。

◎**日本一の出荷額と出荷量のピアノ**　経済産業省の工業統計調査品目編によれば、2019年における静岡県のピアノの出荷額と出荷量はそれぞれ約196億円と3万6,073台で、ともに全国シェアは100％である。静岡県における楽器産業は明治中期に小学校の米国製オルガンの修理を契機にしており、その後、音楽教育の必要性からオルガンの製作が浜松市で行われるようになった。ピアノの生産も行われたが、本格的な生産は第二次世界大戦後の音楽の義務教育化や耐久消費財の普及を待つことになる。ピアノの需要が増大し、浜松市におけるピアノ産業が発達した。現在、浜松市に立地する2つの大手楽器メーカーのピアノは「ショパンピアノコンクール」や「チャイコフスキー国際コンクール」などに採用され、世界の一流ピアニストに認められるものになった。

◆**生活文化・その他**

◎**日本一の消費量の緑茶**　2人以上の世帯を対象に都道府県庁所在地と政令指定都市で調査された総務省の家計調査によれば、2021年から2023年における静岡市と浜松市の世帯当たりの年間緑茶消費量はそれぞれ1,459g

と1,106ｇ（全国平均は712ｇ）と全国1位と2位である。静岡県は茶葉の生産地であり、製茶場だけでなく、茶問屋や茶商などが多く立地し、日常的に茶を飲む機会が多いことが消費につながっている。また、小中学校の学校給食で茶を飲む機会を設けることで茶に親しむ教育を行っており、そのことも消費拡大につながっている。

◎日本一の優勝回数の国体少年サッカー男子　　国体サッカー少年（高校生）男子の優勝回数では、静岡県が24回と2位の埼玉県（14回）を大きく引き離して日本一である。このような「サッカー王国静岡」の最初の一歩は、志太中学校（現在の藤枝東高校）が1924年に創立され、当時の校長がボールさえあればできるサッカーを校技に取り入れたことであった。その後、藤枝サッカー少年団が組織され、清水市内で日本初の小学生リーグが始まるなど、静岡県は全国の先駆けとなって少年サッカーの育成と発展に努めてきた。その結果、静岡県はサッカー王国として認知され、日本代表として活躍する選手を多数輩出している。

静岡県の特徴とさらに理解を深めるために

　静岡県は気候風土に恵まれ、山からの恵みや海からの恵みを享受できるだけでなく、それらの恵みを全国に配送したり発信したりできる交通のインフラにも恵まれている。さらに、戦国時代や江戸時代において有力大名が支配することで、さまざまな地域振興や地域づくりが行われ、農業やモノづくりの技術の蓄積もあり、それぞれの地域の生活文化も維持されてきた。これらの地域の環境や資源や伝統を活かして、静岡県はさまざまな産業において日本一ないしは日本屈指の生産を誇ってきた。そして、世界文化遺産や世界ジオパークなど後世に伝えるべき資源も多い。

〈静岡県に関する理解を深めるための本〉
自然・経済・文化など様々な観点からの課題を静岡地域学として解明：
・小櫻義明（2023）『「静岡地域学」事始』静岡新聞社
自然や歴史文化や産業経済の地域的な性格を地図で読み解くことで説明：
・都道府県研究会（2018）『地図で楽しむすごい静岡』洋泉社

㉓ 愛知県

出荷量日本一のキク

愛知県の概説

　愛知県は木曽川を境にして西を三重県と接し、北は濃尾平野を共有しながら岐阜県と接している。東は三河の山々を境に静岡県や長野県と接し、南は伊勢湾と三河湾に面しており、三河湾を抱くように渥美半島と知多半島が突き出している。県中央部には濃尾平野や岡崎平野や豊橋平野が広がり、多くの人口が居住するとともに、さまざまな経済活動が集積している。渥美半島や知多半島は黒潮の影響で温暖で適度な降水があるため、園芸農業地域として発達している。濃尾平野は温暖であるが、夏に高温になることも少なくなく、比較的雨も多い。一方、平野の山間地域は冷涼で、北西から西にかけては分布する伊吹山地や養老山地や鈴鹿山脈では、冬季の大陸からの季節風で降雪もある。このように自然環境の地域的差異は大きく、そのことが多様な経済活動を展開させてきた一つの要因にもなってきた。歴史的にみると、愛知県は尾張と三河の2つの地域に大きく区分され、それは過去においても現在においても地域の経済活動や生活文化に大きな影響を与えている。江戸時代から尾張の中心地であり、都市として発展していた名古屋市は現在でも県庁所在地であり、名古屋市を中心とする中京圏は京阪神圏や首都圏とともに日本の三大都市圏の一つになっている。名古屋市には港湾と国際空港と新幹線の駅があり、モノや人や金や情報が多く集まり、広域中心都市としての性格を強めている。

愛知県の日本一

◆ 自然
◎日本一長い人工河川　　愛知県北西部の太平洋側に広がる庄内川流域では下流域で多くの河川が合流し、瀬戸地方の窯業の発達による土砂流出で河床が上昇したことで洪水が頻繁に起こっていた。そのため、治水対策

として新川の開削と築造が1784年に始まり、1787年に完成した。新川開削は大蒲沼に発し、庄内川右岸に並行して流れを造り、菅津付近で五条川を合流させて五条川の庄内川への合流を塞ぎ南に流し、榎津と納屋山新田（中川区富田町）で庄内川に合流するものであった。さらに流れは南下して伊勢湾に注ぐ人工河川で、総流長は24.27km、流域面積は245.4km^{2}に及んだ。新川の開削により、庄内川右岸の名古屋城下の水害は減少したが、庄内川や新川などの沿岸地域で水害の危険に直面していたため、堤防の高さを4mほどにして輪中集落を造り水害に対処していた。それでも新川流域は洪水の被害を頻繁に受けており、2008年8月の集中豪雨では新川圏域の被害は浸水面積74ha、床上浸水225戸、床下浸水774戸に及び、2011年9月の台風15号の豪雨では新川流域の広い範囲で浸水被害を受けた。

◆ 産業

◎日本一の収穫量のシソ　農林水産省の地域特産野菜生産状況調査によれば、2020年における愛知県のシソの収穫量は3,870t（全国シェア45.7%）と都道府県別で最も多い。シソには「青シソ」や「赤シソ」、および花の部分の「花穂」や穂の若いものの「穂紫蘇」がふくまれるが、最も多く栽培されているのは大葉と呼ばれる青シソである。大葉は香味野菜として刻んで薬味にされたり、そのまま刺身のつまや天ぷらなどにされたり幅広く用いられている。県内のシソの生産は1955年頃から東三河地域で始まり、最も多く栽培されている産地は豊橋市であり、次いで豊川市で多く栽培されている。大葉だけに限れば、豊橋市の生産量は全国の約50%を占めている。大葉はすべてハウス施設で栽培され、一枚一枚手で丁寧に摘み取って収穫し、周年出荷されている。栽培されている大葉の主な品種は愛知県とJAあいち経済連の共同開発による「愛経1号」であり、それは強い香りと病害の抵抗性に特徴があり、安全性を担保する減農薬栽培を可能にしている。

◎日本一の収穫量のフキ　農林水産省の作物統計によれば、2022年における愛知県のフキの収穫量は3,230t（全国シェア42.1%）と他の都道府県を圧倒して最も多い。愛知県で栽培されるフキのほとんどが「愛知早生ふき」であるが、近年では「愛知早生ふき」から選抜した「愛経2号」も多く栽培されるようになっている。愛知早生ふきは愛知県の伝統野菜の一つでもあり、その栽培は約200年前に知多郡加木屋村（現在の東海市）で自家栽培から始まり、その後すぐに周辺の農家に広まった。愛知早生ふきの本格的な栽培

と安定した出荷が可能となったのは1961年に愛知用水が完成し、水の利用が十分にできるようになってからである。実際、愛知用水の通水前は年1回の収穫出荷であったが、通水後は年3回の収穫出荷となった。愛知早生ふきの主要な産地は知多半島の東海市、知多市、稲沢市、愛西市、南知多町であり、ビニールハウスの施設で栽培されている。収穫時期は10月から翌年の5月までで、1mほどに伸びたフキを鎌で根元から刈り取り、葉柄が傷つかないようにラッピングし、それを箱詰めして出荷する。フキには雄株と雌株があるが、現在栽培されているのはすべて雌株で受粉能力がなく種ができないため、地下茎の株分けでフキを増やしていくことになる。そのため、8月のフキの種株の植付けが最も重要な作業になる。

◎**日本一の出荷量のキク**　農林水産省の花き生産出荷統計によれば、2022年における愛知県のキクの出荷量は4億3,770万本（全国シェア35.7％）と都道府県別で最も多い。キクは秋になって日照時間が短くなると花芽がついて、蕾が膨らみ開花する性質をもっている。そのため、キクの花芽ができる前の時期に電照して人工的に日照時間を長くし、開花時期を遅らせる電照栽培が1947年に始まり、すぐに実用化され普及した。電照栽培によって、キクは需要の多い正月から春の彼岸に出荷できるようになり、1年を通しての出荷・販売も可能となった。こうして渥美半島は日本一のキクの産地となる。渥美半島が電照菊の産地になれた背景には、温暖な気候で農業生産に適していたことと、1968年に豊川用水の完成により農地灌漑が十分に行われるようになったことがある。電照栽培のキクの主要な産地は渥美半島のほぼ全体を占める田原市である。

◎**日本一の出荷量のバラ**　農林水産省の花き生産出荷統計によれば、2022年における愛知県のバラの出荷量は3,560万本（全国シェア18.9％）と都道府県別で最も多い。第二次世界大戦後、三河地域の温暖な気候と日照時間の長さによりさまざまな花卉栽培が発達し、それらの花卉の一つがバラであった。切花用のバラの温室栽培は西尾市や蒲郡市で始まり、それが三河湾岸地域や渥美半島に広まっていった。現在、バラ栽培が盛んなのは県全体の約70％のバラを生産する田原市、豊川市、豊橋市を中心とする東三河地域と、約15％を生産する西尾市を中心とする西三河地域である。バラの栽培面積の80％でロックウール栽培が導入されていることが特徴的である。ロックウールは玄武岩や鉄鉱石から鉄を取り除いたスラグをコーク

スや石灰石と混合して高熱で溶解し繊維状にしてつくった人口繊維で、これを利用してバラの育苗を行う方法がロックウール栽培であり、バラの品質向上に役立っている。また、根元から採花するアーチング方式に代わって、採花位置を適宜切り上げる切り上げ方式や改良切り上げ方式にすることで、採花後の萌芽が早く採花サイクルが短くなり、バラの採花本数の増加につながった。以上のような栽培の工夫により、三河地域は日本一のバラの産地になった。

◎日本一の出荷量の洋ラン（鉢物）　農林水産省の花き生産出荷統計によれば、2022年における愛知県の洋ラン（鉢物）の出荷量は304万鉢（全国シェア25.5％）と都道府県別で最も多い。県内における洋ラン（鉢物）の主要な産地は豊橋市、西尾市、東海市であり、年間を通じて温暖な気候と日照時間の長さが主産地形成の大きな要素である。特に、1955年頃に始まった豊橋市の洋ラン（鉢物）生産は胡蝶蘭の出荷で高度経済成長期に急速に発達し、県内の胡蝶蘭産出額の約50％程度を豊橋市が占めるようになった。胡蝶蘭の生産は、台湾から苗を輸入し、国内の温室で花を咲かせて市場に出荷する方式であり、農家は輸入した苗を18℃程度の温室で6か月育てて開花させ、出荷している。そのため、胡蝶蘭の出荷は1年を通じて行われている。

◎日本一の漁獲量のアサリ　農林水産省の漁業・養殖業生産統計によれば、2022年における愛知県のアサリの漁獲量は3,001t（全国シェア52.9％）と他の都道府県を圧倒して全国1位である。アサリ生息環境として適しているのは内湾の干潟で河川の影響により塩分がやや低い砂や泥の浅い（水深5m程度）海域である。県内では三河湾沿岸がアサリ漁の適地であり、とりわけ豊川河口に広がる干潟の六条潟は上流から流入する豊富なミネラルと砂により、アサリの良質な漁場になっている。三河湾沿岸では、小型底曳網や腰マンガ、長柄マンガ、手掘りなどの漁法によりアサリ漁が行われている。マンガはクシ状の鉄の歯のついたかご網に木の柄をつけたもので、それで海底の土砂ごと採って篩にかけてアサリだけを採るのが伝統的なマンガ漁である。近年、アサリ漁獲量は減少傾向にあり、資源管理や資源保全の対策も進められており、小さなアサリを漁獲しないようにマンガの網目の大きさも調整されている。

◎日本一の出荷額の洋菓子　経済産業省の「経済構造実態調査」によれ

ば、2021年における愛知県の洋菓子の生産額は1,015億円（全国シェア11.3％）と都道府県別で最も多い。愛知県は洋菓子だけでなく和菓子においても全国屈指の出荷額を誇っている。このような菓子生産は中山道の脇街道の美濃路で旅人向けに農家が飴やあられを販売したことや名古屋城の築城の際に石材の運搬人や職人に菓子を販売したことを始まりとし、その後、尾張徳川家がお茶を楽しむ文化を根づかせたことと、尾張藩が下級武士の内職として菓子作りを奨励したことが菓子生産の発展の契機となった。菓子生産の中心は現在の名古屋市西区で、関東大震災で東京から菓子職人が移動してきたことも菓子生産の発展を促した。第二次世界大戦後、菓子生産の伝統は洋菓子生産に受け継がれ、大手洋菓子メーカーにより、洋菓子生産も発達した。

◎**日本一の出荷額の普通自動車**　経済産業省の経済構造実態調査によれば、2021年における愛知県の普通自動車の出荷額は4兆8,934億円（全国シェア46.9％）と都道府県別で最も多く、出荷量も約182万台と全国1位を誇っている。普通自動車生産の中心地は豊田市である。かつてこの地域では綿の栽培が行われ、綿の繊維工業が発達した。綿の織機をつくる会社が織機の製造技術を活かして自動車を製造するようになったことが、豊田市の自動車生産の始まりであった。豊田市で自動車産業が発達したのは、織機を基礎とするモノづくりの人材や技術が蓄積していたことに加え、まとまった大規模な土地が活用でき、さまざまな関連工業が集積できたこと、水や緑の自然資源に恵まれていたこと、そして生産した自動車を全国や全世界に配送するための道路や港湾の交通インフラが整備されていたことが大きな理由であった。豊田市内の自動車関連工場は2022年現在で700社以上に及び、これらの製造品出荷額は市全体のそれの92.8％を占めており、豊田市は自動車の企業城下町として性格づけられている。

◆生活文化・その他

◎**日本一の在留ブラジル人人口**　出入国在留管理庁の在留外国人統計調査によれば、2021年における愛知県の在留ブラジル人の人口は6万181人と都道府県別で最も多く、2位の静岡県の3万1,001人を大きく引き離している。愛知県の在留外国人の中でブラジル人は最も多く、その多くが日系ブラジル人である。日系ブラジル人が多いのは知り合いを通じて集まるチェーンマイグレーションによるもので、それは労働環境と生活環境に誘

引されている。労働環境では自動車産業を中心にしてブラジル人の雇用に前向きであり、就労がしやすく、愛知県の最低賃金も高い。生活環境ではブラジル人に限らず在留外国人への日本語教育の充実が図られるとともに、在留外国人へのさまざまな生活支援も十分に行われている。このような良好な労働環境と生活環境は口コミで広がり、チェーンマイグレーションを引き起こしている。

◎**日本一多い仏教寺院の数**　文化庁の宗教統計調査によれば、2022年における愛知県の仏教寺院の数は4,533寺（全国の5.9%）と都道府県別で最も多い。愛知県に仏教系寺院が多い理由は尾張徳川家が寺院を積極的に保護したことや、明治初期の神仏分離と廃仏毀釈(はいぶつきしゃく)の影響が少なかったこと、および尾張と三河が東海道に位置して東西の物流と人流のターミナルとなっていたことで多様な価値観が受け入れられ、そのことによって様々な宗派の寺院の共存が受け入れられてきたことが挙げられる。さらに、江戸期や明治期において愛知県の人口は多く、寺院が人々の生活に密接に関わっていたことも寺院が多い理由の一つである。

愛知県の特徴とさらに理解を深めるために

愛知県の地域的性格は、太平洋に面した温暖な気候風土の自然環境と、東海道における物流と人流の拠点であった社会・経済環境、および尾張と三河に地域区分され、名古屋城下を中心とする尾張徳川家の支配の歴史・文化環境により特徴づけられてきた。これらの環境は愛知県の産業発展の基盤ともなり、多くの産業部門が日本一の、あるいは日本屈指の成長を遂げている。それらの産業部門には自動車産業のように世界一ないし世界屈指の産業になったものもある。他方、さまざまな産業分野の発展や独自の生活文化の醸成は名古屋の大都市形成につながり、名古屋大都市圏は東京大都市圏や京阪神大都市圏とともに、日本の三大都市圏に数えられている。

〈愛知県に関する理解を深めるための本〉
地球史、歴史、伝統文化、農産物、産業などから地域の諸相や性格を解説：
・河合敦監修（2022）『愛知の教科書』JTBパブリッシング
地質・地形、歴史、交通、産業、生活文化などテーマごとに地図で解説：
・都道府県研究会（2022）『地図で楽しむ本当にすごい愛知』宝島社

東海地方

㉔ 三重県

収穫量日本一の菜花（葉茎）

三重県の概説

　三重県は紀伊半島の東側に位置し、県東部の一部を木曽三川で愛知県と、北部は養老山地と鈴鹿山脈で岐阜県と滋賀県と、西は紀伊山地で奈良県と、そして西部の一部を熊野川で和歌山県と接している。さらに県の東側は志摩半島の北で伊勢湾に、南で熊野灘に面している。南北に細長い県域では山地や丘陵・台地や盆地、そして平野が複雑に組み合わされているが、県中央部を流れる櫛田川に沿って東西に中央構造線が走り、それを境にして北部と南部では地形や気候の様相が異なる。北部は伊勢平野や伊賀盆地など平野が比較的広がり温暖な気候であるが、山地や盆地の気候もあり、気候的には地域差が大きい。一方、南部は山地が海岸まで迫るため平野は狭く、志摩半島南部から熊野市にかけてリアス海岸になっているため、湾が多く分布する。また、気候は温暖多雨の気候であり、尾鷲市から大台ヶ原山（奈良県）までの一帯は多雨地帯として知られる。このような自然環境の地域差は産業や生活文化にも影響を及ぼしている。例えば、北部で温暖な気候を活用し、台風の被害を回避するため、早場米が生産されている。歴史的にみると、三重県は伊勢、志摩、伊賀、および紀伊国の一部で構成され、伊勢と伊賀は県の北部に、志摩と紀伊は県南部に概ね位置づけられている。伊勢の多くの地域は名古屋市の影響を強く受けて中京圏に組み込まれ、伊賀は近畿圏の影響を少なからず受けているため、三重県は国土整備行政上、福井県と滋賀県と同様に近畿圏と中部圏の両方に含まれる。

三重県の日本一

◆自然
◎**日本一長い砂礫海岸**　七里御浜海岸は熊野市の鬼ヶ城から御浜町を経て紀宝町の熊野川河口まで3市町を通る日本一の長い砂礫海岸で、その長

さは約22kmに及ぶ。砂礫海岸は粒の大きい砂や小石によってできた海岸であり、全体として緩やかな弧を描くように熊野灘に面し、その背後に海岸と並列して松林が帯状に分布する。海とその白波、および海岸と松林からなる景観は「日本の白砂青松100選」や「日本の渚100選」に選ばれ、吉野熊野国立公園の一つの観光地にもなっている。加えて、七里御浜海岸は熊野古道や伊勢路の景観として世界文化遺産にも登録され、景観とともに地域の文化も後世に残すものとして保全されている。例えば、七里御浜海岸の小石は「みはま石」と呼ばれ、紀伊山地から熊野川によって熊野灘に運ばれ、その過程で角が取れて丸まった小石となっている。みはま石は日本庭園などのまき石に用いられ、白いものは白那智と呼ばれ高級品となる。

◆産業

◎日本一の収穫量の菜花（葉茎）　農林水産省の地域特産野菜生産状況調査によれば、2020年における三重県の菜花の収穫量は417t（全国シェア29.0％）と都道府県別で最も多い。県北部の伊勢地域は江戸時代から油糧作物としてアブラナ栽培が盛んであり、「江戸の灯りは伊勢でもつ」といわれた。しかし、電気の普及により菜種油の需要はなくなり、1950年代に長島町（現在の桑名市）の農家によってアブラナの若葉を摘み取ったものを「三重なばな」として出荷したことが菜花生産の契機となった。菜花の市場の評価と需要が次第に高まるにつれて、周辺市町村に広まり、現在の主要な産地に集中するようになり、桑名市長島町、木曽岬町、松阪市などが主産地となった。菜花は水稲作の裏作として栽培され、農家にとって農閑期の栽培となるため好都合である。一般的に、播種が9月初旬に、定植は9月下旬に行われ、収穫は10月末から3月中旬まで続き、4回ほど可能になる。

◎日本一の出荷量のサツキ　農林水産省の花木等生産状況調査によれば、2021年における三重県のサツキの出荷量は224万本（全国シェア54.3％）と他の都道府県を圧倒して全国1位であり、サツキの作付面積（78ha）と出荷額（6億7,381万円）も全国1位である。サツキ栽培は県中北部の鈴鹿山脈から津市にかけての台地に分布し、温暖で適度な降水の気候と肥沃な黒ボク土壌を基盤にして発達してきた。花卉や植木の栽培は明治初期に生産者が尾張城下から移住してきたことが始まりであるが、サツキ栽培は1964年の東京オリンピックで同一樹種の大量の植込みの集合美が評価され、その後、植込みの集合美が公共緑化に取り入れられ、サツキの需要が高まったこと

近畿地方　145

により発達した。特に、三重県で栽培される「三重サツキ」は枝葉が密生して刈込しやすいことや樹勢（じゅせい）が強く、花弁（かべん）が中輪で日持ちするなどの特徴から、全国の公園や道路の植栽に多く用いられるようになった。

◎日本一の漁獲量のイセエビ　農林水産省の海面漁業生産統計調査によれば、2019年における三重県のイセエビの漁獲量は288t（全国シェア25.8%）と都道府県別で最も多いが、2021年では2019年に2位であった千葉県に全国1位の座を譲り2位になってしまった。しかし、2011年以降現在までのイセエビの漁獲量をみると、ほとんどの年で三重県が漁獲量で全国1位になっている。イセエビは千葉県より南の太平洋岸に多く生息しており、三重県では志摩半島がイセエビ漁の中心になっている。イセエビ漁は1年中行うことができるが、資源保護のために産卵期の5月1日から9月30日までは禁漁期となっている。漁はイセエビが通る場所に網を張り、頭部を入り込ませる刺し網で行われ、網からえびを足が取れないように丁寧に外す。最後に、エビの触角に「三重ブランド」シンボルマークの入ったタグを装着して、イセエビは市場に出荷される。近年、イセエビの水揚げ量は減少傾向にある。それは、海水温の上昇で藻（も）が減少し、エビが身を隠す場所がなくなるとともに、エビの餌となる貝やウニが少なくなったためである。

◎日本一の出荷額の錠・鍵　経済産業省の経済構造実態調査によれば、2021年における三重県の錠（じょう）・鍵（かぎ）の出荷額は321億円（全国シェア50.5%）と他の都道府県を圧倒して全国1位を誇っている。三重県には住宅の鍵メーカーとして国内最大手企業の主要工場が2か所に立地し、そのことが錠・鍵の出荷額日本一につながっている。それらの工場の一つは玉城町（たまきちょう）に立地し、そこで生産される鍵は大手企業の鍵の約90%を占めている。この企業が三重県に工場を立地させたのは、1945年、戦火を逃れるための工場疎開によるものであった。第二次世界大戦後、日本銀行から現金輸送箱の封印錠を受注したことで錠・鍵製造を本格的に手掛け、日本住宅公団の公団住宅用錠前の指定メーカーにもなり、日本一の錠・鍵の製造企業に成長した。

◎日本一の出荷額のゴムホース　経済産業省の経済構造実態調査によれば、2021年における三重県のゴムホースの出荷額は353億円（全国シェア22.9%）と都道府県別で最も多い。ゴムホースはガソリンタンクとエンジンをつなぐ燃料ホースやラジエーター用のホースなどの主に自動車部品の工業用品として製造されている。また、消防車に用いられる吸水用のゴムホー

スも三重県で主に製造されている。ゴムホースの製造工場は県北部の四日市市、県中央部の松坂市、および県西部の名張市に立地している。ゴムホース製造が三重県に多く立地しているのは、日本有数の工業地帯の四日市石油コンビナートに近接してゴムの原料である石油製品が手に入りやすいことと、東海地方を拠点とする大手自動車工場にすぐに納品できることなどの理由からである。

◆生活文化・その他

◎日本一格式の高い神社　　伊勢神宮は全国で約8万の神社の中で、最も格式高いお宮として崇められている。神社の格式は社号に反映されており、格式の高い順に神宮、宮、大神宮、大社、神社、社となっている。神宮は伊勢神宮や明治神宮や平安神宮など全国に24社あり、皇室の先祖神をお祀りしており、最も格式の高い神社である。神宮の中でも伊勢神宮は神社本庁の本宗（すべての神社の上に立つ神社）と位置づけられ、日本国民の総氏神となっている。伊勢神宮は内宮と外宮を中心とした125の宮社の総称であり、多くの人々は太陽神である「天照大御神」をお祀りした内宮と、衣食住の神「豊受大御神」をお祀りした外宮をお参りしている。江戸時代には「お伊勢参り」が流行し多くの人々がお参りしており、現在も年間約800万人の人々がお参りしている。正式な参拝の仕方は外宮先祭（祭事の際は外宮から先に行われる）の習わしに従って先に外宮を参拝し、次に内宮を参拝することになる。片方の宮だけ参拝するのは片参りとして、縁起の悪いこととされている。伊勢神宮において最も重要な祭事の一つが「式年遷宮」であり、日本古来の建築様式である唯一神明造のヒノキの社殿を20年に一度つくり変える行事である。「式年遷宮」は1300年間続いており、最近では2013年に62回目が行われ、次は2033年の予定である。

◎日本一の営業距離のナローゲージの鉄道　　三岐鉄道の北勢線は西桑名駅から阿下喜駅まで全13駅を1時間ほどで走るナローゲージの鉄道で、その営業距離は20.4kmとナローゲージの鉄道として最も長い。ナローゲージとは線路の種類で、レール間の幅が2フィート6インチ（762mm）の線路のことで、日本の多くの鉄道はJR在来線などで使われる狭軌（1067mm）が、あるいは新幹線などで使われる標準軌（1435mm）が使われている。現在、ナローゲージの鉄道として残っているのは、三岐鉄道北勢線と四日市あすなろう鉄道内部・八王子線と黒部峡谷トロッコ電車の3事業者のみである。北

勢線は1914年に軽便鉄道として、大山田（西桑名）と楚原間14.5kmの運輸営業の開始から始まる。その後、廃線の危機を、路線存続を願う住民と地元自治体からの要請によって乗り越え、現在では三重県や沿線2市1町（桑名市、いなべ市、東員町）からの支援を受けて運行が継続している。

◎**日本一多い海女の人数**　鳥羽市の「海の博物館」の調査によれば、2010年現在で海女の数は全国で2,160人であり、そのうち三重県の海女の人数は973人と都道府県別で最も多い。県内では鳥羽市に565人、志摩市に408人と志摩半島を中心に海女が就業している。鳥羽市や志摩市の海女漁では、アワビをはじめ、サザエ、トコブシ、イワガキ、イセエビ、ウニ、ナマコ、アラメ、ヒジキなどが採られている。鳥羽市や志摩市の志摩半島の沿岸部は、入り組んだリアス海岸と複雑な海底の地形により藻場が形成され、多様な魚類や貝類が生息する生態系になっている。そのことが伝統的な海女漁を持続させてきたが、近年では海女の減少や高齢化が問題になっている。

三重県の特徴とさらに理解を深めるために

　三重県は県中央部を東西に流れる櫛田川で北部と南部に自然環境的にも、そして歴史的にも伊勢と志摩に大きく地域区分される。北部は平野や盆地などの低地が比較的広がり、水稲作や野菜栽培などの農業が早くから発達していた。しかし、名古屋大都市圏や中京工業地帯の影響が大きくなるにつれて、花卉園芸などの商品性の高い農業や自動車産業に関連した製造業など新しい産業が発達するようになった。他方、県の南部地域は比較的広い平野に恵まれなかったが、リアス海岸の湾は良港となり、漁業が発達した。さらに、リアス海岸の景観は観光資源となり、伊勢湾や熊野灘からの海の恵みとともに観光発展に貢献してきた。加えて、2004年に三重県、和歌山県、奈良県の3県からなる「紀伊山地の霊場と参詣道」が世界文化遺産に登録されたことも、県南部地域の観光振興に役立っている。

〈三重県に関する理解を深めるための本〉
地形、地質、歴史文化、産業などの特徴を地図で読み解きながら紹介：
・昭文社旅行ガイドブック編集部編（2021）『三重のトリセツ』昭文社
自然環境と暮らし、歴史と文化、地場産業などから県の持続可能性を説明：
・朴恵淑編（2017）『三重学』風媒社

㉕ 滋賀県

出荷額日本一のはかり

滋賀県の概説

　滋賀県は北を野坂山地で福井県と、東を伊吹山地で岐阜県と、西を比叡山と比良山地で京都府と、そして南を鈴鹿山脈で三重県と接している。これらの山地に囲まれた県の中央部は近江盆地となっており、その中心には琵琶湖が広がり、その面積は県の面積の6分の1を占めている。滋賀県は琵琶湖を中心にして概ね4つの地域、すなわち湖北、湖西、湖東、湖南に区分することができる。湖北地域は湖岸の長浜市を中心にして平野が広がるが、山間部が多く、日本海側気候の影響を受けて積雪地帯にもなっている。湖西地域は比良山地と湖に挟まれて細長く低地が分布し、畿内と若狭湾や北陸地方を結ぶ街道が通り、京都との繋がりが強い。湖東地域は低地が大きく広がり、京や大阪の人口を支える穀倉地帯として昔から知られており、「近江米」による財の蓄積を背景にして多くの近江商人を輩出してきた。湖南地域も広い低地に恵まれているが、現在では宅地化が進んでいる。それは、昔も今も京都府や大阪府とつながる交通の要衝で、それらの地域に通勤する「滋賀府民」が多く居住するためである。歴史的にみると、琵琶湖周辺には東西を結ぶ主要街道や北陸地方と京都を結ぶ主要街道が通り、近江を制する者は天下を制すともいわれていた。湖北地方には北国街道が、湖西地方には北国海道が、湖東地域には中山道が、そして湖南地域には東海道が走り、越前とは愛発関が、美濃とは不破関が、伊賀や伊勢とは鈴鹿関が、そして京都は逢坂関が出入り口となっていた。現代になると、鉄道交通や主要な高速道路によるモノや人の移動が多くなり、江戸時代における旧街道の役割が衰えてくると、鉄道網や道路網が充実している湖東地域や湖南地域が発達し、湖西地域や湖北地域との地域差が明確となった。

近畿地方　149

滋賀県の日本一

◆ 自然

◎ 日本一面積が大きい湖　琵琶湖は淡水湖で、面積669.26km²、南北の延長63.49km、最大幅22.8km、最小幅1.35km、と日本最大の湖である。琵琶湖には周辺の山々から大小約460の河川が流れ込んでいるが、琵琶湖から流れ出る河川は京都市内へ流れる人工の琵琶湖疎水以外は瀬田川のみである。瀬田川は京都府で宇治川と名前を変え、大阪府に入ると淀川となり、京都府や大阪府の生活用水や産業用水として重要な役割を果たしている。このように京阪の水瓶としての役割を担う琵琶湖の水の量は約275tで、それは琵琶湖の水を利用する淀川流域の約1,450万人が使用する水の量の約11年分に相当する。琵琶湖は約400万年前に現在の三重県伊賀市付近に浅くて狭い湖ができ、その後の断層運動によって地盤の陥没と河川による土砂の堆積により形状と位置を変えながら現在の琵琶湖が形成されおり、約40万年以上の歴史をもつ湖である。琵琶湖のように10万年以上の歴史をもつ湖で、ビワマスやビワコオオナマズなどの固有種がいる湖は世界でも20ほどしかなく、日本では琵琶湖のみである。琵琶湖は近江盆地の中央に広がり、陸上交通の障害にもなっていた。そのため、琵琶湖の最も狭い部分に琵琶湖大橋が架けられ、湖東地域と湖西地域などの交通の便がよくなっている。また、琵琶湖大橋を境にして北側は北湖、南側は南湖とも呼ばれ、北湖と南湖とでは水質や水の動きが大きく異なっている。

◎ 日本一広い「ラムサール条約」登録湿地　琵琶湖は1993年6月に日本国内9番目のラムサール条約登録湿地となり、その面積は6万5,602haと尾瀬（福島県、群馬県、新潟県）の8,711haを抜いて日本一の広さとなった。さらに2008年10月には西の湖（382ha）を加えて、琵琶湖のラムサール条約登録湿地の面積は6万5,984haとなった。ラムサール条約はイランのラムサールという町で1971年に採択された「特に水鳥の生息地として国際的に重要な湿地に関する条約」のことであり、国際的に重要な湿地を国際間の協力で保全することを目的としている。ラムサール条約登録を契機にして、滋賀県は「琵琶湖ルール」を設け、琵琶湖岸の利用域と保護域を区分管理するようになった。例えば、プレジャーボートのエンジンによる騒音から越冬期の水鳥を保護する区域を設定したりすることで、最終的には湖岸の利用区

分を明確にして湖岸水域の生物保護に貢献している。しかし、琵琶湖の水環境を全体的にみると、固有種の魚類の減少と外来種の増加、あるいは水質の悪化など課題は多い。

◎日本一高い自然公園面積の割合　環境省の自然公園面積調査によれば、2023年における自然公園面積の割合（対各都道府県の面積）は滋賀県が37.3％（全国平均は14.8％）と都道府県別で最も高い。自然公園は国立公園、国定公園、都道府県立自然公園の3種類があり、滋賀県の自然公園は琵琶湖を中心とした琵琶湖国定公園と鈴鹿国定公園、および三上・田上・信楽県立自然公園、朽木・葛川県立自然公園、湖東県立自然公園の5つである。国定公園が県全体の28.15％を、県立自然公園が県全体の9.18％を占めており、県の面積の6分に1を占める琵琶湖国定公園が県の自然公園の割合を高くしている。滋賀県はハイキングやトレッキング、および四季折々の花を楽しめる自然公園が多く、居住しやすい環境といえる。

◆産業

◎日本一の漁獲量のアユ　農林水産省の漁業・養殖業生産統計によれば、2022年における滋賀県のアユの漁獲量は319t（全国シェア18.0％）と都道府県別で最も多い。アユ漁は琵琶湖を中心に行われ、琵琶湖における漁獲物の40％から50％を占めている。アユは湖岸付近においてエリ漁やオイサデ漁で漁獲されている。エリ漁は魚が障害物の竹かご（エリ）にぶつかって、それに沿って移動する習性を利用して狭い囲いに誘導して獲る。オイサデ漁はカラスの羽のついた追い棒でコアユを追い込んでサデ網で獲る。琵琶湖のアユは、春になって川を遡上して上流で大きくなるものと、川に上らず琵琶湖でそのまま生活して大きくならないものとがおり、大きくならないものがコアユとなり琵琶湖でのアユ漁の主な対象となる。河川を遡上するアユは四つ手網漁や簗漁で漁獲される。四つ手網漁は河口に遡上してきたアユを四つ手網で獲る方法で、簗漁は川に簀の子を張ってアユの行く手を遮って獲る方法である。現在は遡上するアユを獲るのぼり簗がほとんどである。琵琶湖のアユ漁は伝統的な漁法で行われており、それは水産資源としてのアユを保護するためである。しかし、アユの漁獲量は減少傾向にある。琵琶湖周辺にはコアユを使った鮎ずしやアユの佃煮など独特の湖魚料理が伝わっている。

◎日本一高い県内総生産に占める製造業の割合　内閣府の県民経済計算

によれば、2020年における滋賀県の県内総生産に占める製造業の割合は44.4％（全国平均は20.9％）と都道府県別で最も高い。また、鉱業や建築業を含めた第2次産業の県内総生産に占める割合も49.6％で全国1位を誇っている。滋賀県に製造業が多く立地し、発展してきた理由は主に4つ挙げることができる。1つ目は京阪神や中京圏に近く、交通の利便性が高いことである。歴史的にみてもさまざまな街道が走っており、現在も国道1号や8号、名神高速道路なども通り、物流の利便性は高い。加えて、JR東海道本線、および東海道新幹線や山陽新幹線も走っており、人の移動の利便性も高い。2つ目は、琵琶湖により産業を支える豊富な水資源が確保されていることである。そのため、多くの製造業は琵琶湖周辺に立地して、工業地域を形成している。3つ目は、地震や風水害などの自然災害のリスクが低いことである。そして4つ目は、滋賀県が産業誘致や産業振興に積極的で、さまざまな助成制度を設けていることである。以上のような立地条件を活かして多くの製造業が立地し、さまざまな種類の工業製品の出荷額が全国1位になっている。例えば、経済産業省と総務省の経済構造実態調査によれば、2022年における滋賀県のコンベアの出荷額は約1,236億円（全国シェア33.3％）で、理容用電気機器の出荷額は約454億円（全国シェア62.8％）で、医薬品製剤の出荷額は約7,695億円（全国シェア10.6％）で、それぞれが全国1位である。

◎**日本一の出荷額のはかり**　経済産業省と総務省の経済構造実態調査によれば、2022年における滋賀県のはかり（棒ばかり、体重計、計量器機、分銅、おもりなど）の出荷額は約667億円（全国シェア47.2％）と他の都道府県を圧倒して全国1位を誇っている。はかりの製造は1893（明治26）年に日本最初の近代的計量法の度量衡法制定を契機にして、湖東地域や湖南地域で本格的に開始された。滋賀県にはかり製造が多く立地した理由は、江戸時代における近江商人の合薬づくりにおける正確な計量技術の蓄積と京都や大阪などへの交通の利便性である。特に、はかりは計量に少しずつ狂いが生じるため、特定計量器機は定期的な検定とアフターケアが必要であり、滋賀県の製造業者はアフターケアにも十分に配慮してきた。第二次世界大戦後、尺貫法やヤード・ポンド法の使用禁止に対応したはかり製造に素早く転換するとともに、自動上皿天秤などの新しい商品を販売するようになり、滋賀県のはかり製造は全国において確固たる地域を占めるようになった。さらに、高度経済成長期以降、アナログからデジタルへの転換が進むなか、

はかりにデジタル技術を積極的に導入した商品が製造されるようになり、現在はデジタルの計量製品がはかり製造の主力になっている。

◎日本一の出荷額の麻織物　　経済産業省と総務省の経済構造実態調査によれば、2022年における滋賀県の麻織物の出荷額は約3億5,100万円（全国シェア29.1％）と都道府県別で最も多い。主要な産地は湖東地域であり、当所は室町時代から麻織物の産地として知られていた。江戸時代には、現在の近江上布につながる良質な高宮布が生産され、越後縮や奈良晒とともに高く評価されていた。彦根藩は高宮布を手厚く保護し、将軍家への献上品にもしていた。湖東地域は、鈴鹿山脈から溢れ出る清水や高温多湿の内陸性気候が麻の製織や染色、および仕上加工に適しており、そのことが麻織物産地の発展の大きな要因になった。また、京都や大阪に近い交通の利便性や、近江商人の近郷行商などにより麻織物の流通が確保されていたことも、発展要因になっている。現在においても、染め、織りのすべてが手作業で行われおり、1反仕上るのに2か月ほどかかる。しかも、近江ちぢみ加工やほぐし捺染などの伝統技法のよさを活かしながら、新しい晒（漂白）、染色、仕上げ技術を取り入れた上質な麻織物が生産されている。1977年には絣と生平（手績糸を使い地機で織られた生地）が近江上布として国の伝統的工芸品に指定された。同様に、織物関連ではプレスフェルト生地と不織布の出荷額も全国シェア17.9％で全国1位を誇っている。

◆生活文化・その他

◎日本一の男子の平均寿命　　厚生労働省の都道府県別生命表の概況によれば、2020年における滋賀県の男子の平均寿命は82.73歳（全国平均は81.49歳）と都道府県別で最も高い。ちなみに、滋賀県の女子の平均寿命は88.26歳（全国平均は87.60歳）で岡山県（88.29歳）に次いで全国2位である。滋賀県衛生科学センターだよりによれば、このように滋賀県の平均寿命が高いのはタバコを吸う人が少ないこと、多量飲酒をする人が少ないこと、スポーツをする人が多いこと、食塩摂取量が少ないことなどによるものとしている。

◎日本一の人口1万人当たりの寺院数　　文化庁の宗教統計調査と総務省統計局の人口推計によれば、2022年における滋賀県の人口1万人当たりの寺院数は22.7寺（全国平均は6.1寺）と都道府県別で最も多い。寺院数は3,199寺で、全国1位の愛知県（4,533寺）に及ばないが、人口1万人当たりに

すると、愛知県（6.0寺）を大きく引き離している。人口1万人当たりの寺院数が多いのは、天台宗の開祖である最澄が近江国滋賀郡出身のため、古くから仏教との縁が深い地域であったことや、世界文化遺産に登録されている比叡山延暦寺、紅葉の名所である百済寺、そして四季折々の自然を堪能できる三井寺などの著名な寺とそれらと関わる寺が多いためである。例えば、大津市坂本には、現在、比叡山延暦寺（坂本本町に位置し、比叡山全域を境内としている）に関連する里坊や寺院が54あり、寺院密度の高い地域といえる。

◎日本一距離の長いケーブルカー　比叡山延暦寺とその門前町の坂本とを結ぶ表参道として1927（昭和2）年に敷設された坂本ケーブルカーは、高低差484m、最急勾配333.3‰、全長2,025mと日本最長のケーブルカーであり、途中に2つの駅がある。坂本ケーブルカーは世界文化遺産の比叡山にふさわしく、自然環境に配慮した公共交通機関として位置づけられており、2006年に電源を蓄電池化して架線レス化や省エネルギー化が行われている。また、ケーブルカーの延暦寺駅と坂本駅の駅舎は1927年の開業以来の建物であるため、1997年に国の登録有形文化財に登録された。

滋賀県の特徴とさらに理解を深めるために

　滋賀県を特徴づける最も重要な要素は近江盆地の中央に広がる日本一の湖の琵琶湖である。そしてそれを囲むように山々が連なり、山々からの河川が琵琶湖を涵養し、豊かな水資源の恵みをもたらしている。さらに、湖の周辺には昔から主要な街道が走り、交通の利便性を高めていた。このような地域の特徴を活かして、江戸時代から農業や様々な地場産業が発達した。また、交通の利便性は商業活動にも有利に働き、近江商人としての商いの伝統を生みだした。現代においても道路や鉄道の交通インフラによる利便性は多様な製造業の重要な立地要因となっている。

〈滋賀県に関する理解を深めるための本〉
完新世から現代までの琵琶湖地域の自然と人間の関係を総合的に解説：
・橋本道範編（2022）『自然・生業・自然観』小さ子社
古代から交通の要衝として栄えた滋賀県の歴史的おもしろさと魅力を解説：
・滋賀県立大学人間文化学部地域文化学科編（2021）『歴史家の案内する滋賀』文理閣

㉖ 京都府

生産量日本一のホンシメジ

京都府の概説

　京都府は南北に細長い形をしており、北は日本海に面し、東は福井県、滋賀県、そして三重県と接し、西は丹後山地などで兵庫県と、南西は大阪府と、南は奈良県と接している。山地や丘陵が府内の約80％を占め、いずれも標高1,000m以下の低山地帯である。中央部には中国山地と連続する丹波高地が広く展開し、それを境にして自然環境や人文環境が変化している。丹波高地の北の丹後地域や中丹地域は日本海側気候であり、場所によっては200cmを超える積雪量となるが、豊富な水を利用した水稲作や黒豆栽培が盛んである。海岸線はリアス海岸で天然の良港に恵まれているため、ブリやカニなどを中心とする漁業が発達している。丹波高地の中丹地域や中部地域は桂川水系と由良川水系に分けられ、それぞれの流域に亀岡盆地や福知山盆地などの山間盆地がポケット状に点在している。丹波高地の南の京都盆地や山科盆地は内陸性気候で、桂川と宇治川と木津川の3つの河川が合流して淀川となるため水資源に恵まれていることから、多くの人口を昔から居住させることができ、農業や製造業などの産業立地も可能にしてきた。実際、農地の約80％では水稲作が行われ、それ以外では京野菜や宇治茶の生産が現金収入源として行われるとともに、丘陵地では林業も盛んで、北山丸太などの生産も行われている。加えて、地場産業としての西陣織や京友禅や京くみひもなどの伝統工芸品の生産も盛んであり、それらは経済産業大臣指定伝統的工芸品にもなっている。いずれにせよ、京都府は794（延暦13）年に平安遷都されて以来、千年以上も都が置かれた場所であり、それによる歴史的、文化的な遺産が多く残されている。

京都府の日本一

◆ 自然

◎日本一高い杉の木　　京都市左京区の大悲山国有林に生育している3本の杉は「花脊の三本杉」とも呼ばれ、その高さは62.3mと日本一高い杉の木となる。1つの根元から3本の杉（東幹、北西幹、西幹）がそろって天に向かって伸びており、そのうちの東幹が最も高い。この杉は近くの大悲山峰定寺（国指定重要文化財）において白鷹龍王の宿る御神木として古くから信仰を集め、しめ縄が張られるなどされている。樹齢は1200年と推定され、幹周は1,360cmに及び、京都府の「京都の自然200選」にも選ばれている。

◎日本一の植物保有数の植物園　　京都府立植物園は敷地面積24haであり、そこには約1万2,000種類、約2万本の植物がある。植物園の植物保有数は日本一の規模であり、桜の品種だけでも約170種が保有されている。京都府立植物園（京都市左京区下鴨半木町）は三井家の寄付によって造られ、1924（大正13）年1月1日に日本最初の本格的な公立植物園として開園した。当時国内には東京帝国大学付属の小石川植物園と現在の北海道大学農学部の前身である東北帝国大学農科大学付属の札幌植物園があったが、大学の研究用であったため一般住民が自由に散策できる植物園ではなかった。そのため、京都府立植物園は一般住民が楽しめる施設として親しまれてきた。第二次世界大戦後、1946年から12年間連合軍に接収されたが、1961年には再開園している。再開園の様子は川端康成の代表作の一つ『古都』にも著されている。現在では、年間の来園者は約80万人に達している。

◆ 産業

◎日本一の生産量のホンシメジ　　農林水産省の特用林産物生産統計調査によれば、2020年における京都府のホンシメジ生産量は282.7t（全国シェア98.9％）と他の都道府県を圧倒して全国1位を誇っている。ホンシメジは、「香りまつたけ味しめじ」といわれるように、古くから親しまれてきた美味しいきのこで、その主要な産地は京丹波町である。京丹波町では府内産の杉間伐材と米ヌカを原料とした菌床栽培により、ホンシメジが生産され、「京丹波大黒本しめじ」は京のブランド産品として販売されている。ホンシメジは従来のブナシメジと異なり、栽培が難しく、栽培期間もブナシメジの約100日に対して、ホンシメジは約130日と長くなる。加えて、ホンシメ

ジはカビや細菌に弱く、長い期間、無菌の環境で栽培する必要がある。また、菌床の基盤となる杉間伐材のオガ粉も約4か月間、敷地内で堆積させ散水を繰り返して、アク抜きとともに菌糸の生長を阻害する物質を除去している。徹底して衛生管理されたオガ粉をプラスティックの瓶に詰め、室温16℃程度の高湿度の部屋で菌床栽培が行われている。

◎**日本一の出荷額のちりめん類**　経済産業省の経済構造実態調査（製造業事業所調査）によれば、2021年における京都府のちりめん類（小幅もの）の出荷額は約28億9,400万円（全国シェア87.4%）と他の都道府県を圧倒して全国1位である。ちりめん類の主要な生産地は丹後半島一帯の丹後地域であり、そこで生産されたちりめん類は「丹後ちりめん」として全国的に知られている。丹後地方は大和文化と出雲文化の交流地点で早くから絹織物がつくられ、約1200年前には聖武天皇に献上する「あしぎぬ」が織られていた。気候風土が絹織物に適していたことと、伝統技術の蓄積によって、やがて江戸中期以降に「丹後ちりめん」が開発された。丹後ちりめんは独特のシボ（生地の表面の独特の凹凸）をもち、絹の風合いと感触を最高に発揮する織物となり、江戸時代の峰山藩（みねやまはん）の積極的な保護政策などにより、多様なちりめんが丹後地方一帯で生産されるようになって一大産地が形成された。従来、丹後ちりめんは着物の素材として白生地のまま売られることが多かったが、近年では様々に染色し、小物やインテリア用品を作るなどしてデザイン力を高め、多様な完成された商品として販売促進されている。

◎**日本一の出荷額のネクタイ**　経済産業省の経済構造実態調査によれば、2021年における京都府のネクタイの出荷額は6億6,000万円（全国シェア26.2%）と都道府県別で最も多い。また、ネクタイの出荷量も約79万本と全国1位を誇っている。京都府におけるネクタイ生産は西陣織（にしじんおり）が土台となっている。西陣織は図案家、意匠紋紙業、撚糸業（ねんしぎょう）、糸染業、整経業（せいけいぎょう）、綜絖業（そうこうぎょう）、整理加工業などの業者が分業して製織と加工を行うもので、これらの業者は西陣地域で混在して立地している。西陣織の用途は着物や帯であったが、明治以降、高級絹織物の大衆化を進めるとともに、伝統的な手織技術の高度化や図案・デザインの洗練にも努め、西陣織製品の用途の拡大にも取り組んできた。その結果、伝統的な帯地（おびじ）や着物に限らず、ネクタイやショール、和装小物などの材料用としての製品も生産されるようになった。さらに現在では、壁掛けなどいわゆるインテリア用途の製品も開発されている。西

陣織ではネクタイの材料の生産は早くから取り組んでおり、斬新な図案やデザインを取り込んで西陣織の京都のネクタイの評価を高めている。

◎**日本一の地域団体商標出願数と登録数**　特許庁の資料によれば、2023年2月現在において京都府の地域団体商標出願数と登録数はそれぞれ154件（全国1,330件）と68件（全国760件）でともに全国1位である。地域団体商標は特許庁の地域団体商標制度に基づく地域ブランドであり、品質とともに他の地域にない独自性やこだわり、地域自体を感じる魅力や歴史・文化を反映した商品が地域ブランドとして認定される。また、地域ブランド化は産業振興や雇用創出による地域の活性化につながるだけでなく、地域そのものの価値を上昇させて持続的な地域づくりに貢献することになる。例えば、宇治で生産されたお茶は「宇治茶」として販売されており、その「宇治茶」が地域ブランドとして地域団体登録されている。その他、京都府の地域団体商標には、京あられ、京とうふ、京の伝統野菜、京味噌、京都名産千枚漬け、北山丸太、京うちわ、京人形、京友禅、鴨川納涼床、保津川下りなどがある。

◆**生活文化・その他**

◎**日本一多い人口10万人当たりの大学数**　総務省統計局の「統計でみる都道府県のすがた2023」によれば、2021年における京都府の人口10万人当たりの大学数は1.33校（全国平均は0.64校）と都道府県別で最も多い。大学の数としては34校（2023年現在）と全国7位である。人口10万人当たりの大学数の値が高いのは、京都府の人口の多くが京都市を中心とする京都盆地に集中し、京都大学や立命館大学や同志社大学など著名な大学を含む多くの大学も京都盆地という比較的狭い範囲に集中していることを反映しており、京都は「学生の街」ともいわれる。多くの大学が盆地という狭い範囲に集中して立地するため、お互いに議論しながら切磋琢磨して実績を上げることができるともいわれている。このような状況は大学にとどまらず、企業やその研究開発部門が京都市に一極集中する理由にもなっている。

◎**日本一多い国宝の建造物の棟数**　文化庁の資料によれば、2023年において京都府内で国宝に指定されている建造物の棟数は73棟（全国の24.8％）と都道府県別で最も多い。しかし、建造物の件数は51件で、奈良県の64件に次いで全国2位である。神社仏閣の中に複数棟の国宝があるものがあるため、国宝の棟数では京都府が全国1位となる。京都府の国宝の建造物は清水

寺本堂や南禅寺、慈照寺(銀閣寺)、東寺五重塔、二条城、平等院鳳凰堂、石清水八幡宮、八坂神社などである。東寺五重塔は高さ54.8mで、日本一高い木造建築としても知られている。また、鹿苑寺(金閣寺)が国宝でないのは、1960年に放火によって焼失してしまい、国宝を取り消されたためである。国宝の建造物と関連して、国指定重要文化財の建造物数においても、2023年現在、京都府は300件(全国の11.7%)と都道府県別で最も多く、全国1位を誇っている。

◎日本一高い上水道給水人口比率　総務省統計局の「統計でみる都道府県のすがた2023」によれば、2020年における京都府の上水道給水人口比率は101.3%(全国平均は97.4%)と都道府県別で最も高い。上水道給水人口比率は計画給水人口が5,001人以上の水道で年度末時点において当該水道により居住に必要な水道の給水を受けている人口であり、京都府は必要な人口のすべてに上水の水道が供給されているといえる。特に、京都府の南部では高度経済成長期以降の人口増加に伴い、市や町で供給する水道水が不足するようになり、地下水位も低下して安定した水道水の供給が難しくなった。そのため、京都府は宇治川、木津川、桂川(保津川)を水源として、宇治浄水場と木津浄水場と乙訓浄水場で水道水をつくり、南部の10市町に供給するようにした。

◎日本一の1世帯当たりの牛乳の年間消費量と年間消費金額　2人以上の世帯を対象に都道府県庁所在地と政令指定都市で調査された総務省の家計調査によれば、2021年から2023年における京都市の1世帯当たりの牛乳の年間消費量と消費金額はそれぞれ84.28ℓ(全国平均は72.53ℓ)と1万8,581円(全国平均は15,229円)とともに全国1位である。京都市で牛乳の消費量と消費金額が多いのはパン食の普及と関わっており、朝食にパンと牛乳を摂る人が多いためとみられる。ちなみに、同じ家計調査によれば、京都市の1世帯当たりのパンの年間消費金額は3万9,257円(全国平均は3万2,575円)で全国1位であり、年間の消費量も5万1,982g(全国平均は4万3,532g)で全国3位である。また、農畜産業振興機構の調査によれば、牛乳の飲用機会と消費は圧倒的に朝食時が多く、その消費層の多くは学生であるという。京都市には多くの学生が集まり、手軽に朝食をとる一つの手段として牛乳とパンの組み合わせがあり、そのことが牛乳の消費を高めている。これと関連して、バナナやコーヒーの消費金額も高い。同じ家計調査

によれば、京都市の年間の1世帯当たりのバナナ消費金額は6,328円（全国平均は5,472円）と全国1位であり、コーヒーの年間の1世帯当たりの消費量も1日当たり約4.9杯分に相当する3,774g（全国平均は2,708g）で全国1位である。ただし、コーヒーの消費金額は9,273円で大津市に次いで全国2位であり、大津市のコーヒー消費量は京都市に次いで全国2位になっている。コーヒーの消費金額と消費量に関しては、京都市と大津市は他よりも飛びぬけて多く、常に1位と2位を争っている。

◎日本一の消費金額のその他の野菜の漬物　前出の総務省の家計調査によれば、2021年から2023年における京都市の1世帯当たりのその他の野菜の漬物の年間消費金額は7,667円（全国平均は5,008円）と全国1位である。その他の野菜の漬物とは大根と白菜以外の漬物であり、京都の三大漬物のしば漬と千枚漬とすぐき漬になる。しば漬は茄子などの夏野菜を刻んだ赤紫蘇の葉で塩漬けにしたもので、千枚漬は聖護院かぶらを薄く切って昆布と漬け込んだものである。そして、すぐき漬はすぐき菜を伝統的製法で乳酸菌発酵させた漬物である。京都市は海から遠く、新鮮な魚介類が乏しいため、食材の中心は伝統的に野菜であり、その野菜を冬の間でも食べられるように工夫したのが京都の三大漬物であった。

京都府の特徴とさらに理解を深めるために

京都府は山地や丘陵地が多く、山間地の盆地を中心にしてコンパクトな地域がつくられ、それぞれに性格づけられてきた。そのような地域の一つが京都市であり、千年以上にわたって都が置かれ、日本の中心であった。そのため、比較的狭い盆地の範囲に様々な文化施設や機能が集積し、インフラも高密度に整備されてきた。現代においても、コンパクトシティとしての利点が活かされて多くの人々を集めている。

〈京都府に関する理解を深めるための本〉
京都を時間的、空間的にさまざまな視点から比較して地域の理解を深める：
・岡部敬史（2020）『くらべる京都』東京書籍
生活の場として根ざした京都の地域文化を読み解き、歴史の重要性を解説：
・地方史研究協議会編（2020）『京都という地域文化』雄山閣

㉗ 大阪府

収穫量日本一のシュンギク

大阪府の概説

　大阪府は北を北摂山地、東を生駒山地と金剛山地、南を和泉山脈に囲まれ、それぞれ兵庫県、京都府、奈良県、および和歌山県と接しており、西側は瀬戸内海につながる大阪湾に面している。全体的には、山地が少なく、そのような山地に囲まれて丘陵地や台地、および低地が広がり、淀川水系と大和川水系によって大阪平野が形成されている。大阪平野には大阪市と堺市の2つの政令指定都市があり、2つの都市は連坦して人口350万人以上の大都市圏となり、西日本の中心地として機能している。比較的雨が少なく、年間を通じて温暖な気候は人々の居住や産業立地を促し、1990年代には大阪平野はベイエリアから山地まで都市的土地利用が飛躍的に進んだ。丘陵地も千里ニュータウンや泉北ニュータウンが建設され、大都市圏の範囲は拡大している。もともと、大阪は日本の政治、経済、文化の中心地として繁栄した歴史をもっており、古墳や寺社仏閣などの歴史的建造物や景観が現在でも残っている。また、大阪は古くから海上交通の要衝として機能し、江戸時代には「天下の台所」と呼ばれたように、日本全国から米や特産物が集まる取引の中心地として栄え、日本経済の中心地でもあった。このような都市の伝統はインフラとともに現在に受け継がれ、大阪のモノづくり産業の集積と最先端技術の活用は世界的なイノベーションを生み出す力にもなっている。

大阪府の日本一

◆自然

◎日本一支流の多い河川　　「河川便覧」によれば、淀川水系の支流は965河川と最も多く、次いで信濃川水系（880河川）、利根川水系（815河川）の順に多い。一級河川の淀川はその流域によっていくつか名称が変わり、最

初は滋賀県の山地を源に琵琶湖からながれて瀬田川となり、そして京都府では宇治川となり、さらに桂川と木津川が合流して淀川となる。最終的には、淀川は大阪平野を西南に流れ、途中で神崎川と大川（旧淀川）に分流して大阪湾に注いでいる。淀川の幹川流路延長は75km、流域面積は8,240km²であり、その流域は三重県、滋賀県、京都府、大阪府、兵庫県、奈良県の2府4県にまたがっている。そのため、淀川は大阪府の河川というわけではないが、大阪平野を流れることや大阪府のシンボルとして親しまれていることから、大阪府の河川として取り上げられる。淀川水系に支流が多いのは、2府4県にまたがる流域の広さと、山地や丘陵地が複雑に入り込んだ流域を含むこと、および琵琶湖に流れ込む河川が119河川と多いことが理由となる。

◎日本一高い可住地面積率　　総務省統計局の「統計でみる都道府県のすがた2023」によれば、2021年における大阪府の可住地面積率は70.0％（全国平均は33.0％）と全国1位である。可住地面積は各都道府県の総面積から林野面積と主要湖沼面積を差し引いたもので、総面積に対する割合が可住地面積率になる。可住地面積率が高いことは居住空間となりうる土地が多いことを意味している。つまり、大阪府は周囲を山地で囲まれているが、中央部には大阪平野を中心に、高低差の少ない丘陵地や台地が広く分布しているため、可住地面積は広く確保されている。

◆産業

◎日本一の収穫量のシュンギク　　農林水産省の作物統計によれば、2022年における大阪府のシュンギクの収穫量は3,330t（全国シェア12.8％）と都道府県別で最も多い。主要な生産地は大阪府南部の泉南地域であり、大阪府ではシュンギクは「はるな」と呼ばれて栽培されている。泉南地域はシュンギク以外にもキャベツ、水なす、ふき、たまねぎなどが栽培されており、府内でも有数の野菜栽培地域になっている。この地域がシュンギク栽培に適しているのは、大阪湾に面して海洋性気候であり、年間平均気温は平野部の約16℃から山間部の約15℃と温暖で、年間平均降水量は約1,300mmと少ないが、ため池から農業用水を取水でき、土壌も水はけのよい砂質であるためである。泉南地域ではシュンギク栽培は2つの方法で主に行われている。一つは、2月から7月にかけて水なすを栽培し、その後作として10月から2月まで栽培するもので、その期間で2回から3回の収穫が行われる。も

う一つは、シュンギクをハウスで周年栽培するもので、夏には播種後約30日間で、冬場には播種後約80日間で収穫できるようにしており、年間に4回から5回の収穫が可能である。近年では、泉南地域のシュンギク栽培の約80%はハウス栽培で行われている。それは、シュンギクの出荷の最盛期は10月から翌年の5月であるが、収穫量の下がる夏季にも出荷できるためである。泉南地域で栽培されたシュンギクは「泉州きくな」として全国に出荷され、やわらかな口当たりと、あくが少なくクセもないため鍋料理だけでなくサラダにも用いられている。

◎日本一の出荷額のじゅうたん　経済産業省の経済構造実態調査によれば、2021年における大阪府のじゅうたんの出荷額は7億4,000万円（全国シェア45.6%）と他の都道府県を圧倒して全国1位である。日本におけるじゅうたん製造の歴史は1688年に鍋島緞通（佐賀県）から始まり、その後、赤穂緞通（兵庫県）、堺緞通（大阪府）、山形緞通（山形県）の4か所でじゅうたんの製造が行われた。民間主導で始まった「堺緞通」は、商人の力によって全国に流通するようになり、堺を中心とする泉州地域を日本一のじゅうたんの産地にした。また、京都の西陣織の職人が大阪の堺に流入し、西陣織の技術がじゅうたん製造に活かされたことも泉州地域がじゅうたんの主産地になった要因の一つである。さらに、じゅうたんの糸はヨーロッパから導入された紡績機により大阪で生産され、そのような材料が安定供給されることも泉州地域のじゅうたん製造の発展に大きく貢献した。

◎日本一の出荷額の毛布　経済産業省の経済構造実態調査によれば、2021年における大阪府の毛布の出荷額は48億5,000万円（全国シェア82.0%）と他の都道府県を圧倒して全国1位である。府内における毛布の主要な産地は南部の泉大津市とその周辺で、特に泉大津市は国内産毛布の90%以上を生産する日本一の毛布の街として周知されている。泉大津市の毛布の生産は1887（明治20）年に始まり、地域における綿花栽培や真田紐づくりを基盤にして綿毛布の生産が発達した。大正期になると、豊富な水が使えることにより、羊毛の毛布の生産も加わり、毛布の複雑な工程を分業する体制も構築されるようになった。つまり、紡績、織り、起毛をそれぞれの専門業者が分担することで、毛布の生産効率が高まり、競争力が強まった。第二次世界大戦後、泉大津市では綿やウール、シルク、カシミヤなどの毛布がさまざまな技法やデザインで生産されたが、2000年代以降、安価

な中国製の毛布が輸入されるようになり、その輸入量が国内生産量を上回るようになった。そのため、国産生地の使用や国内での染色整理、縫製など泉大津産毛布の品質が地域ブランドとして保証されるようなった。

◎**日本一の出荷額の石鹸**　経済産業省の経済構造実態調査によれば、2021年における大阪府の石鹸の出荷額は228億1,000万円（全国シェア30.3％）と都道府県別で最も多い。石鹸は牛脂、豚脂、ヤシ油、パーム油などの動植物の天然油脂を主な原料とし、それを苛性ソーダ液で煮沸（鹸化）して生産される。原料は主に東南アジアから輸入されるため、東南アジアとの航路が多く開設されていた大阪港の周辺は石鹸製造の立地に適していた。さらに、石鹸は洗剤と違って量産効果があまりないため、大手企業による生産の寡占化や業界の再編が高度経済成長期においても進まず、伝統的に生産を行ってきた中小の工場が立地し続けていることも石鹸の主要な産地である理由である。このような石鹸製造はかつては贈答用を主力商品としていたが、近年、中元や歳暮の需要が減り、ハーブ石鹸や炭入り石鹸や高級香料入り石鹸など多様な商品をそれぞれの石鹸製造工場で生産し、個別に通信販売するようになった。それは、大阪府における石鹸製造の中小工場の個別性の利点を活かしたものであった。

◎**日本一の出荷額の液晶パネル**　経済産業省の経済構造実態調査によれば、2021年における大阪府の液晶パネルの出荷額は2,534億5,000万円（全国シェア28.1％）と都道府県別で最も多い。液晶パネルの製造は大阪湾ベイエリアの臨海部を中心に行われている。大阪湾ベイエリアは大阪湾を舞台に、最先端技術や由緒ある歴史・文化、および豊かな自然を調和させて、世界とつながるヒト・モノ・コトの交流を創生して地域振興を図っていくことを目的に開発され、その一環として液晶パネル生産が立地した。液晶パネル生産は、特殊ガラスの製造や精密機器の製造などいくつかの関連産業のコンプレックスによって成り立つため、さまざまな最先端の産業が集まる大阪湾ベイエリアは良好な立地になっている。また、製品の納入先である家電産業や情報機器産業なども同エリア内に立地していること、さらには、高い研究水準を有する学術機関、研究開発機関、および人材育成の拠点としての役割を担う多くの大学が周辺に立地していることも、液晶パネル製造の利点となっている。

◎**日本一の出荷額の野球用品**　経済産業省の経済構造実態調査によれば、

2021年における大阪府の野球用具の出荷額は14億2,000万円（全国シェア18.3％）と都道府県別で最も多い。野球用品の製造は甲子園が大阪府に立地していないにもかかわらず、全国高等学校野球大会と深く関連している。関西学生連合野球大会が1913年に大阪の豊中で開催され、それは1915年に全国大会になり、後の夏の甲子園大会となる。参加する学校も第1回は約70校にすぎなかったが、第10回には約260校に増加した。野球人気の高まりとともに、野球用品を製造する企業が多く現れる。紡績会社や繊維商社、および織物産地が集積していたことがスポーツ服や靴や用具の生産と流通に大きく役立ったのである。例えばグラブは、革が貴重であったため、帆布製が主流であり、そこに従来の紡績や縫製の技術が役立った。さらに、野球用品産業の集積は各企業の切磋琢磨により研究力を高め、集積の利益を得ることにより、プロ野球選手や野球愛好家に用いられるものも生産するようになっている。そして、それぞれのメーカーは日本だけでなく世界でも著名なメーカーに成長している。

◆生活文化・その他

◎日本一多い全国高等学校野球大会優勝回数　　全国高等学校野球大会は全国中等学校優勝野球大会として1915（大正4）年に大阪府の豊中球場で第1回が開催され、1948年から学制改革で現在の名称になっており、選抜高等学校野球大会（春の甲子園）と区別されて、「夏の甲子園」や「夏の高校野球」ともいわれている。夏の甲子園の都道府県別の優勝回数は大阪府が14回と最も多く、次いで神奈川県と和歌山県と愛知県の8回が多い。ちなみに春の甲子園の都道府県別の優勝回数も大阪府が12回で最も多く、次いで愛知県の11回、神奈川県の7回の順に多い。大阪府の優勝回数が多いのは、強豪校と呼ばれる高等学校の多いことが大きな要因である。さらに、少年チームからシニアチームまで野球人口が多く、指導者の層も厚いこと、阪神タイガースの応援にみられるように野球熱が高いこと、そして野球に適した温暖な気候が、強豪と呼ばれるチームをつくってきた要因にもなっている。

◎日本一多い年間救急出動件数　　総務省統計局の「統計でみる都道府県のすがた2023」によれば、2020年における大阪府の年間救急出動件数（人口1,000人当たり）は62.4件（全国平均は47.0件）と全国で最も多い。大阪府の救急出動の大きな特徴は、軽症のものが61.5％と高く、重症のものが1.5％と低いことである。また、現場に到着する時間は平均で7.6分と早く、病院

までの収容時間も36.2分と早い。さらに、救急の受け皿としての救急医療機関も人口10万人当たり4.3機関ある。このように、大阪府では高水準の救急医療体制によって救急患者に対応しているが、出動件数の増加傾向が続く中、自治体は救急車の適正な利用を呼びかけている。

◎日本一長い直線のアーケード商店街　大阪市の「天神橋筋商店街」は天神橋1丁目を起点とし、北は天神橋筋の7丁目まで伸びる全長約2.6kmの商店街で、複数の商店街がアーケードで一直線につながっており、徒歩で40分ほどかかる。江戸時代に「大阪天満宮」の門前町として栄えたのが始まりで、明治期以降、現在のような商店街として発展し、現在では飲食店から衣料品店、娯楽施設など約800店舗が連なっている。

◎日本一大きい古墳　堺市の大仙古墳(仁徳天皇陵)は5世紀頃に造られた前方後円墳で、墳丘の長さ486m、前方部の幅305m、高さ約30mと日本最大の古墳である。大仙古墳は周囲に47基ある百舌鳥古墳群の中心的な存在であり、エジプトのクフ王のピラミッド、中国の秦の始皇帝陵とともに、世界3大墳墓の一つといわれている。

大阪府の特徴とさらに理解を深めるために

　大阪府は可住地となる土地が広がり、それを効率よく利用しながら居住地の整備や産業立地を伝統的に行ってきた。さらに、大阪湾からもたらされる快適さや利便性も重要であり、それを活用した産業や流通拠点の形成も伝統的に行われてきた。近年では、大阪湾ベイエリアとして兵庫県や和歌山県と広域連携しながら、新たな産業や居住の空間づくりが行われ、ベイエリアと内陸地域とを結びつける地域の再編と活性化が進められている。

〈大阪府に関する理解を深めるための本〉
歴史、地学、産業、交通、統計などの側面を掘り下げて大阪を理解する：
・JTBパブリッシング都道府県の教科書編集部編(2022)『大阪の教科書』JTBパブリッシング
歴史、地理、産業・経済、食、スポーツ、サブカルチャーなどから解説：
・橋爪紳也監修、創元社編集部編(2019)『大阪の教科書 上級編』創元社

㉘ 兵庫県

漁獲量日本一のイカナゴ

兵庫県の概説

　兵庫県は北を日本海に、南を瀬戸内海に面し、東は大阪府と京都府に、西は岡山県と鳥取県に接している。兵庫県のほぼ中央を東西に横切る中国山地に続く播但山地と丹波高地の稜線を分水嶺にして、北側は冬に降水量の多い日本海側気候の地域に、南側は雨の少ない乾燥した晴天が続く温暖な瀬戸内気候の地域になり、地域差が著しい。県域の約80％は播但山地や六甲山地、および丹波高地など山地や丘陵地が占めており、低地は播磨灘に接する播磨平野と大阪平野の一部、および豊岡盆地などの山間盆地に限られて少ない。分水嶺により、加古川や揖保川は瀬戸内海に、円山川は日本海に注いでいる。兵庫県の地域差は山地、盆地、平野、沿岸、島嶼といった地形や気候に基づくものだけでなく、歴史環境に基づくものも大きい。兵庫県は五畿八道のうち最多の4つの地方にまたがる11の旧国で構成されている。つまり、それらは畿内（摂津国）、山陰道（丹波国と但馬国）、山陽道（播磨国と美作国と備前国）、南海道（淡路国）であり、それらの旧国に基づいて兵庫県は播磨地域、淡路地域、摂津地域、丹波地域、但馬地域の5つに地域区分できる。それぞれの地域では、地域の環境や資源を活かした農林業や水産業、あるいはモノづくりが発達しているが、人口分布の地域差が大きい。県北部では過疎化や高齢化が進んでいるが、県南部では人口が集中し、いくつかの都市圏が大阪や神戸の都市圏と連担して、拡大した大都市圏や巨大経済圏が形成されている。他方、兵庫県の中央には日本標準時子午線（東経135度）が南北に9つの市を通過しており、明石市では日本標準時子午線に因んだ明石市立天文科学館がある。

近畿地方　167

兵庫県の日本一

◆自然

◎日本一低い中央分水界　日本一低い中央分水界は丹波市氷上町の「石生の水分れ」であり、その標高は約95.45mである。降った雨が日本海側に流れる由良川水系と太平洋側に流れる高谷川・加古川水系とに分かれる境界である。一般的には山脈や山地の稜線に分水界がつくられるが、石生の水分れは低地の中を通っており、そのような分水界は「谷中分水界」と呼ばれている。JR福知山線石生駅の南を東西に流れる高谷川の右岸（北側）を通る約1,250mが最も低い分水界になっており、加古川水系と由良川水系を陸路でつないだ舟運の歴史もある。これら2つの水系をつなぐ細長い低地帯は氷上回廊とも呼ばれ、人や物や文化などが往来していた。

◎日本一多いため池の数　農林水産省農村振興局の資料によれば、2023年における兵庫県のため池数は43,245（全国の21.9％）と都道府県別で最も多い。ため池は大きな河川に恵まれず、降水量が少ない地域で、農業用水を確保して灌漑するために造成された人工の池であり、瀬戸内地域は年間降水量が少ないため、全国の約60％に相当する数のため池が築造されている。特に、兵庫県のため池は県南部の東播磨地域（明石市、加古川市、高砂市、稲美町、播磨町）に多く分布し、明石川から加古川までの印南野台地におけるため池群は日本有数の密度を誇っている。それらの中でも、甲子園球場の約12倍の規模の県内最大の加古大池（稲美町）や、675年に築造された記録がある県内最古の天満大池（稲美町）は多くの人々に知られている。ため池は農業用水を供給する機能とともに、多様な生物を育む水辺としても機能しており、水辺の湿地にはヨシやガマ、オニバスなどの水生植物が繁茂し、それらを棲みかとしてトノサマガエルやドジョウ、コイやメダカなどが生息している。さらに、カイツブリやコサギなど多くの野鳥も飛来し、ため池では多様な生態系が維持されている。

◆産業

◎日本一の漁獲量のイカナゴ　農林水産省の漁業・養殖業生産統計によれば、2022年における兵庫県のイカナゴの漁獲量は1,709t（全国シェア50.8％）と他の都道府県を圧倒して全国1位である。兵庫県瀬戸内海沿岸では、毎年2月末頃から3月初めにイカナゴの新仔漁が解禁され、漁船3隻で

一組の船団になり、それらのうち2隻の網船で網を曳く船曳網漁でイカナゴが漁獲される。漁獲されたイカナゴは鮮度を保つため、残り1隻の運搬船が漁獲後すぐにイカナゴを漁港へ運び、市場でセリにかける。残った2隻の網船は漁を続けており、運搬船は漁場と漁港との間を絶えず行き来する。イカナゴは夏に砂地に潜って夏眠し、冬には砂地で産卵するため、砂地の海底が生息場所として適地である。そのため、砂地の多い播磨灘沖の「鹿の瀬」はイカナゴの良好な生息場所となっている。イカナゴの漁期は資源保護のため4月までであり、瀬戸内海沿岸に春の訪れを告げる魚としても知られている。イカナゴの稚魚を醤油、砂糖、ショウガなどで甘辛く煮た佃煮は「くぎ煮」と呼ばれ、兵庫県民に親しまれている。このように、北を日本海、南を瀬戸内海に面した兵庫県は水産資源に恵まれ、イカナゴ以外にもホタルイカの漁獲量（2018年で3,037 t）も全国1位であり、ハタハタや鯛やスズキの漁獲量と養殖海苔の生産量は全国2位である。さらにカニやイカの漁獲量は全国3位である。

◎**日本一の解体数のイノシシ**　農林水産省の野生鳥獣資源利用実態調査によれば、2022年における兵庫県のイノシシの解体数は4,271頭（全国の11.8％）と都道府県別で最も多い。兵庫県では、瀬戸内海沿岸地域の一部を除いて、ほぼ全県的にイノシシは生息し、山地で森林が広く分布する北但馬地域や丹波篠山地域に多い。特に、丹波篠山地域では現在の篠山市に軍隊が駐屯し、軍の練習としてイノシシ猟が行われ、軍隊食としてイノシシの肉が食べられていた。そのような歴史的経緯から、イノシシの肉による牡丹鍋が定着し、この地域の郷土食にもなっている。丹波篠山地域のイノシシは山の芋や木の実などの豊かな山の恵みと農作物を食べて成長し、起伏に富んだ山地を移動することと、寒暖差のある気候で身が締まった良好な肉質になる。そのため、丹波篠山地域のイノシシの肉は美味しいと高い評価を受けている。

◎**日本一の生産量の日本酒**　国税庁の統計年報によれば、2022年における兵庫県の日本酒の生産量は9万1,802kℓ（全国シェア28.0％）と都道府県別で最も多い。加えて、日本酒醸造の副産物である酒粕の出荷額も2021年で約10億円（全国シェア31.5％）と全国1位を誇っている（経済産業省の経済構造実態調査）。日本酒の醸造で兵庫県が日本一なのは、灘の「宮水」のように酒造りの原料となる良質の水が豊富なことと、「丹波杜氏」などの杜氏

の伝統の技術が蓄積されていること、そして「山田錦」に代表される良質の酒米が生産されることの3つの条件からである。県内には66の酒蔵があり、地域の特徴を活かした酒造りが行われており、県内の酒蔵地域は大きく6つに分けられる。すなわち、酒造りに適した酒米・水・技に恵まれ、寒造りに最適な六甲おろしが吹く灘五郷、清酒発祥の地で江戸期から名声を維持している伊丹、酒米の山田錦の一大産地で気候風土にも恵まれた播磨、伝統の技を大切にして新しい技術を取り入れる淡路、丹波杜氏のふる里でもある丹波・篠山、そして但馬杜氏の伝統の技による酒造りの北兵庫である。これら兵庫県の酒造が日本一の酒どころとしての地位を確かにしたのは、水と技と米の3つの条件とともに、灘の酒が江戸時代の海上輸送で大消費地の江戸にもたらされ、そこで「灘の生一本」として高く評価されたことも大きな要因になっている。

◎日本一の出荷額のマーガリン　経済産業省の経済構造実態調査によれば、2021年における兵庫県のマーガリンの出荷額と出荷量はそれぞれ285億3,000万円（全国シェア31.1％）と7万8,373tでともに全国1位を誇っている。マーガリンは、精製した油脂に水や乳成分、食塩、ビタミン類などを加えて乳化させ、練り合わせた加工食品である。その主原料は上質の油脂で、主にパーム油、なたね油、大豆油などの植物性油脂が多く使われ、それらは輸入されている。主原料である植物性油脂の輸入港である神戸港に近い兵庫県南部にはマーガリンの製造工場が多く立地している。さらに、東南アジアや東アジアにおける朝食のパン食の普及によりマーガリンの需要が増加し、マーガリンの輸出にも神戸港の近くに工場が立地することは大きな利点となった。

◎日本一の出荷額の手引きのこぎり　経済産業省の経済構造実態調査（製造業事業所調査）によれば、2021年における兵庫県の手引きのこぎりの出荷額は68億9,000万円（全国シェア66.6％）と他の都道府県を圧倒して全国1位である。手引きのこぎりの主産地は播磨地域の三木市であり、三木金物の一つとして全国に周知されている。三木金物の歴史は戦国時代に三木城下の復興のために全国から集められた鍛冶職人と大工職人から始まった。城下の復興後、大工職人が全国で仕事をするようになると、三木の鍛冶職人が造った大工道具が評判になり、江戸時代には三木金物として全国に流通するようになった。明治期以降には洋鉄や洋鋼が使用され、製造工程の

合理化で量産が可能となり、三木金物の製造はさらに発展し、今日においても三木金物は大工職人用や一般用の工具として広く流通している。

◎**日本一の出荷額の線香類**　経済産業省の経済構造実態調査（製造業事業所調査）によれば、2021年における兵庫県の線香類の出荷額は116億8,000万円（全国シェア51.9％）と他の都道府県を圧倒して全国1位である。線香の主産地は淡路島であり、江戸時代に江井地区において堺からの職人や技術が流入し線香製造が始まった。原材料の搬入と製品輸送に便利な港の存在と、瀬戸内の乾燥した気候が線香づくりに適しており、そのことがその後の発展につながった。現在では「あわじ島の香司」ブランドが確立し、日本最大の産地として国内市場だけではなく、海外市場の開拓にも取り組んでいる。このように、地域の特性を活かした地場産業で全国屈指の地位にあるものは他にもあり、例えば、「播州そろばん」として知られるそろばんの生産量は全国シェア70％で全国1位であり、手延べそうめんの生産量も全国シェア40％で全国1位である。また、「播州の毛鉤」で代表される釣り針の生産量も全国シェア90％で全国1位である。

◎**日本一の生産量のハンカチーフ**　経済産業省の経済構造実態調査（製造業事業所調査）によれば、2021年における兵庫県のハンカチーフの生産量は96万8,000ダース（全国シェア22.2％）と都道府県別で最も多い。主要な産地は西脇市や多可町、加東市などの北播磨地域であり、糸を染めてから織る「先染め」を特徴とする播州織がハンカチ生産の基盤になっている。播州織は地域特産の綿と、導入された西陣織の技術を用いて農家の副業として江戸時代に普及し、明治期以降、産地の組織化により生産規模が拡大し、浴衣生地が主力商品となった。第二次世界大戦後、付加価値を高めることと他産地との差別化を図ること、そして多色展開できる織機技術によりハンカチーフの生産が始まり、北播磨地域は次第に日本一の産地に発展してきた。

◆**生活文化・その他**

◎**日本一多い古墳の数**　文化庁の周知の埋蔵文化財包蔵地数調べによれば、2021年における兵庫県の古墳の数は1万8,707基（全国の11.7％）と都道府県別で最も多い。県域における歴史は古く、比較的早くから農耕が始まっていたため、有力な豪族が支配していたことが古墳の数が多いことにつながっている。特に県内で古墳が集中しているのは摂津地域と播磨地域であ

り、比較的広い平野での農耕や海上交易により富を築いた豪族が多かった。ちなみに、遺跡総数と銅鐸の出土数に関しても兵庫県はそれぞれ2万8,608件（全国の6.1%）と68点であり、ともに全国1位である。これらのことからも、兵庫県には有力豪族が多かったといえる。

◎日本一長い吊り橋　　明石海峡大橋は10年の歳月をかけて1998年に完成し、神戸市と淡路島の間の明石海峡に架かっている。明石大橋の橋長は3,911m、中央支間長は1,991mと日本一の吊り橋である（吊り橋の長さは中央支間長）。この橋は2022年まで世界一長い吊り橋であったが、現在はトルコのチャナッカレ橋（中央支間長：2,023m）に次いで世界2位である。

◎日本一多い消防団員数　　総務省消防庁の消防団組織概要等に関する調査によれば、2022年における兵庫県の消防団員数は3万9,651人（全国平均は1万6,672人）と都道府県別で最も多い。消防団員数が多いのは、兵庫県と新潟県と長野県であり、いずれも市町村数が多いため、消防団員数が多くなっている。また、兵庫県は阪神淡路大震災により地域防災の重要性を認識しており、そのことも消防団員数の多いことの理由になっている。

兵庫県の特徴とさらに理解を深めるために

　兵庫県は「兵庫五国」という言葉で特徴づけられるように、旧国の性格が現代においても強く残されており、それが個々の地域の産業や生活文化に影響を及ぼしている。例えば、個々の地域ではそれぞれの風土や資源を活用した地場産業が成立し発展しており、主要な産地として全国に周知されてきた。その代表的なものは日本酒や金物や織物である。そのような産物が全国的に知られるようになったのは、海上交通を活用した流通力であり、瀬戸内海と日本海に面した兵庫県の利便性であったといえる。このような江戸時代からの兵庫県の性格は現代まで活かされ、それぞれの地域で発展した地場産業は新たな付加価値とともにさらに発展し、神戸港から海外に販路を広げようと工夫を重ねている。

〈兵庫県に関する理解を深めるための本〉
5つの旧国それぞれの地域の自然、風土、歴史、産業、生活文化を紹介：
・河合敦監修（2023）『兵庫の教科書』JTBパブリッシング
・兵庫県教育委員会（2020）『ふるさと兵庫 魅力発見！』神戸新聞総合出版センター

㉙ 奈良県

生産額日本一の靴下

奈良県の概説

　奈良県は紀伊半島の中央部に位置する海なし県で、京都府、大阪府、和歌山県、三重県と接している。県の中央部を東から西に吉野川(和歌山県に入ると紀ノ川)がほぼ中央構造線に沿って流れ、それを境にして県の北部と南部では自然環境が異なる。県北部は奈良盆地や大和高原などなだらかな地形が広がり、飛鳥京や平城京など都が置かれ古くから人々の生活の場として利用されていた。他方、南部は大台ヶ原や八経ヶ岳(近畿地方最高峰)など急峻な紀伊山地が大部分を占め、人の居住や経済活動を阻んできた。気候に関しても北部は盆地で内陸性気候であり、比較的雨が少ない。それに対して南部は山岳性気候で、雨が多く局地的に豪雨にもなる。植生も大きく異なり、北部は春日山の森林にみられるように、本来、カシ、シイなどの照葉樹林であった。一方、南部はスギやヒノキの人工林が豊富で、それらに基づく林業が伝統的に地域の代表的な経済活動であった。全体的にみると、森林面積の割合は76.9％と高く(全国5位)、可住地面積の割合は23.1％と低い(全国43位)。そのため、人口の90％以上は北部の奈良盆地などに集中し、大阪府や京都府との交通の便も良好なため、それらの都市が緩やかな山地や丘陵地を越えて連続するようになっている。いわば、奈良盆地は京阪神大都市圏のベッドタウンになる傾向にある。他方、南部地域は人口が少なく、林産資源や自然資源に恵まれているため、林業や世界文化遺産(紀伊山地の霊場と参詣道)を活用した観光・レクリエーション業が主要な産業になっている。

奈良県の日本一

◆自然
◎日本一大きな村　十津川村は県の最南端に位置し、2021年現在、面積

近畿地方　173

672.38km^{2}と日本の実効支配地域において面積の最も大きい村で、その面積は琵琶湖 (669.23km^2) や東京23区 (621.98km^2) よりも広い。村の面積の約96％が森林であり、森林資源に恵まれていたため、古くから林業が盛んに行われていた。しかし、紀伊山地の山奥の村では山から木を伐り出すのが容易ではなく、かつては十津川を利用して筏流しで河口の木材集積地の新宮（しんぐう）まで運ばれていた。現在では、村が取り組む林業の6次産業化により、林業の再生が進められている。つまり、山から木を切り出す1次産業から製材・加工などを施して建材や家具などに商品化する2次産業、そしてそれらを販売する3次産業までの全てを村内で行う林業を目指している。また、村内には自然資源や熊野古道（くまのこどう）に関連した歴史文化資源が多く、それらを活用した観光産業も林業とともに村の主要な産業になっている。現在の村の観光名所の一つに「谷瀬（たにぜ）の吊り橋」があり、多くの人々が訪れている。吊り橋は十津川に1954年に架けられ、上野地（うえのじ）と対岸の谷瀬を結び、長さ297m、高さ54mで、生活用としては日本一長い吊り橋である。

◎**日本一古い人工林**　吉野郡川上村の下多古村（しもたこむら）有林は江戸時代に植林され、手入れされている人工林としては日本最古といわれている。面積3,700m^{2}の林地には樹齢200年から400年のスギやヒノキが林立し、スギは樹齢約400年のものが3本、約260年のものが7本、ヒノキは約260年のものが42本ある。最大のスギは直径172cm、高さ55m、幹回り515cmもある。下多古村有林は文化庁の「ふるさと文化財の森」に選定され、県内初の文化財建造物の修理用資材のモデル供給林や研修林にもなっている。ちなみに、川上村は約500年の歴史をもつ吉野林業の発祥地でもある。

◆ **産業**

◎**日本一の出荷額の靴下**　経済産業省の経済構造実態調査によれば、2021年における奈良県の靴下の出荷額は141億円（全国シェア55.2％）と他の都道府県を圧倒して全国1位である。また、靴下の出荷量も約6,486万足と全国1位である。このような奈良県の靴下づくりの背景には、江戸時代における大和木綿（やまともめん）の栽培、およびその綿を利用した綿糸製糸（めんしせいし）や木綿織物の存在があった。奈良盆地はもともと雨が少なく米の生産量が少ないため、綿花が栽培され、機織（はたお）りが副業となっていた。明治期になると、そのような機織りの伝統を活かし、馬見（うまみ）村（現在の広陵（こうりょう）町）で機織りに代わる副業として、手回しの編み立て機による靴下製造が始まった。靴下製造は農家の副

業から本業へと発展し、周辺地域に広がっていった。第二次世界大戦後にはナイロン糸の本格的な国内生産とその増加を契機に、ナイロンを靴下製造の素材として使い伸縮性とフィット性に優れた靴下を製造することで広陵町の靴下製造はさらに発展した。そのため、現在でも靴下製造の中心地は奈良盆地南部の広陵町とその周辺の大和高田市や香芝市である。近年では外国産の靴下が多く輸入されるようになり、奈良の靴下は競争力を高めなければならなかった。そのため、奈良盆地におけるよい原料とよい加工業者の集積の伝統をいかして、良質の商品を造ることで競争力を高めている。

◎日本一の生産量の墨　　奈良製墨組合の資料によれば、2022年現在、9社の組合員企業により年間約70万丁の墨の生産を行ない、全国の書道家や水墨画家、書写書道教育、および書道愛好家に対しての需要の約95%を供給しており、奈良県は墨の生産において日本一を誇っている。墨は煤と膠と少しの香料をねり合せて製造される。気温が高く湿気の多い夏は膠がくさりやすいため、墨の製造は10月中旬から翌年の4月下旬までの寒い時期に行われている。菜種油を燃やして集めた煤と、牛の皮を煮詰めて撮った膠を練り合わせた後、それを型に入れて成形して3か月ほど乾燥させる。奈良盆地の厳しい冷え込みが成形後の墨の水分を絞り切るため、良質の墨ができあがる。

◎日本一の生産量の貝ボタン　　奈良県の資料によれば、貝ボタンが年間約1億個出荷され、全国シェアの50%を占めて、全国1位を誇っている。その主要な産地が川西町である。高級ワイシャツやブラウス、スーツなどに使用される貝ボタンは日本のファッション業界になくてはならないものであるが、貝ボタンが海のない川西町で製造されるのは3つの理由からである。1つ目は、木綿織物に代わる農家の副業として貝ボタン製造が家内工業的に取り入れられたことである。もともと、貝ボタンの製造はドイツ人の技術指導によって神戸市に伝わり、その後、大阪の河内地方や和歌山県や奈良県に広まり、農家の副業として注目されるようになった。2つ目は、川西町が大阪へとつながる大和川とその支流が交わる場所に位置していたため水運に恵まれていたことであった。貝ボタンの原料は海外から輸入されており、水運を利用した原料の調達には川西町の地理的位置が有利に働いた。3つ目は、製造した貝ボタンの搬出にも大和川水系の水運が利用できた

ことである。川西町における貝ボタンの最盛期は1950年代から1960年代であり、町の半数以上の世帯が貝ボタンの製造に関わっていた。現在では貝ボタンの製造業者は10軒ほどになってしまったが、川西町産の貝ボタンが世界のトップブランドとして位置づけられていることに変わりない。

◎日本一の生産量の割りばし　奈良県と林野庁の資料によれば、奈良県における国産材の割りばし生産は2億3,000万膳（全国シェア約70％）と全国1位を誇っている。ただし、国内で使用されている割りばしの90％は価格の安い輸入のものである。奈良県における割りばしの主要な産地は南部の吉野地域であり、吉野地域には古くから豊かなスギの林地が広がり、「吉野杉」としてさまざまな建築材や木製品に加工されてきた。明治期には吉野杉が酒樽や醤油樽の材料として用いられ、樽材の端材の有効活用として割りばしの製造が始まった。現在でも国産の割りばしは、建築材として使われた余りの木材や、健全にスギ林が育つよう間引かれた間伐材を主な原料として製造されている。吉野地域では割りばしの高級品である「利休箸」もつくられており、それは吉野杉を用いて、形は中央が太く両端が細くなった割りばしである。

◆生活文化・その他

◎日本一高い核家族世帯の割合　国勢調査によれば、2020年における奈良県の核家族世帯の割合は62.6％（全国平均は54.1％）と都道府県別で最も高い。奈良県において核家族世帯が多い理由は、少子高齢化が進み、単独世帯が増加していることと、親世帯との同居を望まない若者世帯が増加していること、そして共稼ぎ世帯の割合が低く、専業主婦率が高いことなどが挙げられる。実際、2016年の総務省家計調査によれば、奈良市における女性の家事労働時間は172.5分（全国平均は155.5分）と全国1位であり、それは核家族化の影響で女性の家事の労働時間が多くなっていることを示している。

◎日本一古い木造建築　法隆寺は607年に現在の斑鳩町に推古天皇と聖徳太子によって建立され、世界最古の木造建築として周知されている。1993年12月には日本で最初の世界文化遺産に法隆寺地域の仏教建造物の構成遺産として登録された。境内は18万7,000m²で、金堂と五重塔を中心とする西院伽藍、および夢殿を中心とした東院伽藍に分けられる。世界最古の木造建築物群があるのは西院伽藍である。

◎日本一古い仏像　飛鳥寺の造営が588年に蘇我馬子によって開始され、596年に完成した。飛鳥寺は日本最初の仏教寺院で、伽藍配置や文様は朝鮮の仏教文化の影響を強く反映したものとなった。本尊の「釈迦如来坐像」は609年に止利仏師によって制作されて建立された。本尊は飛鳥大仏と呼ばれ、現存する日本最古の金銅仏である。鎌倉時代に起きた火災により、そのほとんどが焼失してしまい、残されたのは手と顔だけになった。そのため、飛鳥大仏は国宝には指定されず、国指定重要文化財となっている。

◎日本一の国宝建造物　文化庁の資料によれば、2023年における奈良県の国宝の建造物数は64件（全国の27.7％）と都道府県別で最も多い（国宝建造物の棟数では京都に次いで全国2位）。奈良県の国宝建造物は法隆寺、東大寺、興福寺、唐招提寺など多くは奈良盆地の奈良市や斑鳩町に立地しているが、金峯山寺のように吉野町に立地し、紀伊山地の霊場と参詣道の世界文化遺産と関連しているものもある。

奈良県の特徴とさらに理解を深めるために

　奈良県は大和川に沿った中央構造線で自然環境からも歴史・文化環境からも、そして社会・経済環境からも北部と南部に大きく区分できる。また、県域の森林率が高く、可住地面積の割合が低いことから、多くの人口が昔から奈良盆地に集中し、街道や水運を利用して大阪や京都との交流を行っていた。このような大阪と京都との交流の利便性は県内の様々な地域における地場産業の発展にもつながっている。また、奈良県の地場産業の発展の多くは地域資源を有効に活用するものであり、それは割りばしや墨や生駒山東麓の竹林を活用した茶筅づくりに反映され、奈良県独自の産物として他の都道府県が模倣できないものになっている。

〈奈良県に関する理解を深めるための本〉
歴史や生活文化、地理など様々な側面から奈良県を解説し理解を深める：
・奈良女子大学文学部なら学プロジェクト編（2022）『続・大学的奈良ガイド』昭和堂
地図と地形図に基づいて県内の地域の歴史や生活文化を地理的に読み解く：
・浅田晴久（2022）『地図で読み解く奈良』かもがわ出版

㉚ 和歌山県

一段の滝として落差日本一の那智の滝

和歌山県の概説

　和歌山県は紀伊半島の西側の半分を占め、北を大阪府と、東を奈良県と三重県と接し、南は熊野灘に面している。西は瀬戸内海に面し、紀伊水道を隔てて徳島県と向かいあっている。県域の約80％は紀伊山地で占められており、平地は紀ノ川流域の和歌山平野を除けば、各河川の河口付近にポケット状の沖積平野が点在するにすぎない。紀伊山地は壮年期の褶曲山脈で険しく、30度以上の急傾斜地が県全体の約70％を占め、急峻で褶曲の多い地形は道路網整備の遅れにもつながっている。和歌山県は南北に長いため、北部と南部とでは気候が異なる。和歌山市などの北部は瀬戸内気候で、年間を通じて温暖で降水量が少ない。他方、新宮市や潮岬などの南部は太平洋側気候で温暖であるが、台風の影響を受けやすく、降水量は多い。江戸時代には紀伊徳川家が領地として長く支配し、古くから「木の国」と謳われたほど山林が多かったため、スギやヒノキを中心にした山林業を保護奨励し、地域産業として発展させてきた。そのため、現在でも和歌山県の林業は民有林を主体としており、そのような民有林地は良材の産地として全国に知られている。和歌山県は京阪神大都市圏に隣接しているが、それらに連続する産業立地は少なく、果実を生産する農業活動が主要な産業として全国屈指の地位を得ている。それは、工業などの産業立地に必要な土地基盤や土地規模が不十分であったことと、果樹栽培に適した気候風土があったことなどを反映している。しかし、京阪神大都市圏の影響は県内から大阪府や兵庫県や京都府への人口流出の多いことに反映されている。

和歌山県の日本一

◆自然
◎日本一落差のある一段の滝　　日本一落差のある滝は富山県の称名の

滝（四段で落差350m）であるが一段の滝としての落差は那智勝浦町の那智の滝が133mで日本一である（択捉島のラッキベツの滝は140mであるが、日本の施政権外なので除く）。那智の滝は華厳滝（栃木県）と袋田の滝（茨城県）とともに日本三名瀑に数えられ、国の名勝に指定されているだけでなく、世界文化遺産の紀伊山地の霊場と参詣道（2004年に登録）の一部にもなっている。那智滝の背後にある那智山は多い降水で豊かな森林に覆われ、そこにはいくつかの渓流と那智四十八滝と呼ばれる多くの滝がある。それらの滝の中でも一の滝と呼ばれる那智滝は滝に対する自然信仰の聖地の中心であり、飛瀧神社（熊野那智大社の別宮）の御神体になっている。

◎日本一短い川　　那智勝浦町を流れるぶつぶつ川は全長13.5m、川幅約1m、水深20cmから30cmで、2008年の二級河川の指定により、日本一の短い河川となった。ぶつぶつ川は粉白川の支川にあたり、湧水を水源としており、気泡を伴ってふつふつと清水が湧き出る様子から名付けられた。

◎日本一遠くから富士山の見える場所　　1995年12月に新宮市の写真家が那智勝浦町大雲取山（標高965m）から富士山（距離320km）の撮影に成功し、富士山が見える最遠の場所となった。さらに、1997年1月には妙法山から富士山（距離322.6km）が撮影された。また、2001年9月には那智勝浦町の色川富士見峠（標高約900m）で富士山が撮影され、そこから富士山までの距離は約323kmである。現時点では色川富士見峠が富士山の見える最遠の場所であるが、衛星観測の標高分布のデータ解析では串本市の大島からも富士山を見ることができることがわかっている。

◆産業

◎日本一の収穫量のウメ　　農林水産省の作物統計によれば、2022年における和歌山県のウメの収穫量は6万4,400t（全国シェア66.7%）で他の都道府県を圧倒して全国1位である。和歌山県におけるウメの主産地は県南部のみなべ町と田辺市であり、それらの地域では気温差の少ない温暖な気候と水はけのよい土壌が栽培に適していた。ウメ栽培は江戸時代に農家の生計を助けるために奨励され、ウメは山地斜面のウバメガシの薪炭林に植栽された。ウバメガシとウメとの共存は土壌侵食の防止や土壌の保水維持につながるだけでなく、日本ミツバチによる受粉の助けもあり、ウメ栽培は自然の力により持続発展するようになった。このようなウメ栽培の方法は「みなべ・田辺の梅システム」として世界農業遺産に認定されている。ウメは青

梅として出荷され、主に梅干しとして加工されている。品種は青梅、漬け梅兼用種の「南高梅(なんこううめ)」が中心となっている。南高梅はみなべ町で開発され、皮が柔らかく、厚い果肉をもち、干し梅としては最高級品種となる。南高梅は6月から7月に収穫される。また、「古城梅(ごじろうめ)」も和歌山県で開発された代表的なウメで、5月中旬から6月に収穫される、古城梅は鮮やかな緑色で大きく固いため、梅ジュースや梅酒用に適しており、一部は酒造メーカーに出荷されている。

◎日本一の収穫量のミカン　農林水産省の作物統計によれば、2022年における和歌山県のミカンの収穫量は15万2,500t（全国シェア22.4%）と都道府県別で最も多い。和歌山県では露地物が9月の上旬から12月に収穫され、12月に収穫したものは貯蔵して3月まで下津の蔵出しミカンとして出荷されている。また、ハウス栽培のミカンの収穫が4月上旬から可能になり、一年中ミカンが出荷されている。和歌山県では多くの地域でミカン栽培が行われているが、主要な産地は有田川流域の有田地域であり、そこで生産されたものは「有田みかん」として全国に知られている。有田地域は紀伊水道に面して一年を通じて温暖で日較差の小さい気候と水はけのよい土壌は柑橘類(きつるい)の栽培に適していた。江戸時代に紀州藩により農家の生計を補うものとしてミカン栽培が奨励され、有田川両岸の斜面に石垣積みの段々畑が造られてミカンが植栽された。石垣は畑の崩壊を防ぐとともに、保温効果や排水効果、そして光の反射効果があり、ミカン栽培の発展を促した。江戸時代には紀州ミカンの多くが船で江戸まで運ばれ、紀州はミカンの主産地としての地位を確かなものにした。このように、有田みかんは日本ではじめてミカン栽培を業(なりわい)として成り立たせたことと、地域環境をうまく活用した持続可能な「有田みかんシステム」を実践してきたことから1990年に日本農業遺産に認定された。また、ミカン以外の柑橘類の収穫量に関して、ハッサク（全国シェア71.4%）やセミノール（全国シェア52.7%）、およびじゃばら（全国シェア25.5%）も日本一である。

◎日本一の収穫量の柿　農林水産省の作物統計によれば、2022年における和歌山県の柿の収穫量は4万2,000t（全国シェア19.4%）と都道府県別で最も多い。柿の主要な産地は北部の紀ノ川流域のかつらぎ町、紀の川市、橋本市、および九度山町(くどやまちょう)であり、保水性と排水性のバランスが取れた土壌と比較的温暖な瀬戸内気候、および長い日照時間と大きい気温の日較差に

よって栽培適地となっている。主要な品種は刀根早生と平核無、および富有である。刀根早生は9月中旬から10月上旬にかけて収穫され、甘みが強く、果汁も豊富で、良好な食感を特徴としている。平核無は10月中旬から下旬にかけて収穫され、種がなく非常に食べやすい。富有は11月中旬から下旬にかけて収穫され、甘柿として最も多く生産されている。富有柿は甘みが強く果汁も多いだけでなく、日持ちにも優れているため、贈答用になることが多い。

◎**日本一の収穫量のグリーンピース**　農林水産省の作物統計によれば、2022年における和歌山県のグリーンピースの収穫量は2,070t（全国シェア42.2％）で他の都道府県を圧倒して全国1位である。グリーンピースの主要な産地は県中央部の印南町、日高川町、みなべ町、および御坊市であり、露地と施設を組み合わせて栽培され、「うすいえんどう」という地域ブランドで関西市場を中心に長期出荷されている。これらの地域にグリーンピースの栽培が大阪府や京都府から導入されたのは大正期であり、第二次世界大戦後にその作付面積が拡大した。主力品種である「きしゅううすい」が1980年に育成され、その後も新しい品種が育成され、それらの育成された品種を「紀州うすい」として地域ブランド化し、日本一のグリーンピースの産地に発展した。

◎**日本一の収穫量の山椒**　農林水産省の特産果樹生産動態等調査によれば、2020年における和歌山県の山椒の収穫量は320t（全国シェア71.2％）で他の都道府県を圧倒して全国1位である。山椒の主要な産地は県北部の有田川町や紀美野町であり、排水のよい乾燥した土地と西日の当たらない日照時間の短い傾斜地が栽培適地になっている。これらの地域では自生していた山椒をぶどう山椒として栽培するようになり、それが日本一の産地の礎となった。ぶどう山椒はぶどうの房のように実り、粒形は大きく肉厚で、香もさわやかで強いため、緑のダイヤと呼ばれるような最高級の山椒になっている。山椒の収穫は初夏に10日間ほどで行われ、一房ずつ手作業で収穫されるため多くの労働力を必要とする。収穫した実山椒は集荷所に集められ、茎や葉を取り除いてから出荷される。ぶどう山椒は香辛料や調味料、および漢方薬として用いられ、和食ブームとともに高級山椒の需要が高まっており、地域経済にとって有力な収入源になっている。

◆生活文化・その他

◎日本一営業距離の短い単独の鉄道　　紀州鉄道はJR紀勢線御坊駅に接続している御坊駅から南端の西御坊駅まで営業距離2.7kmと、日本一短い単独鉄道である。2002年に開業した芝山鉄道(千葉県芝山町)は2.2kmで最も短いが、第三セクターの芝山鉄道は全列車が京成電鉄の路線に乗り入れるため、他社への乗り入れのない紀州鉄道が単独の私鉄路線として日本一短いといえる。紀州鉄道は時速20kmから30kmで、全線5駅を約8分で走る。紀州鉄道は国鉄紀勢西線から離れた御坊市街地との連絡を目的に御坊臨港鉄道として敷設されたが、慢性的な赤字路線となっている。

◎日本一の消費量のしらす干し　　2人以上の世帯を対象に都道府県庁所在地と政令指定都市で調査された総務省の家計調査によれば、2021年から2023年における和歌山市の1世帯当たりのしらす干しの年間消費量は1,122g(全国平均は472g)と全国1位である。しらす干しの消費量が多いのは、和歌山沖がしらすの主要な漁場の一つであり、豊富なプランクトンに恵まれた環境でイワシの稚魚が育ち、高品質のしらすとして昔から漁獲されていたためである。そして、しらす干しが日常食として様々な食に伝統的に利用されてきたことも消費が多い理由である。

和歌山県の特徴とさらに理解を深めるために

　和歌山県では江戸時代から、気候や土地条件を最大限に活かした柑橘栽培や梅栽培などが日本有数の産地として発達し、そのような農業システムは後世に伝えるべきものとして日本農業遺産になっている。京阪神大都市圏に隣接しながら、農業が持続し、「木の国」としての自然が保全されていることは和歌山県の大きな特徴である。しかし、京阪神大都市圏への人口流出や山間地域における過疎化・高齢化の課題が顕在化しており、観光産業の導入などによる地域の活性化や振興も図られている。

〈和歌山県に関する理解を深めるための本〉
具体的な事例に基づいて、歴史や産業や生活文化を観光や紀州地域学として解説:
・和歌山大学観光学部監修(2018)『大学的和歌山ガイド』昭和堂
・東悦子・藤田和史編(2017)『わかやまを学ぶ』清文堂出版

㉛ 鳥取県

収穫量日本一のらっきょう

鳥取県の概説

　鳥取県は東西に細長い形をしており、北は日本海に面し、東と西はそれぞれ兵庫県と島根県に接し、そして南は中国地方の最高峰の大山や中国山地で岡山県と接している。中国山地が海岸まで迫り、山地や起伏の地形が目立つが、比較的大きな河川として千代川、天神川、日野川が中国山地を水源に日本海に注いでおり、それぞれの河口には鳥取平野、倉吉平野、米子平野がポケット状に発達している。これらの平野が主要な居住や経済活動の舞台になっている。また、それぞれの平野における生活圏を中心にして、鳥取県は東部と中部、および西部に地域区分できる。気候的には、県全域が豪雪地帯対策特別措置法に基づく豪雪地帯に指定され、日本海側気候の特徴をもっている。それでも県西部は積雪が比較的少なく、県東部で積雪が多くなるが、山陰一の豪雪地帯は大山周辺の内陸山地である。このような積雪が豊かな水資源となり、水稲作などの農業活動を支えている。全体的に気候は穏やかで、春と秋は好天の日が多く、夏は南風によるフェーン現象で猛暑日となることもある。歴史的にみると、鳥取県は主に旧国の因幡と伯耆からなり、因幡は県東部に、伯耆は県の西部と中部に位置づけられ、伯耆は大山を境に東伯（県中部）と西伯（県西部）に区分されていた。これらの地域区分は現代の地域区分にも通じるものがあり、方言や生活文化に違いがみられる。例えば、ありがとうは因幡では「すいません」、伯耆では「だんだん」になる。

鳥取県の日本一

◆自然
◎日本一大きな池　　鳥取の市街地の西に位置する湖山池は周囲18km、面積6.9km^{2}で日本一大きい池である。湖沼学では、池は水深が浅く水底中央

中国地方　183

部にも沈水植物（水草）の生育する水域と定義され、地表上の淡水で覆われた領域で湖ほどには大きくないものを指す。湖山池は海跡湖であり、日本海から湾入した場所が砂丘の発達や堆積により海と分離されて形成された汽水湖でもある。また、湖山池の規模も富士五湖で最も大きい山中湖（6.57km²）よりも大きい。そのため、池とすることは難しいが、池と名称されているため、湖山池が日本一大きい池となっている。湖山池には島が5つあり、それらのうち最大の島の青島には青島大橋が架かり渡ることができる。湖山池周辺は鳥取市郊外の余暇やレクリエーションを楽しむ場所にもなっている。

◆産業

◎日本一の収穫量のらっきょう　農林水産省の地域特産野菜生産状況調査によれば、2020年における鳥取県のらっきょうの収穫量は2,850t（全国シェア35.5％）と都道府県別で最も多い。県東部や中部の砂丘地ではらっきょうの栽培が盛んに行われており、鳥取砂丘に隣接する鳥取市福部町は全国屈指のらっきょう産地であり、大玉で細長い形をした「らくだ系」という品種を中心に栽培され、「砂丘らっきょう」として知られている。もう一つの主産地の北栄町は県中部の北条砂丘に位置し、そこでは小玉で丸い「玉系」らっきょうが栽培されている。鳥取県のらっきょう栽培は江戸時代に参勤交代に際して小石川薬園（現在の小石川植物園）より種球を持ち帰ったことで始まったとする説が有力となっている。らっきょうは生命力が強く、水が少ない砂丘地や荒廃地でも栽培でき、一部の農家で自家用として栽培されるようになった。らっきょうの本格的な栽培は大正期以降に始まり、第二次世界大戦後になるとスプリンクラー灌水を導入して、らっきょうは大規模に栽培されるようになった。砂丘地の水の少ない暑い環境の中で栽培された鳥取産らっきょうは身が締まり、歯ごたえのあることが特徴である。さらに、砂丘地で収穫された根付きらっきょうは、根を切らずに出荷するため、切り口が傷まず、砂が付いていることで水分の蒸発を防ぐことができる。砂は土と比べても簡単に洗い流せることも、砂丘らっきょうの利点であった。

◎日本一の栽培面積の二十世紀梨　農林水産省の特産果樹生産動態等調査によれば、2021年における鳥取県の二十世紀梨の栽培面積は132ha（全国シェア34.9％）と都道府県別で最も広い。二十世紀梨は1888（明治21）年に

千葉県松戸市で発見され、1904(明治37)年に「二十世紀」と命名されて青梨として広く栽培されるようになった。鳥取県でも二十世紀梨は1904年に導入されたが、気象災害を受けやすいことや黒斑病などの病気にかかりやすいため栽培が難しく、すぐに広まることはなかった。しかし、鳥取県では肥培管理や防除方法や栽培技術の研究が行われ、販売店を指定した専売による販売方法も構築され、昭和期には二十世紀梨の栽培が本格化し定着した。二十世紀梨は県全域で栽培されているが、鳥取市が主要な産地である。梨栽培では剪定、摘蕾、受粉、摘果、袋かけ、収穫が手作業で行われ、多様な品種を栽培することで収穫時期を長くする傾向にあるが、鳥取県では二十世紀梨を中心にして栽培品種の多様化が行われている。実際、8月上旬から中旬にかけてハウス栽培の二十世紀梨が、8月下旬から10月上旬まで二十世紀梨とその新たな品種が順次収穫されている。それらと同時に赤梨系の豊水や幸水や新高なども組み合わされて収穫されている。

◎日本一の漁獲量のハタハタ　　農林水産省の漁業・養殖業生産統計によれば、2022年における鳥取県のハタハタの漁獲量は1,334t(全国シェア42.4%)と他の都道府県を圧倒して全国1位である。ハタハタ漁は8人から10人乗りの大型底曳網船を使用し、9月から翌年の5月にかけて鳥取沖の水深200mから600mの海底を曳網して行われ、県内の水揚げ港は鳥取港、網代港、および境港の3か所である。鳥取県産のハタハタは朝鮮半島付近で生まれ、山陰沖を回遊するところを漁獲するため、卵がないが、脂がのっているのが特徴となっている。そのため鳥取産ハタハタは「とろはた」という地域ブランドで流通しており、卵をもった秋田産「子持ちハタハタ」と差別化されている。脂ののったハタハタは干し物に加工されており、「しょっつる鍋」の具材となる秋田産のものと対照的である。

◆生活文化・その他

◎日本一人口の少ない都道府県　　総務省統計局の住民基本台帳に基づく人口、人口動態及び世帯数調査によれば、2023年1月1日現在、鳥取県の人口は54万6,558人であり、日本で最も人口の少ない都道府県であり、政令指定都市の静岡市の人口(67万6,607人)や東京都郊外の八王子市の人口(56万102人)よりも少ない。また、男女別の人口でみてもそれぞれ最も少なく、一般世帯数もまた約2万世帯と最も少ない。そのため、都道府県別の市の数も4つ(鳥取市、倉吉市、米子市、境港市)と日本で最も少ない(全国の平

均は16市から17市)。鳥取県の人口が減少している主な原因は、高齢化と出生数の低下、および若年人口の県外流出である。若年人口は進学や就職を契機に県外に流出する傾向にある。実際、文部科学省の学校基本調査によれば、2021年度における鳥取県の県内大学への進学率は15.2%と奈良県(14.3%)に次いで低く、多くの高校生が県外の大学に進学していることがわかる。また、有効求人倍率も高くなく、よい職を求めるために関西地方や関東地方に若年人口が流出している。

◎日本一の社会体育施設数(人口100万人当たり)　文部科学省の社会教育調査によれば、2018年度における鳥取県の人口100万人当たりの社会体育施設(体育館、水泳場、運動場など)の数は967.3件(全国平均は370.7件)で全国1位である。これは、自治体が保有する体育館や水泳場や運動場などが充実していることを反映しており、社会体育施設は運動やスポーツを行う機会を提供するだけでなく、地域住民の健康増進や交流の場としても機能している。このように、鳥取県は高齢化や人口減少が進む中で、全世代に関連するような社会教育に力を入れて、居住しやすい県を創出しようとしている。実際、成人一般学級・講座数(人口100万人当たり)は2万7,203.2学級・講座(全国平均は2,070.2学級・講座)とずば抜けて多く、その値は全国1位である。

◎日本一の消費量と消費金額のカニ　2人以上の世帯を対象に都道府県庁所在地と政令指定都市で調査された総務省の家計調査によれば、2021年から2023年における鳥取市の1世帯当たりのカニの年間消費量と年間消費金額はそれぞれ1,976g(全国平均は349g)と4,338円(全国平均は1,617円)とともに全国1位である。カニの水揚げ量に関して都道府県別では鳥取県が北海道に次いで全国2位であるが、漁港別では境港が圧倒的に全国1位である。境港にカニの水揚げが集中するのは良好な漁場に近いことに加え、競り市場や加工場、および直売所などが併設され、新鮮なカニが活きた状態で流通する環境にあるためで、そのことが鳥取県のカニの消費量の多さに関係している。また、鳥取県ではカニ食の伝統があり、学校給食にも提供されることから、カニ食が日常的なものであったこともカニに消費量の多さにつながっている。そのため、県民はカニの様々な食べ方を知っている。さらに、鳥取県では松葉ガニはもちろんのこと、紅ズワイガニも多く流通していることも、カニの消費量の拡大につながっている。加えて、鳥取県

はカレイやイワシの消費量もそれぞれ3,091g（全国平均は653g）と1,311g（全国平均は414g）でともに全国1位である。良質の水産物に恵まれているため、水産物全般の消費量が全国有数の高さを誇っている。

◎日本一の消費金額のちくわ　　前出の総務省の家計調査では、2021年から2023年における鳥取市の1世帯当たりのちくわの年間消費金額は3,479円（全国平均は1,865円）で全国1位である。鳥取沖で獲れた新鮮な白身魚のすり身でつくる「とうふちくわ」と「あごちくわ」が日常的に多く食べられており、そのことがちくわの高い消費につながっている。「とうふちくわ」は魚の白身と豆腐を3対7の割合で混ぜて練り、蒸しあげたもので、県東部のソウルフードにもなっている。「あごちくわ」はあごと呼ばれるトビウオのすり身でつくられたもので、県中部から西部にかけて多く食べられている。

鳥取県の特徴とさらに理解を深めるために

　鳥取県は歴史的に旧国の因幡と伯耆に大きく区分されるが、現代では3つの大きな平野に展開する都市圏を中心に東部（鳥取市）と中部（倉吉市）、および西部（米子市）に区分されることが多い。これらの地域は生活文化が異なるが、いずれも農業や漁業を主要な経済基盤にしていることに変わりない。海岸に展開する砂丘地も共通した土地条件でもある。鳥取砂丘は規模的に日本一とはいえないが、その観光資源としての集客力や全国的な知名度は日本一である。このような砂丘地に展開する農業ではらっきょうや梨、あるいはスイカやネギなどの栽培が日本有数の地位に位置づけられている。他方、水産資源に恵まれ、さまざまな種類の魚介類や甲殻類が水揚げされ、いずれも日本有数の漁獲量を誇っている。鳥取県は高齢化や人口減少、あるいは若年層の人口流出に悩まされているが、さまざまな地域資源や産物は日本を代表するものとして誇れるものになっている。

〈鳥取県に関する理解を深めるための本〉
地形や地質、歴史、文化、産業などの特徴を地図で読み解きながら紹介：
・昭文社旅行ガイドブック編集部編（2021）『鳥取のトリセツ』昭文社
・中林保監修（2015）『鳥取「地理・地名・地図」の謎』実業之日本社

㉜ 島根県

日本一大きい出雲大社神楽殿の大注連縄

島根県の概説

　島根県は北を日本海に臨み、東は鳥取県と、西は山口県と、そして南は中国山地で広島県と接している。また、島根半島の北の海上には島前と島後などからなる隠岐諸島がある。歴史的には、島根県は旧国の出雲、石見、隠岐の三国から成り、それらの地域区分が現在も自然環境や産業経済、および生活文化に反映されている。実際、県域は東西に長く、東端の安来市と西端の津和野町との距離は約230kmもあり、それは東京駅と浜松駅との距離にほぼ相当する。そのため、県におけるさまざまな現象の地域差は大きい。平地は宍道湖周辺の松江平野や出雲平野に代表されるように出雲地域に集中し、それらの平野に県人口の約70％が居住している。他方、石見地域は中国山地が急斜面となって海岸まで迫り、平地がポケット状に分布するが、空間的な広がりはほとんどない。気候は日本海側気候の特徴をもち積雪があるが、沿岸部や平野部では積雪は少なく、比較的温暖である。気候の大きな特徴は降水日数と降水量が多く、特に降水が梅雨期と冬季に集中していることである。冬の長雨は北西から吹き込む強い季節風が湿った空気を運ぶことにより生じる。また、年間を通じて湿度が高いことも特徴である。中国山地では江戸時代から明治期にかけてたたら製鉄が盛んであり、そのような鉄鋼技術を背景に鉄鋼産業が県内に立地したが、その立地条件から大規模な工業地域に発達することはなかった。2000年代に入ると、遠隔地の工場立地が可能なIT産業が出雲平野などに立地し、人口や地域産業の存続のために重要な役割を担っている。全体的には、農業や水産業は中心的な経済活動であるが、それらだけでは地域経済の発展が望めないため、IT産業の誘致や観光産業の振興により地域経済の活性化を図っている。

島根県の日本一

◆ 自然

◎日本一広い汽水域　島根県の中海と宍道湖は汽水湖であり、それぞれの広さは86.3km^{2}と79.2km^{2}と全国で5番目と7番目の広さである（全国1位の汽水湖は浜名湖）。しかし、中海と宍道湖は大橋川でつながり、斐伊川水系と考えられている。つまり、宍道湖や中海は斐伊川の下流部にある湖として捉えられ、宍道湖より下流ではほとんど水位の差がないため、潮汐や気象の影響により日本海の海水が境水道を逆流し、淡水と海水が混ざり合った汽水域を形成する。中海と宍道湖を合わせた汽水域は日本一広い規模となる。海水の塩分は約3.5%であるが、宍道湖の塩分は平均で0.3%から0.5%と海水の約10分の1に、中海のそれは1.5%から2.0%と海水の約2分の1になる。このような汽水の環境がヤマトシジミやウナギなどの「宍道湖七珍」と呼ばれる水産資源を生みだした。

◎日本一のラドン含有量の温泉　大田市三瓶町の池田ラジウム鉱泉はラドンの含有量が6,640マッヘ（1939年測定）と日本一である。ラジウム温泉は温泉水1kgにラドンが74ベクレル以上含まることであるため、1マッヘが約13.5ベクレルであるため、ラジウムの含有量はかなり多い。ラドン温泉は自律神経の沈静、ホルモンや代謝異常の調整、鎮痛、消炎作用などに効果があり、具体的にはリウマチ、関節炎、筋肉痛、神経炎などの痛みを和らげるとされる。このようなラジウム温泉以外に島根県には多くの種類の温泉が約60か所分布している。島根県の温泉は自然湧出の温泉の方が多いことが特徴で、そのため昔から日常的に健康増進や疾病治癒などに温泉が利用されてきた。例えば、松江市の玉造温泉は約1300年前から湧き出し、「出雲風土記」に美肌の湯として記載されている。現在でも玉造温泉は美肌の湯として多くの観光客、特に女性客を集めている。

◆ 産業

◎日本一の生産量の牡丹　島根県の花き生産状況調査（2009年）によれば、牡丹の生産量と栽培面積は約110万本と55.5haでともに全国1位である。2022年のJA島根の資料でも、牡丹の生産量は約180万本で、全国シェアの約90%を占めていた。牡丹の主産地は松江市八束町の大根島である。大根島の牡丹栽培の始まりは遠州から持ち帰った苗を植え付けたことであ

り、その後の品種の改良や優良品種の導入などにより、牡丹栽培は八束町の主要な農産物になった。現在では色や形など250種類に及ぶ多様な牡丹が栽培され、米国やカナダやオランダなどを中心に海外にも約80万本が切り花として輸出されている。

◎日本一の漁獲量のアナゴ　　農林水産省の漁業・養殖業生産統計によれば、2022年における島根県のアナゴの漁獲量は508t（全国シェア22.4％）と都道府県別で最も多い。アナゴは北海道以南の日本各地の沿岸域の砂底に生息しており、全国的には太平洋側や瀬戸内海の各地に好漁場が分布している。日本海側では日本海南西海域の島根沖が良好な漁場で、そこは対馬(つしま)暖流(だんりゅう)と中国山地からのミネラル豊富な島根冷水域が混り合う場所で、アナゴは深海栄養に富む水深100mを超える海底(そこびきあみ)に生息している。そのため、島根産アナゴは太平洋産と異なり、肉厚で脂の乗りがよく、比較的大きいのが特徴である。アナゴは主に沖合底曳網漁業で漁獲されるが、6月1日から8月15日は資源保護のため休漁になっている。漁獲されたアナゴは浜田漁港や大田市の漁港に水揚げされ、それらの場所が全国1位ないし2位のアナゴの水揚げ地になっている。また、アナゴ漁が「一日漁(いちにちりょう)」で行われていることも特徴の一つになっている。一日漁は早朝に出漁し近海で捕れたアナゴをその日の夕方に水揚する漁のことで、鮮度と品質のよさを担保するものとなっている。島根県におけるアナゴ漁の課題は漁獲量が減少傾向にあることで、それを解決するための資源保護が重要になっている。休漁期の設定のほか、底曳網漁業での目合制限（網目を大きくする）なども行われている。また、島根産アナゴの地域ブランド化も課題の一つであり、近年では「大田の大あなご」の地域ブランドで市場開拓が行われている。

◎日本一の漁獲量のウルメイワシ　　農林水産省の漁獲量調査によれば、2019年における島根県のウルメイワシの漁獲量は1万4,993t（全国シェア24.7％）と都道府県別で最も多い。ウルメイワシは対馬海流（暖流）の沿岸地域に多く、春から夏にかけて日本海を北上し、秋から冬にかけて日本海を南下するように回遊する。したがって、島根県での漁獲量が多いのは春（4月と5月）と秋（10月と11月）で、小型のものが多い。水揚げ地は松江市恵曇(えとも)や隠岐の島町、西ノ島町、および浜田市などが多い。水揚げされたウルメイワシは一夜干しや丸干しなどの干し物に加工されて販売されている。ウルメイワシは傷みやすく、水揚げ後すぐに干し物に加工しなければなら

ないため、漁港に隣接して加工場が立地している。島根産のウルメイワシの干し物の高級品は「上乾うるめいわし」として地域ブランド化されている。

◎日本一の漁獲量のシジミ　農林水産省の漁業・養殖業生産統計によれば、2022年における島根県のシジミの漁獲量は4,286t（全国シェア51.6％）と他の都道府県を圧倒して全国1位である。シジミは市場に出回るもののほとんどがヤマトシジミであり、その県内の主要な産地は宍道湖（松江市と出雲市）である。宍道湖の水産物の漁獲量の約90％はシジミで、シジミ漁に関わる漁師は20歳代から80歳代まで約270名である。宍道湖のシジミ漁は資源保護のために一日の採捕量や操業時間、および休漁日を定めた操業規則に従って行われている。例えば、シジミ漁では漁師が小型船の上から「ジョレン」（長さ約8mのサオの先に大きなカゴの付いた道具）などを使って早朝から4時間行い、漁獲したシジミを選別機にかけて殻長10mm以上のものを出荷し、それ未満の小さい稚貝は湖に戻される。さらに、湖底清掃作業や水草除去作業なども行われており、宍道湖の環境保全や生態系維持を積極的に図ることで、シジミ漁の存続と発展が担保されている。宍道湖周辺では、ヤマトシジミを使った「シジミ汁」が日常食として根づいている。さらに、シジミ汁以外にも、佃煮や酒蒸し、そして「シジミご飯」が日常的に食べられている。そのため、総務省の家計調査では、2021年から2023年における松江市の1世帯（2人以上）当たりのシジミの年間の消費金額と消費量がそれぞれ1,624円（全国平均は304円）と1,697g（全国平均は186g）でともに圧倒的な全国1位である。

◆生活文化・その他

◎日本一大きい注連縄　出雲大社神楽殿の大注連縄は長さ13.5m、重量5.2t（藁の重量は約3.5t）と日本一の大きさである。大注連縄の吊り木も藁の重さに耐えられるように、20m以上の真直ぐな樹齢150年のヒノキが用いられ、直径は約50cm、重さ約1.5tある。出雲大社の注連縄は古来、他の神社とは反対に神様に向かって左方を上位、右方を下位としており、上位である左方が綯い始めで、右方を綯い終わりとする張り方で飾られている（一般の神社は始めの太いほうが右になるように飾られる）。また、出雲大社では第一神の「天之御中主神」が最上位となるように一番左に祀られ、神様へ供え物を進める際も上位の供え物を向かって左へ、下位の供え物を向かっ

て右へ進める作法になっている。大注連縄は5年から6年に一度交換され、現在の大注連縄は2018年7月に取り替えられたものである。大注連縄の製作は飯南町(いいなんちょう)の「飯南町注連縄企業組合」で行われており、注連縄づくり用の稲「赤穂糯(あかほもち)」の栽培もその地域で手掛けられている。

◎日本一高い灯塔の灯台　　出雲市にある出雲日御碕(ひのみさき)灯台の灯台の地上高は43.65mであり、日本一高い灯台として知られている。出雲日御碕灯台は1903(明治36)年に設置された石造りの灯台で、真っ白な外壁は松江市美保(みほ)関町(せきちょう)で切り出された硬質の石材で造り、内壁はレンガ造りになっている。石造りの灯台は歴史的な建造物としても価値があるため、1998年には世界の歴史的灯台百選に、2013年には国の登録有形文化財に、そして2022年には国指定重要文化財に選ばれている。灯台が立地する日御碕は大山隠岐(だいせんおき)国立公園の範囲にあり、その海岸線は海食によって隆起した岩盤や柱状の奇岩、断崖絶壁の連なる景勝地になっている。特に、灯台周辺の海岸や遊歩道沿いに見ることができる柱状節理(ちゅうじょうせつり)(積み木を束ねたような岩石の並び)は1600万年前に流出した溶岩の冷却収縮によってできたものであり、「島根半島・宍道湖中海ジオパーク」の代表的なジオスポットにもなっている。

◎日本一の消費量のサバ　　2人以上の世帯を対象に都道府県庁所在地と政令指定都市で調査された総務省の家計調査によれば、2021年から2023年における松江市の1世帯当たりのサバの年間消費量は1,202g(全国平均は721g)で全国1位である。サバの消費量が多い理由は日本海の冷たい荒波によって脂がのった美味しいサバが獲れることと、サバ食の文化が定着していることである。島根県の代表的なサバ食に焼きサバがあり、かつては山間地において腐りやすいサバをおいしく食べる方法であり、たたら製鉄に従事していた人々の栄養補給や活力源であった。焼きサバはサバをまるごと串に刺して炭火で焼き上げたもので、そのまま食べることが多いが、「つもじ」と呼ばれる焼きサバずしにすることも多い。焼きサバずしはほぐした焼きサバと、ニンジンや干しシイタケ、タケノコ、かんぴょうなどを甘辛く煮て仕上げた具を一緒に混ぜて食べるものである。他方、海岸地域では「サバの煮食い」と呼ばれる郷土料理があり、それは漁師が漁船上で醤油と水を一緒に煮たて、その中に薄くそぎ切りにしたサバの切り身を入れ、しゃぶしゃぶのようにして食べるものである。この漁師料理が海岸地域の家庭料理になっている。

◎日本一の人口1人当たりの教育費（都道府県と市町村財政合計）　総務省の地方財政統計年報によれば、2019年における島根県の人口1人当たりの教育費は20万2,600円（全国平均は14万円）と都道府県別で最も多い。ここでの教育費は学校教育や社会教育などに必要な経費であり、その金額が高いことは人口が少ないこと（鳥取県に次いで全国2番目）や人口減少においても教育水準を維持するために費用をかけていることと、学校教育や社会教育を維持するために予算を割いていることを反映している。実際、島根県は、人口1人当たりの幼稚園数や小学校数、および中学校数や高等学校数は全国でも屈指の数を誇っており、教員1人当たりの児童・生徒の指導人数は全国2位の少なさである。さらに、社会教育に関しても、人口1人当たりの博物館や図書館は全国屈指の数を誇っている。

島根県の特徴とさらに理解を深めるために

　島根県は旧国の出雲と石見、および隠岐の3つに概ね地域区分されてきたが、現在では平野部と山間部・島嶼部のコントラストが明確になっている。松江平野や出雲平野に多くの人口が集中し、それ以外の地域では高齢化や人口減少による過疎化が顕著である。主要な産業立地も平野部が中心であり、水産資源の水揚げ港も平野部に多い。そのため、産業立地の少ない山間部では雇用機会も少なく、人口の過疎化は解決の難しい地域課題となっている。しかし、島根県における様々な地域資源を活用した観光が地域活性化に貢献できることに着目し、観光産業の立地がさまざまな地域で行われている。実際、観光庁の宿泊旅行調査によれば、2021年における島根県の客室稼働率は55.7％（全国平均は39.3％）と都道府県別で最も高い。これは、島根県の観光が注目されていることの表れである。

〈島根県に関する理解を深めるための本〉
地形や地質、歴史、文化、産業などの特徴を地図で読み解きながら解説：
・昭文社旅行ガイドブック編集部編（2021）『島根のトリセツ』昭文社
県内各市町村の概要やそれらの変遷と大字小字の地名を地図とともに解説：
・島根県地域振興部市町村課編（2018）『島根県の地名鑑』ハーベスト出版

㉝ 岡山県

日本一広い北庄の棚田

岡山県の概説

　岡山県は北を中国山地で鳥取県と島根県に、東を兵庫県に、西を広島県に接し、南は瀬戸内海に面している。県北部は標高1,000ｍから1,300ｍの中国山地の山岳地となり、日本海と瀬戸内海との分水界を形成している。中国山地からは東から吉井川水系と旭川水系、および高梁川水系が流れ、県中央部の吉備高原を経由して、県南部の岡山平野を形成し、瀬戸内海に流れ込んでいる。3つの水系は山岳地域や高原地域を経て、いくつかの盆地を形成し、それらの盆地には津山市や高梁市のように地域の中心地となる小都市が昔から城下町として立地している。歴史的にみると、岡山県は旧国の美作、備前、備中の3つの国から成り立っているが、現在では地形的な地域区分、すなわち北部の山岳地域、中部の高原地域、南部の平野地域という区分ごとに社会経済や生活文化が特徴づけられる。農業や工業などの主要な産業立地と人口分布は瀬戸内海沿岸の岡山平野に集中し、岡山市は全国で18番目の政令指定都市になっている。気候的にも、県の北部と南部では地域的差異が大きい。北部は寒冷多雨な日本海側気候で、高原地域から南部に向かうにつれて気温が上昇し、降水量は少なくなる。県南部の瀬戸内海沿岸は瀬戸内気候で、温暖少雨で特徴づけられる。岡山県の大きな特徴の一つは、山陽本線、山陽新幹線、中国自動車道、および山陽自動車道と西日本の交通の主要幹線が横断しているだけでなく、瀬戸大橋によって四国とも陸上交通で結ばれており、他の地域や県との連携や結びつきが強いことである。

岡山県の日本一

◆自然
◎日本一多い晴れの日　　岡山県は過去30年間（1991～2020年）において

降水量1mm未満の日数が276.7日と都道府県別で最も多い。このように、岡山県は晴れの日が多く、日照時間も2,033.7時間（全国15位）と比較的長く、年間降水量も1,143.1mmと少ない（全国2位）ため、「晴れの国」と呼ばれている。晴れの日が多いのは、北に中国山地、南に瀬戸内海を挟んで四国山地が連なり、夏と冬の季節風がこれらの山地に多くの雨や雪をもたらして越えてくるためであり、乾いた季節風となって降水が少なく晴天をもたらしている。晴れの日の多い環境は良好な農業環境となっており、特にさまざまな果実の生産の発展に寄与している。また、農業以外の産業立地や人々の居住においても晴れの日の多さは良好な環境を提供しており、瀬戸内沿岸地域に人口や産業が集中する一因になっている。

◆産業

◎**日本一の栽培面積の黄ニラ**　岡山県農林水産部資料によれば、2022年における岡山県の黄ニラの栽培面積は13.6haで全国1位を誇っている。その生産量も102t（全国シェア約70％）で全国1位である。黄ニラ栽培は岡山県が発祥といわれ、明治初期から栽培されてきた。黄ニラは一般の青ニラと同じ品種であるが、光を遮って育てる「遮光栽培」で生産されるため、ニラの甘さに加え、生でも食べられるほど繊維が柔らかく、シャキシャキとした歯触りがあり、中華料理などの高級食材として流通している。主要な産地は岡山市北区の牧石地区であり、旭川による砂壌土と豊富な伏流水により黄ニラの栽培適地となっている。黄ニラは葉が伸びる前にシートで覆い光を遮って栽培し、収穫後は光に当て葉や茎を黄色にする。4月から12月まで露地で、11月から5月まではハウスで栽培されている。

◎**日本一の栽培面積の清水白桃**　岡山県農林水産部資料によれば、2022年における岡山県の清水白桃の栽培面積は226.9haで全国1位を誇っている。岡山県における桃の生産は、1875（明治8）年に中国から持ち込まれた天津水蜜や上海水蜜という2種類の桃の栽培を契機にして本格的に始まった。瀬戸内の晴れの日の多い気候風土と栽培技術の蓄積により、白桃が1901（明治34）年に開発され、害虫や雨風の被害を防ぎ、直射日光による硬化も防止する袋かけの技術と相まって、上品な白さと甘み、そして繊細でとろけるような果肉をもつ白桃が生産されるようになった。このような白桃は山梨県や福島県に伝播して栽培されるようになり、全国の桃生産の発展に貢献した。さらに、岡山県では従来の白桃を改良して、清水白桃が1932（昭

中　国　地　方　195

和7）年に開発され、岡山の桃としての地位を現在まで維持している。そのため、岡山県は桃全体の収穫量は2022年現在、6,580tと全国6位であるが、清水白桃の栽培面積や収穫量は全国1位を維持している。清水白桃は7月の短い期間に収穫され、形が整い大きくて、色も白くて美しく、味も秀逸であるため、贈答用として人気が高い。同様に岡山県農林水産部資料によれば、瀬戸内の晴天の多い気候風土を利用した果樹栽培では、マスカット・オブ・アレキサンドリアやピオーネの栽培面積がそれぞれ44.4haと822.4haと全国1位を誇っている。ちなみにブドウ全体の収穫量では14,600t（2022年）で全国3位である（全国1位は山梨県）。

◎日本一の漁獲量のフナ　　農林水産省の漁業・養殖業生産統計によれば、2022年における岡山県のフナの漁獲量は147t（全国シェア43.4％）と他の都道府県を圧倒して全国1位である。主要な産地は児島湖とその周辺である。児島湖とその周辺でフナ漁が盛んなのは、江戸時代から干拓事業により農地開発が進められ、海水をせき止めて干潟への流入を防ぎ、土地を淡水化する作業が行われたことと関係している。干拓によって造られた水路は農業用水を供給するため淡水化され、それによって児島湖も淡水化された。そこにフナなどの淡水魚が多く生息するようになり、フナの主要な漁場となった。ちなみに、岡山平野の80％は干拓で生まれたといわれている。また、岡山県は「晴れの国」であり、県南部は降水量が少なく、水稲作に支障をきたすことが多かった。そのため、農業用水の水源としてため池が築造され、そのため池にフナが生息し、そこでフナ漁が行われたこともフナの漁獲が多いことと関連している。さらに、県南部で冬に食べられる郷土料理としてフナ飯があることもフナ漁が盛んなことと関係している。フナ飯は脂ののった寒ブナをミンチ状にして、根菜などの野菜と一緒に炒め煮してできたこくのある汁を、熱いご飯にたっぷりかけたものである。児島湖では主にキンブナやギンブナが投網や仕掛け網（定置網）によって漁獲されているが、1980年代以降、漁獲量は児島湖周辺の都市化の影響で急激に減少している。

◎日本一の生産量の学生服　　経済産業省の経済構造実態調査（製造業事業所調査）によれば、2021年における岡山県の男子学校服と女子学校服の生産量はそれぞれ57万8,260点（全国シェア74.2％）と116万5,540点（全国シェア61.6％）でともに圧倒的な全国1位を誇っている。主要な製造地は倉

敷市児島や玉野市である。これらの地域で学生服の製造が盛んな理由はいくつかある。1つ目は、江戸時代から繊維産業が発展していたことである。米の増産を目的に瀬戸内沿岸が干拓されたが、塩害で米が作れず、米に代わって塩分土壌に強い綿花が栽培され、真田紐や足袋などが生産された。そのことが後の時代の学生服づくりにつながる。2つ目の理由は、第一次世界大戦以降は洋装の普及により足袋の需要が激減し、足袋の裁断や縫製の技術がそのまま学生服に活用されことである。3つ目の理由は、学生服の需要は第二次世界大戦後に伸び続けたが、その需要を維持するために様々な工夫を行ったことである。具体的には、現在、多くの学校の学生服の主流となっているブレザータイプのものは岡山県発祥であり、それは団塊ジュニア世代を取り込む意図で提案されたデザインであった。保守的な制服を生産しつづけることだけでは現在の発展はなかったといえる。最後の4つ目の理由は、学生服製造の大手3社が倉敷市に立地し、製品の質やデザインで常に競争してきたことである。ところで、瀬戸内沿岸の繊維産業は倉敷市児島におけるデニム（ジーンズ）生産の発展にも貢献しており、岡山県はデニム生産で日本一を誇っている。同様に、経済産業省の経済構造実態調査（製造業事業所調査）によれば、2021年における岡山県のワイシャツの生産量は70万478ダース（全国シェア59.0％）と他の都道府県を圧倒して全国1位である。ワイシャツの主要な産地も瀬戸内沿岸の倉敷市や井原市である

◎**日本一の生産量の畳表**　経済産業省の経済構造実態調査（製造業事業所調査）によれば、2021年における岡山県の畳表の生産額は約51億9,000万円（全国シェア53.1％）と都道府県別で最も多い。畳表の生産はい草の栽培と密接に関連しており、瀬戸内沿岸の干拓地では塩分を含んだ土壌に強いい草が盛んに栽培され、い草製品の生産が行われていた。その中心は早島町で、江戸時代には早島町のい草で製造された畳表は備前表と呼ばれて高い評価を受けていた。明治期以降になると、畳表に加えて花ござも製造されるようになり、早島町では1964年頃がい草の作付面積と畳表生産のピークであった。その後、早島町の地理的位置は岡山市と倉敷市に挟まれて隣接しており、両都市の都市化の影響を受けて、住宅地が拡大し、い草の作付けはほとんどなくなってしまった。しかし、い草による畳表の製造加工技術は地域に残り、畳表の製造は他地域からのい草や中国から輸入したい草を用いて行われている。

中国地方　197

◆生活文化・その他
◎日本で一番高い場所に建つ現存天守の城　県南西部の高梁市の臥牛山に築城された備中松山城の天守は標高430mの場所に建てられており、それは12の現存天守のなかで日本一高い場所となっている。現存天守は江戸時代あるいはそれ以前に建設され、現代まで保存されている天守であり、現在では弘前城、松本城、丸岡城、犬山城、彦根城、姫路城、松江城、備中松山城、丸亀城、松山城、宇和島城、高知城の12の城のみになっている。備中松山城の基になった臥牛山の砦は鎌倉時代にすでに築かれており、戦国時代に勢力範囲を臥牛山全体に広げ、曲輪が拡張されて山城として整備された。江戸時代になると、備中松山城は幕府の許可を得て大改修され、近世城郭として生まれ変わった。明治期になると廃城令により城の一部が取り壊されたが、天守や二重の櫓や土塀などが残され、それらは1950年（昭和25）年に重要指定文化財に指定された。備中松山城は近世の城郭としては珍しい山城であり、岐阜県の岩村城と奈良県の高取城とともに日本三大山城に数えられている。山城のため、険しい山道を登って天守に向かうことが特徴であり、天守は二重二層で高さ約11mと現存する12天守のなかで最も小さい。高所に建つ備中松山城は条件がそろうことにより雲海に浮かぶ「天空の城」になることでも知られており、その景観を見るために多くの観光客が訪れる。

◎日本一広い面積の棚田　環境省自然環境局の資料によれば、県中央部の久米南町の北庄地区には約2,700の棚田が谷や尾根筋に広がって分布し、その面積は88haに及び、その面積は日本一である。北庄の棚田では用水源となるため池や水路が地域の伝統的な水利管理に基づいて維持され、有機栽培や減農薬栽培で米作りも行われており、環境に配慮した農法が持続されている。そのため、棚田では良好な環境がつくられ、生物多様性も確認されている。棚田の管理は地域の北庄中央棚田天然米生産組合が主体となって行っており、都市住民などとの交流を図りながら農地の保全活動を進めている。また、地域の小学校との交流も盛んで、田植えや稲刈りなどの体験をする「田んぼの学校」などが実施されている。北庄の棚田における最近の課題は、農家の高齢化により棚田の不耕作地化が進展し、まとまった棚田景観が部分的に損なわれてしまうことである。また、棚田の保全活動の担い手が高齢化して適切な保全ができなくなっていることも課題であ

る。そのため、地域の小学生が棚田の保全活動に興味をもてるように、「田んぼの学校」のような工夫が行われている。

◎日本一古い庶民の学校　　岡山藩主の池田光正は1670（寛文10）年に日本で最初に「庶民のための学校」である閑谷学校を開設し、地方の指導者を育成するために武士のみならず庶民の子弟も教育した。学校は1870（明治3）年の藩政改革により閉鎖されたが、1884年（明治17）年に閑谷黌として再び開講して学校教育を担うようになった。それ以来、学校の名称は私立閑谷中学校、私立閑谷黌、中学閑谷黌、岡山県閑谷中学校と変化し、第二次世界大戦後には県立閑谷高等学校となり、1949年には県立和気高等学校と統合された。学校の名称は変わったが、地方の教育を担う役割は変わることなく、閑谷学校の校舎の建物も1964年まで利用されていた。閑谷学校は2015年に近世日本の教育遺産群として茨城県の弘道館、栃木県の足利学校跡、大分県の咸宜園跡などとともに最初の日本遺産に認定された。

岡山県の特徴とさらに理解を深めるために

　岡山県は旧国の3つに地域区分されることが多いが、自然環境や土地条件に基づく県の北部、中部、南部の地域区分が人々の生活文化や経済活動を的確に反映したものになっている。特に、県南部の瀬戸内沿岸の自然環境は人間の居住に適しており、多くの人口を集中させてきた。結果として、岡山市や倉敷市が連担する都市圏がつくられ、さらに交通インフラの整備とともに広域的な都市圏が形成されている。また、県南部の農地を拡大させるため干拓事業が江戸時代から行われてきたが、塩分を含む土壌は稲作の障害になった。しかし、塩分に強い綿花やい草の栽培が普及し、それに関連する製造業の発展が今日の産業立地の礎となった。

〈岡山県に関する理解を深めるための本〉
地形や地質、歴史、文化、産業などの特徴を地図で読み解きながら解説：
・昭文社旅行ガイドブック編集部編（2021）『岡山のトリセツ』昭文社
古代の吉備国の地域における歴史や文化、および現代の社会経済を解説：
・総社観光プロジェクト実行委員会編（2021）『総社観光大学』吉備人出版

㉞ 広島県

収穫量日本一のクワイ

広島県の概説

　広島県の北は中国山地で島根県と鳥取県と、東は吉備高原で岡山県と、西は安芸西部山地で山口県と接しており、南は瀬戸内海に面し、芸予諸島など大小138もの島々を挟んで、四国の愛媛県と香川県に相対している。地形的には北部の中国山地と中部の吉備高原、そして南部の瀬戸内地域の低地と島嶼部に地域区分できる。気候的にも、北部の山間部は日本海側気候で、積雪があり、降水量も多く、冬は寒冷である。しかし、南部では瀬戸内気候となり、温暖で降水量も少ない。このような地形や気候の地域的差異は人口分布や産業立地にも影響を及ぼしている。宅地や工場や商業地などの都市的土地利用は瀬戸内海沿岸を中心に分布し、それらは県全体の8.8%を占めるにすぎない（全国平均は10.6%）。都市は主に太田川や芦田川、沼田川、江の川の中流域や下流域の沖積地に立地し、広島市や福山市のような都市圏も形成されている。特に、広島市は政令指定都市であり、中国・四国地方において最大の都市になっている。歴史的にみると、県の東部は備後の、西部は安芸の領域であり、それぞれの中心地が福山都市圏と広島都市圏となる。そのため、生活圏の観点では福山市を中心とする東部と、広島市を中心とする西部とに地域区分できる。しかし、高速道路や新幹線が県南部の瀬戸内海沿岸を横断することで、2つの都市圏が連担し、工業地帯も連続するようになり、重化学工業を中心とする瀬戸内工業地帯が形成されている。他方、瀬戸内の気候を活かした柑橘類栽培などの農業や、瀬戸内の水産資源を活かした漁業も盛んである。

広島県の日本一

◆自然
◎日本一広い面積のアカマツ林　　環境省の自然環境保全調査（1994～98

年）によれば、広島県におけるアカマツ林の面積は3,700 km^{2}で全国1位を誇っている（2位は山口県の3,181 km^2、3位は兵庫県で2,569 km^2）。また、広島県林業課の資料によれば、県の森林面積のうち31％に当たる17.5万 ha が人工林で、人工林の13％に当たる2.2万 ha がアカマツ林である。アカマツ林は県中央部から沿岸部にかけて広く分布しており、アカマツ林が多いのは人為的な攪乱によるものである。具体的には、薪炭用や肥料用として落葉・落枝の採取や立木の伐採が繰り返されたことと、中国山地におけるたたら製鉄や瀬戸内沿岸における製塩や窯業の燃料として立木の伐採が行われたことで森林が縮小し、代替としてアカマツの植林が行われたことである。県の中央部は花崗岩の風化土壌のため乾燥しやすく、肥沃な土壌でないため、痩せ地でも生育するアカマツ林が選択された。近年では、松枯れ病により、アカマツ林の面積は縮小傾向にあるが、日本一の面積を誇ることに変わりない。

◆産業

◎日本一の収穫量のクワイ　　農林水産省の地域特産野菜生産状況調査によれば、2020年における広島県のクワイの収穫量は111 t（全国シェア55.0％）と他の都道府県を圧倒して全国1位である。主要な産地は福山市であり、1902年頃に福山城周辺の肥沃な堀で栽培が始まったといわれている。瀬戸内の温暖な気候と日照量の多いこと、および江戸時代に新田開発用に造られた網の目状の用水路から供給される豊富な水がクワイ栽培に適していた。クワイは1955年頃から「芽が出る」縁起のよい食べ物として正月料理に欠かせないものとなり、全国的な需要の拡大にともなって、クワイの作付面積は福山市南部を中心に拡大した。福山市で栽培されるクワイは、表面の青色が鮮やかで、ほっこりとした食感が優れていることが特徴的であり、「福山のくわい」として2020年に地理的表示（GI）保護制度にも登録された。クワイは6月頃に水田に植え付けられ、11月中旬から12月中旬に収穫される。栽培期間中は湛水状態が続くように、水管理をしなければならない。収穫は水圧を利用した掘り取り機で掘り出して行われている。

◎日本一の収穫量のワケギ　　農林水産省の地域特産野菜生産状況調査によれば、2020年における広島県のワケギの収穫量は346 t（全国シェア49.6％）と他の都道府県を圧倒して全国1位である。瀬戸内沿岸の温暖な気候と砂質土壌がワケギの栽培に適しており、栽培は明治初期から始まり、尾

道市や三原市が主要な産地である。ワケギは、種子ではなく鱗茎と呼ばれる球根を分けて増殖させていく栽培に特徴があり、球根を植え付けて株分かれして増えていく様子が子孫繁栄を象徴するものとして縁起のよい食材になっている。ワケギは露地とビニールハウスを用いて周年で栽培されているが、最盛期は3月中旬から5月上旬と、9月から11月である。収穫されたワケギは「広島わけぎ」という地域の統一ブランドで関西市場を中心に出荷されている。

◎日本一の収穫量のレモン　　農林水産省の作物統計によれば、2020年における広島県のレモンの収穫量は4,961t（全国シェア56.3％）と都道府県別で最も多く、圧倒的な全国1位を誇っている。広島県におけるレモン栽培の始まりは、豊田郡大長村（現在の呉市豊町大長）が1891（明治31）年にネーブルの苗木を和歌山県から購入した際に混入していたレモンの苗木3本を試植したことであった。レモン栽培は瀬戸内の雨の少ない温暖な気候に適しており、明治末期から大正初期にかけてレモンの収益性が高まり、栽培面積は急激に拡大し、その後も順調に栽培が拡大した。しかし、1969年のレモン輸入の自由化や1976年と1981年の大寒波の影響で国産レモンの生産量は減少した。その後、国産農産物の再評価と需要拡大にともなって、国産レモンの栽培面積と生産量は増加する傾向にある。現在は、呉市、大崎上島町、および尾道市の島嶼部を中心にレモンが栽培されており、広島レモンの大きな特徴は減農薬あるいは無農薬で栽培され、防カビ剤や防腐剤などの薬剤を使わず、完熟した新鮮なものを市場に出荷していることである。1月から5月までは露地栽培のイエローレモンが、7月から10月まではハウス栽培のレモンが、そして10月から12月は露地栽培のグリーンレモンが出荷され、「瀬戸内 広島レモン」や「せとだエコレモン」などの地域ブランドもつくられている。

◎日本一の養殖量（水揚げ量）の牡蠣　　農林水産省の漁業・養殖業生産統計によれば、2022年における広島県の牡蠣の養殖量（水揚げ量）は9万6,816t（全国シェア58.5％）と他の都道府県を圧倒して、全国1位を誇っている。広島県における牡蠣の養殖の歴史は古く、室町時代の終わり（1532年から1555年）には石蒔養殖法などで牡蠣を獲っていた。しかし、牡蠣の水揚げ量が飛躍的に拡大したのは、第二次世界大戦後に「筏垂下式養殖」が普及してからであり、その普及によって全国的な養殖牡蠣の主産地になった。

養殖漁場は県の中部と西部海域を中心に分布し、島や岬に囲まれ、波が静かで、潮の流れも適度にあり、適度な水温の変化、流れ込む河川水の影響で梅雨時期から夏にかけて海水の塩分濃度が適度に変化すること、そして河川水の栄養によってプランクトンが多く発生することなど、牡蠣の生育に適した条件がそろっている。牡蠣の養殖は夏に孵化した幼生をホタテガイの貝殻で採苗し、採苗後のホタテガイの貝殻を1枚ずつ垂下連にして、沖合の筏につるすことが基本的な作業であり、筏の大きさは縦10m横20mほどであり、1つの筏に約700本の垂下連が吊るされる。その後、牡蠣は12か月から13か月で成長し、10月から翌年の5月まで出荷される。ちなみに、広島市の1世帯当たりの牡蠣の年間消費量と消費金額は1,175g（全国平均は438g）と2,019円（全国平均は807円）でともに全国1位である。

◎日本一の出荷額のウスターソース　経済産業省の経済構造実態調査によれば、2021年における広島県のウスターソースの出荷額は136.3億円（全国シェア27.5％）と都道府県別で最も多い。また、出荷量も3万1,145kLで全国1位を誇っている。広島県におけるウスターソースの生産は第二次世界大戦後に本格化し、それは広島県のソウルフードと呼ばれるお好み焼きの発展と軌を一にしている。広島お好み焼きは支援物資として入ってきた小麦粉に、手に入りやすい具材を載せて焼いたものが始まりであり、第二次世界大戦直後のお好み焼きは子どものおやつだけでなく、空腹を満たす食事としても重要であった。そのお好み焼きに欠かせないものがウスターソースであり、お好み焼きの普及とともにウスターソースの生産も急増した。広島県のお好み焼きは鉄鋼業で造られていた厚い鉄板を用いて屋台で提供されていたが、屋内やビルの中にお好み焼き屋がつくられるようになり、ソースの需要はさらに増加した。一方、さらっとしたウスターソースが鉄板に流れ落ちることがお好み焼き業者の悩みの種であったが、お好み焼き専用のソースも開発され、ウスターソースの改良が進められた。ちなみに、広島市の1世帯当たりのソースの年間消費量と消費金額は2,231mL（全国平均は1,434mL）と1,233円（全国平均は780円）でともに全国1位である。

◎日本一の出荷額のヤスリ　経済産業省の経済構造実態調査によれば、2021年における広島県のヤスリの出荷額は7.4億円（全国シェア68.6％）と圧倒的な全国1位を誇っている。ヤスリの主産地は呉市仁方町であり、そこで生産されたヤスリは「仁方ヤスリ」として知られている。仁方ヤスリの

起源は江戸末期に仁方の職人が大阪から製法技術を習得したことといわれている。仁方においてヤスリ製造が発展したのは、もともと農鍛冶が発展していたためにヤスリの技術導入がしやすかったことと、農家の副業として下請けが容易であったことなどが挙げられる。郷土資料によれば、1890（明治23）年には26戸が仁方村でヤスリ業を営み、年間12万本を製造するまでに発展し、昭和初期から第二次世界大戦中にかけて仁方のヤスリ産業はさらに発展した。また、第二次世界大戦後、仁方地区は戦災を受けなかったため、大阪や東京のヤスリメーカーに代わって生産するようになり、1960年代には仁方のヤスリ産業の最盛期を迎えた。しかし、1970年代から大型ホームセンターが全国で多く立地するようになり、廉価なヤスリによって仁方ヤスリの需要は低下し、伝統的な地場産業の活路が模索されている。

◆生活文化・その他

◎日本一の多い1人当たりのスポーツ観戦費用　　総務省統計局の家計調査によれば、2022年における広島市の1人当たりのスポーツ観戦費用は1,872円（全国平均は380円）とかなり高く、全国1位である。これは、プロ野球チームやプロサッカーチームJ1の有力チームが存在していることと関連しており、それらの熱烈なファンが多いことを反映している。

広島県の特徴とさらに理解を深めるために

　広島県は瀬戸内海沿岸の限られた土地に多くの人口が居住し、さまざまな社会経済活動が展開している。しかし、その限られた土地は地形的にも気候的にも恵まれており、快適な居住環境とさまざまな利便性を提供し、現在の産業立地の発展を支えてきた。結果的には、広島都市圏と福山都市圏が形成され、それらを中心とする生活圏が確立し、それが広島県の一つの地域区分として機能している。さらに、瀬戸内沿岸の交通ネットワークの充実は、周辺の都市圏との結びつきを強める傾向にあり、徳山都市圏は岡山・倉敷都市圏と、広島都市圏は岩国都市圏と広域的に結びつく傾向にある。

〈広島県に関する理解を深めるための本〉
地球史、歴史、地理、伝統、文学、農産物など多岐にわたる項目から解説：
・河合敦監修（2022）『広島の教科書』JTBパブリッシング
地形や地質、歴史、文化、産業などの特徴を地図で読み解きながら解説：
・昭文社旅行ガイドブック編集部編（2020）『広島のトリセツ』昭文社

㉟ 山口県

日本一長いアーチ型木橋の錦帯橋

山口県の概説

　山口県は本州の最西端に位置し、東を島根県と広島県に接し、北と西と南の三方をそれぞれ日本海、響灘、周防灘とそれに続く瀬戸内海に囲まれている。県の中央部を中国山地が横断し、その北側は中国山地から連続して山地が広がり、西側には秋吉台を中心とする長門山地や長門丘陵が広がり、南部では岩国市から徳山市にかけて周南丘陵が展開している。全体的に山地や丘陵地が多く、平地は沿岸地域の河口付近に比較的まとまって分布しているが、内陸部では川沿いの盆地に点在しているにすぎない。そのような平地が人々の生活の拠点となり、さまざまな産業や文化を生み出してきた。気候的には、中央の中国山地を境にして、大きく瀬戸内気候の地域、山間部の内陸性気候の地域、および日本海側気候の地域の3つに分けられ、風水害や地震も比較的少ない。特に、瀬戸内気候の地域は温暖で、比較的平地にも恵まれ、さまざまな交通幹線が江戸時代から整備されていたため、居住や産業が他地域と比較して発達していた。歴史的にみると、県の北部は旧国の長門であり、南部は周防となるが、江戸時代には主に長州藩により長門と周防が支配されたため、旧国による生活文化や産業立地の地域的差異は少ない。県内における生活文化や産業立地の地域的差異は明治期以降の交通の整備状況や他地域との結びつきやすさ、あるいは地域資源や地理的環境の活用の仕方によるところが大きい。

山口県の日本一

◆自然
◎日本一広いカルスト台地　　山口県の中西部の美祢市に展開する秋吉台は北東方向に約16km、北西方向に約6kmの広がりをもち、総面積54km^2（石灰岩の分布域は93km^2）を誇る日本最大規模のカルスト台地である。秋

中国地方　205

吉台の始まりは約3億5000万年前の暖かい海のサンゴ礁であり、サンゴ礁は時間の経過とともに石灰岩となり、海から大陸の端までプレート運動で移動し砂や泥や礫などとともに500mから1,000mの厚さになるまで堆積したものが台地状の土地となっている。カルスト台地は石灰岩などの水に溶解しやすい岩石で構成されているため、台地は雨水、地表水、土壌水、地下水などによって侵食や溶食されて、ドリーネ（地面がすり鉢状にへこんだ窪地の地形）や鍾乳洞などの特徴的な地形をつくっている。また、台地のいたるところに突き出ている岩は、石灰岩がプレート運動により隆起して外に突出したものである。秋吉台は1955年に国定公園になり、1964年には国の特別天然記念物に指定された。さらに、2015年には「Mine 秋吉台」として日本ジオパークに選定され、秋吉台のカルスト台地としての価値が発信されている。ちなみに、秋吉台は四国カルスト（愛媛県と高知県）と平尾台（福岡県北九州市）とともに、日本三大カルスト地形の1つになっている

◎日本一低い火山　　萩市に位置する笠山は標高112mで、日本で最も低い火山である。火山はマグマが地表に噴き出す現象の噴火から生まれた地形であり、笠山は約8800年前の噴火によって安山岩の溶岩台地とスコリアが降り積もって形成された。萩市にある独立単性火山群である阿武火山群の一つであり、その火山群は約およそ400km^{2}の範囲で約40の単成火山が点在する。個々の火山の活動は異なる場所で噴火したため、比較的小規模である。火山噴火予知連絡会と気象庁では、活火山の定義を「概ね過去1万年以内に噴火した火山及び現在活発な噴火活動のある火山」としており、阿武火山群で最も活動の新しい笠山は活火山として識別されている。笠山は最も新しい噴火でスコリア丘がつくられ、丘の頂には直径30m、深さ30mの火口が残っている。笠山の頂上には展望台があり、そこからは萩市や日本海の景観を眺めることができる。

◎日本一多い国指定の天然記念物数　　文化庁の文化財指定等の件数によれば、2021年現在、山口県の国指定の天然記念物数は43件（全国の4.6％）と都道府県別で最も多い（2024年では全国2位に後退）。山口県に天然記念物が多いのは、ゲンジボタルやエヒメアヤメなどの動植物と、日本海沿岸における断崖絶壁や洞門などの特徴的な海岸地形、あるいは雄大なカルスト台地など多様で豊かな自然資源が存在するためである。また、このような自然資源を地域資源として保全してきた地域の人々の意識の高さも天然

記念物の多さにつながっている。例えば、下関市豊田町木屋川流域はゲンジボタルの生息地であり、日本有数のホタルの里として天然記念物のゲンジボタルの保全や生息環境の整備、およびそれを活かした地域の活性化を両立させている。

◆産業

◎日本一のフグ類の取扱量の市場　海の水産資源が豊かな下関市には3つのタイプの市場が存在する。1つ目は養殖魚の相対売りと観光客を対象とした市場を併せ持つ唐戸市場、2つ目は一般鮮魚を扱う下関漁港市場、そしてもう一つがフグ専門の卸市場である南風泊市場である。下関漁港統計年報によれば、2018年における南風泊市場のフグ類の取扱量は1,906t（全国シェア約80％）と日本一を誇っている。南風泊市場では水揚げされたフグや集荷されたフグのセリが、下関唐戸魚市場仲卸協同組合の22社で行われる。フグのセリは伝統の「袋セリ」で、片腕に黒い袋をはめたセリ人と、黒い袋に手を差し込む買い手とのやりとりで値段が決まっていく。南風泊市場がフグの一大集積地となった理由としては、1888（明治21）年に当時の首相伊藤博文によって日本ではじめてフグ食が下関で解禁され、優れた料理人が集まり、適切に除毒作業ができるようになったことと、熟練した目利きの仲卸人と除毒作業に長けたフグ専門の職人が集まっていること、そしてトラフグの産卵地である玄界灘沖や瀬戸内海沿岸に近く、フグの漁場である東シナ海や日本海や瀬戸内海をつなぐ場所に下関が位置していたことなどが挙げられる。現在では南風泊市場で流通するフグは「下関ふく」としてブランド化している。

◎日本一の水揚げ量のアンコウ　山口県下関水産振興局の資料によれば、2022年における下関漁港のアンコウの水揚げ量は289tと日本一の水揚げ漁港になっており、全国で水揚げされたアンコウの約60％を下関漁港が占めている。なお、アンコウは全国共通の統計対象魚種ではないため、国から公表された統計資料はない。下関漁港で水揚げされるアンコウは、沖合底曳網で漁獲されており、60tから75tの底曳網漁船2隻が一組となり操業する。漁場は下関漁港から約200km離れた萩市見島沖から長崎県対馬周辺までで、そこはアンコウの餌となるイカ類やタコ類や魚が豊富な場所でもある。アンコウの漁は8月中旬から翌年の5月下旬まで行われ、1回の漁は5日程度であり、漁が終わると下関漁港に戻って水揚げし、資材や燃料の補

給を行って、再び漁場に戻る。そのため、漁師は毎月5回程度アンコウ漁にでている。

◎**日本一の出荷量の魚肉ソーセージ**　農林水産省の水産加工統計調査によれば、2022年における山口県の魚肉ソーセージの出荷量は5,851t（全国シェア10.0％）と都道府県別で最も多い。魚肉ソーセージの水産加工工場は主に下関市に立地しており、下関漁港を中心に展開する大手漁業会社の存在と、その漁業会社によって供給される新鮮で廉価な大量の魚類の存在、さらに県南西部の地域で伝統的に行われていた魚肉の練（れんか）り物製造とその技術の蓄積が大きな立地要因になっている。

◆生活文化・その他

◎**日本一の消費額のガソリン**　2人以上の世帯を対象に都道府県庁所在地と政令指定都市で実施された総務省の家計調査によれば、2021年から2023年における山口市の1世帯当たりのガソリンの年間消費額は9万6,367円（全国平均は66,198円）で全国1位である。ガソリン消費量も614.21ℓ（全国平均は423.23ℓ）で三重県の津市に次いで全国2位である。このようにガソリンの消費額や消費額が多いのは公共交通機関が、特に日常的に利用できる鉄道が十分に発達していないことや、自家用車を利用して長い距離を通勤する人の多いことが起因している。さらに、自家用車の所有率や購入率も比較的高く、通勤や買い物の移動に自家用車を使用することが多いこともガソリン代の支出を多くしている。

◎**日本一長いアーチ型木橋**　岩国市の錦川（にしきがわ）に架橋された、5連のアーチ橋である錦帯橋（きんたいきょう）は全長193.3m、幅員5.0mで、木造橋として日本一の長さを誇っている。岩国3代藩主の吉川広嘉（きっかわひろよし）が1673（延宝元）年に木造橋を架けたが、錦川の洪水によりすぐに流失した。しかし、橋は改良を加えて、1674（延宝2）年に再建された。主要構造部は継手（つぎて）や仕口（しぐち）といった組木（くみき）の技術により、釘（くぎ）を1本も用いることなく造られている。また、石積の橋脚に5連の太鼓橋（たいこばし）がアーチ状に組まれた構造が特徴的で、木造のアーチ橋は世界的にみても珍しい。この橋は1950（昭和25）年9月の台風29号（キジア台風）による洪水で流失するまでの276年間しっかりと威容を保っていた。流失後、錦帯橋は市民の強い要望により、1953年には木の橋として再建された。錦帯橋は中国広州の西湖の堤に架かる橋をモデルにして創建されたため、2004年には西湖の橋と姉妹橋となっている。また、錦帯橋は日本橋（東京

都)と眼鏡橋(長崎県)とともに日本三大名橋の一つに、そして猿橋(山梨県)と愛本橋(富山県)とともに日本三大奇橋の一つに数えられている。
◎日本一長い私道　宇部伊佐専用道路は、宇部市から美祢市までのUBE三菱セメントが保有する専用道路であり、全長31.94kmに及ぶ日本一長い私道となっている。この専用道路は、宇部興産株式会社(現在のUBE株式会社)がセメント事業を分社化する以前の1968年4月から1977年6月にかけて建設したもので、一般の高速道路と同じ基準で建設されている。旧宇部興産は美祢市伊佐で産出する石灰石を宇部地区へ輸送するため、かつては鉄道とトラックを利用していた。しかし、鉄道は輸送量が不安定で輸送コストも高いという欠点があり、トラックも交通渋滞の影響を受けやすい欠点があった。長期的、多目的な利用が見込まれ建設過程で出た土砂に含まれる粘土や硅石をセメントの原料に利用できること、そして地域振興に貢献できることなどを考慮して、石灰石を輸送する専用道路の建設が行われた。現在でも、総重量130tに及ぶ大型のダブルストレーラが日々走行している。

山口県の特徴とさらに理解を深めるために

　山口県は本州の最西端にあり、岩国市や徳山市、あるいは山口市や下関市のようにいくつかの都市が都市圏を形成しており、県内における抜きんでたプライメイトシティは存在しない。それは、江戸時代からの土地条件に基づく地域ごとの中心地の立地や伝統を受け継ぐものであり、そのことが中心地間の距離を長くし、通勤や通学や買い物などの移動距離を長くしている。しかし、本州最西端という地理的位置は、日本海と瀬戸内海を、あるいは本州と九州を結ぶ結節点として有利に機能している。

〈山口県に関する理解を深めるための本〉
瀬戸内海と日本海の境界、山陽と山陰から関門を経て九州への境界に言及:
・井竿富雄編著(2023)『知られざる境界地域 やまぐち』北海道大学出版会
地形や地質、歴史、文化、産業などの特徴を地図で読み解きながら解説:
・昭文社旅行ガイドブック編集部編(2021)『山口のトリセツ』昭文社

㊱ 徳島県

収穫量日本一のシロウリ

徳島県の概説

　徳島県は四国の東部に位置し、北は香川県、南は高知県、西は愛媛県に接しており、北東部から南西部にかけては瀬戸内海と太平洋に面し、鳴門海峡(なると)(かいきょう)を隔てて兵庫県と、紀伊水道を隔てて和歌山県に対している。県の中央部を東西に走る四国山地は豊かな森林地域となっており、森林は県域の約75％を占めている。四国山地の北側では、讃岐(さぬき)山脈に沿って吉野川が西から東に流れ、くさび形に徳島平野を形成している。吉野川の川筋は中央構造線とほぼ一致しており、勝浦川や那賀川などほとんどの水系が西の山間部から東に流れ、それぞれの河口には小規模な海岸平野をつくっている。四国山地の南側では険しい山々が連なって平地が少なくなり、山地は海岸まで迫っている。気候も四国山地の北と南で異なっており、それぞれ瀬戸内気候と太平洋側気候の特徴を呈している。旧国は阿波であり、江戸時代には藩の藍(あい)・塩・砂糖・葉たばこの専売により、地場産業が発達し、藩や地域に多くの富をもたらした。阿波の撫養港(むやこう)(現在の鳴門市)は南海道における四国の玄関口を古代から担っていたが、江戸時代においてもさまざまな商品や物資の輸送ターミナルとして栄えた。このような交通の要衝としての役割はその後も引き継がれ、昭和期においては共同汽船などの運航でヒトやモノの往来が活発に行われ、現在では大鳴門橋(神戸淡路鳴門自動車道)や徳島港と和歌山港を結ぶ南海フェリーで近畿地方と結ばれている。そのため、県内における産業経済や生活文化の面において近畿地方の影響が大きく、近畿地方の府県と連携した関西広域連合も形成されている。

徳島県の日本一

◆ 自然
◎日本一速く大きい渦潮　　鳴門海峡の渦潮(うずしお)の潮流の最大時速は約20km

であり、日本一である。また、渦潮の直径も春と秋の大潮の時に20mから30mになり、その規模も日本一である。鳴門海峡の渦潮が大きく、その潮流が速くなるのは、瀬戸内海と紀伊水道の干満差によって海水が高いほうから低い方に流れる際に、鳴門海峡の幅は約1.3kmと急に狭くなり、海底地形もV字型で最深部90mと急に深くなることで、潮流は抵抗の少ない深部で速く流れ、抵抗の多い浅瀬で遅く流れるためである。速い流れと遅い流れがぶつかることで渦潮が生じ、瀬戸内海と紀伊水道の干満差の大きさ（鳴門海峡を挟んだ播磨灘と紀伊水道との間で海水面の水位差は最大約1.5m）や鳴門海峡の特徴的な海岸地形により速くて大きい渦潮がつくられる。1日に満ち潮と引き潮が交互に2回ずつ約6時間周期で生じるため、渦潮が生じるのも約6時間周期となる。ちなみに、鳴門海峡の潮流はイタリアのメッシーナ海峡とカナダのセイモア海峡の潮流とともに、世界三大潮流といわれている。

◎日本一の規模の波の化石　海陽町の宍喰浦では3000万年から4000万年前の第三紀始新世から漸新世において海底に堆積した土砂の上を波が行き来することで波形の地層が形づくられた。その後、地殻変動によって海底が地上に隆起し、現在のような崖に模様が刻まれた波の化石の岩壁となった。高さ30m、幅20mの波痕の地層となった化石は日本一の露出面積となっている。

◎日本一の断崖　三好市西祖谷山村下名の竜ヶ岳は松尾川の中流部で腕山の南西の斜面に位置しており、その大断崖は標高1,165mの地点から高度差約600m、幅約2kmで、その高度差と規模は日本一となっている。

◎日本一低い自然の山　徳島市の弁天山は国土地理院の地形図に掲載された自然にできた山の中で最も低く、標高6.1mで、周囲は50mから60mである。当初、海に浮かぶ小島であったが、室町時代に潮が引き小山となった。山の周辺は水田開発され、現在は水田地域の小高い場所として目立つ。山頂には弁財天を祀る厳島神社があり、そこでは日本一低い山の登山証明書が発行されている。年間の登山客は物珍しさもあり1万人を超える。

◆産業

◎日本一の収穫量のシロウリ　農林水産省の地域特産野菜生産状況調査によれば、2020年における徳島県のシロウリの収穫量は1,800t（全国シェア58.4％）と他の都道府県を圧倒して全国1位を誇っている。主要な産地は石

井町、藍住町、および板野町であり、いずれも吉野川の中流域から下流域の徳島平野に位置している。そこでは肥沃な沖積土壌を基盤にして、シロウリや大根、野沢菜、壬生菜などの多種類の漬物用の野菜が栽培され、新鮮なうちに農家あるいは工場の漬物槽に塩漬けされて全国に出荷されている。特に、シロウリは塩漬けだけでなく、奈良漬けの原料として用いられ、徳島平野はその一大産地になっている。徳島平野における伝統的な商品生産は藍作であったが、藍作が大正期頃から衰退傾向になり、藍作に代わる商品生産として漬物用のシロウリの生産が導入された。シロウリの生産が商品生産として本格化するのは1950年代後半以降であり、それは食糧事情の好転や生活水準の向上などを背景に、良質の食材が求められるようになり、シロウリの在来種から優良系統が選定され、奈良漬けの漬物用として定着したためである。農家では80アール(a)ほどの畑でシロウリを6月から9月にかけて栽培し、8月頃に収穫した1kgほどのものを半分に割って種を取り除き、半年ほど塩漬けにして、漬物会社に出荷している。

◎日本一の収穫量のスダチ　　農林水産省の特産果樹生産出荷実績調査によれば、2021年における徳島県のスダチの収穫量と栽培面積は4056.6t（全国シェア98.8%）と381.9ha（全国シェア98.5%）とともに圧倒的な全国1位を誇っている。江戸時代にはスダチは自家用を中心に栽培されていたが、商品作物として本格的に栽培されるようになったのは1965年頃からである。それは、温暖な気候と豊富な日照量、水はけのよい傾斜地がスダチの栽培に適していたことと、優良系統品種の開発と選抜が実施されたこと、および「徳島すだち」の地域ブランドの確立により全国に販路が広がったことなどを反映していた。主要な産地は徳島市、神山町、佐那河内村、阿南市であり、スダチ栽培農家率が30%以上と高いのは佐那河内村（約56%）と神山村（約37%）である。いずれの地域においても、スダチの栽培面積は0.3ha程度と小規模であり、密植されて栽培される傾向にある。スダチの栽培形態はハウス栽培と露地栽培に大別され、露地栽培の収穫時期は8月中旬から10月中旬までであり、ハウス栽培の収穫時期は3月下旬から8月中旬までである。さらに、低温貯蔵技術が1970年頃に開発され、収穫したスダチを数か月間保存し、冬季に出荷できるようになり、周年供給が可能になった。

◎日本一の収穫量の生シイタケ　　農林水産省の特用林産物生産統計調査によれば、2022年における徳島県の生シイタケの収穫量は7,604t（全国シェ

ア10.9％）と都道府県別で最も多い。主要な産地は徳島市、小松島市、神山町、および美馬市や三好市である。県内では1950年頃にシイタケの原木栽培が始まったが、1970年代後半になると原木供給の不足や栽培農家の高齢化の問題が顕在化するようになり、原木栽培は1990年代までには菌床栽培に取って代わられてしまった。菌床栽培はオガクズなどの木質基材に米糠などの栄養源を混ぜた人工培地でシイタケを栽培する方法で、屋内で省力的に周年栽培して出荷できるようになった。

◎日本一の出荷額の発光ダイオード（LED）　経済産業省の経済構造実態調査（製造業事業所調査）によれば、2021年における徳島県の発光ダイオードの出荷額は2,527億8,800万円（全国シェア80.8％）と他の都道府県を圧倒して全国1位を誇っている。県内には高輝度青色LEDと白色LEDを世界ではじめて開発したLED素子メーカーがあり、そこでのLED生産量は世界トップレベルを誇っている。2005年当時は10社であったLED関連企業も2010年には100社を超え、それらの企業には照明器具、サイン・ディスプレイ、素材・部品デバイスのほか、植物工場などの新用途、画像処理・計測装置、イルミネーションなど幅広いメーカーが含まれている。さらに2011年以降は、産学官連携による新たなLED応用製品の研究や開発、およびLED関連企業の新たな集積拡大が進んだことで相乗効果や連携効果が増大し、「LEDバレイ徳島」として世界展開できるLEDの生産地になっている。

◎日本一の出荷額の果実缶詰　経済産業省経済構造実態調査によれば、2021年における徳島県の果実缶詰の出荷額は48億3,000万円（全国シェア13.8％）と都道府県別で最も多い。果実の缶詰の主要な産地は県南部の阿南市で、県内の果実の缶詰工場の約70％が集中している。阿南市における缶詰産業は明治後期に農家の副業としてタケノコの缶詰を生産したことに始まり、関西市場に近いこともあり発展した。しかし第二次世界大戦後、新たなミカンの缶詰製造技術の開発や食生活の変化に伴う国内需要の増加、および輸出の拡大などにより、ミカンの缶詰生産がタケノコのそれに取って代わるようになった。特に、阿南市の缶詰工場の多くはタケノコの缶詰製造の技術と機械をそのまま使うことができたため、ミカン缶詰への転換は容易であった。さらに、阿南市とその周辺は県内の主要なミカンの産地であるため、原料供給の近接性は果実の缶詰生産に有利に働いた。

◆生活文化・その他
◎日本一の消費量のサツマイモ　　総務省統計局の家計調査によれば、2020年における徳島市の1世帯（2人以上）当たりのサツマイモの年間の消費量と消費支出額はそれぞれ4,699g（全国平均は2,626g）と2,117円（全国平均は1,219円）で全国1位となっている。このように、徳島県でサツマイモの消費が多いのは、おいしくて良質なサツマイモ「鳴門金時」が栽培されていることと無関係ではない。鳴門金時は県北部の鳴門海峡の近くで栽培されており、温暖で降水量の少ない気候と海のミネラルをたっぷりと含んだ砂地によって、糖度の高いサツマイモが生産されている。収穫は7月下旬からであり、しばらく貯蔵して熟成させ、甘みが増してから順次出荷している。鳴門金時は焼芋や釜めし、大学芋、汁物など様々な食の材料として使われるとともに、郷土料理の「いももち」にも用いられている。いももちは、蒸したもち粉を加えたさつまいもの生地で餡を包んだ餅菓子であり、正月や収穫祭などのハレの日の食として地域に伝わっている。

徳島県の特徴とさらに理解を深めるために

　徳島県は西から東に流れる河川の上流部と中流・下流部の地域に概ね区分することができる。上流部は山地や森林が多くを占め、林業や山地斜面の土地を利用した小規模な農業が展開している。他方、中流・下流域には沖積平野が展開し、江戸時代の藍の生産に代表されるように、水稲作と組み合わせて商品生産が発達していた。そのような伝統が藍に代わる商品生産を生みだすだけでなく、しろうりやすだちのように地域資源を特産物に変え、さらに特産物を全国的な唯一無二の商品に発展させていった。地域資源の商品化を進める原動力のルーツも江戸時代の阿波藩が地域資源の商品化に努め、石高以上の財力を担保してきたことにある。そして、そのような原動力は新たな産業としてのLED生産にも受け継がれており、LEDも徳島県の地域資源として世界に出荷されている。

〈徳島県に関する理解を深めるための本〉
地形や地質、歴史、文化、産業などの特徴を地図で読み解きながら紹介：
・昭文社旅行ガイドブック編集部編（2021）『徳島のトリセツ』昭文社
景観変化や生活実態、土地の支配・所有形態などの空間・社会構造を解説：
・羽山久男（2019）『徳島藩分間絵図の研究』古今書院

㊲ 香川県

出荷量日本一のうちわ

香川県の概説

　香川県は四国の北東部に位置し、北から東を瀬戸内海に面し、南から西は讃岐山脈で徳島県と愛媛県に接している。県域の面積は1,876.79km²と日本で最小の都道府県である。讃岐山脈を源にほとんどの河川が北に流れて瀬戸内海に注ぎ、讃岐平野が海岸平野として広がっている。讃岐平野は人々の居住や経済活動の場となっており、瀬戸内海に面して高松市や丸亀市などの中心地が立地し、都市圏を形成している。また、瀬戸内海には西から大小28の島々からなる塩飽諸島と、大小27の島々が属す直島諸島、および小豆島がある。そのため、香川県は地形的に山間部と平野部と島嶼部の3つの地域に区分できるが、気候的にはほとんどの地域が温暖少雨の瀬戸内気候であることは共通している。このような日照時間が長いことはかつての塩づくりの産業を支えた大きな条件であった。また、降水が少ないため、讃岐平野では水稲作などの農業用水を補完するため、ため池が多く分布している。香川県は旧国のほぼ讃岐の範囲であり、江戸時代には主に高松藩と丸亀藩によって治められていた。それらの歴史的背景もあり、現在の香川県における生活圏は高松都市圏と丸亀都市圏に区分でき、それらの都市圏を中心に県東部（東讃地域）と県西部（西讃地域）に地域区分されている。本州の岡山県倉敷市と四国の香川県坂出市を結ぶ瀬戸大橋が1988年に開通し、道路や鉄道による岡山・倉敷都市圏への近接性が増し、丸亀都市圏と高松都市圏との結びつきも強まり、四国における香川県の重要性も増している。例えば、全国的な企業の四国支社や四国を統括する部局、また四国電力やJR四国などの本社機能も高松市に立地し、四国地域における高松市の中心性は高い。また、瀬戸大橋は橋と道路が一体となっており、道路鉄道併用橋では日本一の長さであり、世界最長の13.1kmに及んでいる。

四国地方

香川県の日本一

◆自然

◎日本一流域面積の狭い一級河川　流域面積が日本一狭い一級河川は、丸亀市を流れる土器川で、その流域面積は127km²である。土器川は讃岐平野の一部となる丸亀平野を形成し、瀬戸内海に流れ出ており、その流路延長は33kmである。土器川は瀬戸内地域の少雨地域を流れるため、水量が少ない。しかし、平野部における野業用水として取水され、満濃池にも水を供給しており、さらに河底に堆積した砂礫によって河川水が浸透しやすいため、時々「瀬切れ」と呼ばれる現象の涸れ川になってしまう。

◎日本一大きい灌漑用ため池　まんのう町にある満濃池は土堰堤の堤長155m、堤高32m、周囲19.7km、最大水深30.14m、満水面積138.5haの日本最大の灌漑用ため池である。その貯水量は1,540万m³で、東京ドーム12.4杯分に相当する。香川県は瀬戸内海地域の温暖少雨気候であるため、農業灌漑の水不足を解消するため多くのため池が築造された。2023年現在、香川県のため池の数は1万2,269か所で兵庫県と広島県に次いで全国3位であるが、香川県の1km²当たりのため池の密度は6.54か所（全国平均は0.42か所）と著しく高い（全国2位の兵庫県は2.90）。また、農業用水におけるため池への依存度は1978年に香川用水の完成によって70％から50％に減少したが、それでもため池の役割は変わらず重要である。これらのため池の中でも満濃池は規模や歴史、そして地域農業に果たす役割などに関して特別なものとして位置づけられている。満濃池の創建は大宝年間（701年から704年）であり、その後の洪水や地震などで堤防が決壊し、その都度、復旧や改修や嵩上げの工事が行われ、規模も次第に拡大されていった。2000年には満濃池の樋門が国の登録有形文化財（建造物）に登録され、2010年には農林水産省によってため池百選に選定された。さらに、2019年には国の名勝に指定された。

◎日本一狭い海峡　小豆島の土庄町前島（土庄地区）と本島（渕崎地区）の間の土渕海峡は全長2.5kmで、その幅の最も狭い場所は9.93mと日本一狭い海峡になっている。その狭い海峡は世界一狭い海峡としてギネス登録されている。海峡幅が一番狭い場所には永代橋が架かっており、容易に海峡を渡ることができる。

◆産業

◎日本一の生産量のオリーブ　　農林水産省の特産果樹生産動態等調査によれば、2021年における香川県のオリーブの生産量は521.8t（全国シェア87.5％）と圧倒的な全国1位を誇る。主要な産地は小豆島町、土庄町、および三豊市で、小豆島は日本で最初にオリーブ栽培に成功した場所として知られる。農商務省が1908（明治41）年に小豆島において1.2haの規模で試験栽培を開始し、瀬戸内の温暖少雨の気候風土に適応して順調に結実し、大正期の初めには搾油ができるまでになった。その後、オリーブ生産はオリーブ油の需要の増加とともに拡大したが、1959年のオリーブ製品の輸入自由化により安価な外国産のオリーブ油やテーブルオリーブ（オリーブの実の漬物）が大量に輸入されるようになり、オリーブ栽培は縮小した。1990年代以降、イタリア料理の流行や健康食品ブーム、および国産農産物嗜好の高まりにより、国産のオリーブ油の需要が増加し、オリーブ栽培は拡大するようになった。実際、2006年から2015年までの10年間におけるオリーブの栽培面積は約4倍と著しく拡大した。オリーブは植え付けてから4年目に結実し始め、10年以上たって成木となる。収穫時期はオリーブの品種によって異なるが、9月中旬から12月上旬までである。搾油用のオリーブの収穫は機械で行われるが、テーブルオリーブ用の収穫は手摘みで丁寧に行われる。

◎日本一の出荷額のうちわ　　経済産業省の経済構造実態調査によれば、2021年における香川県のうちわの出荷額は26億6,000万円（全国シェア60.1％）と他の都道府県を圧倒して全国1位を誇っている。主要な産地は丸亀市であり、江戸初期に金比羅参詣の土産物の朱赤に丸金印の渋うちわを「丸亀うちわ」としてつくったことが産地形成の始まりである。江戸時代に丸亀うちわが地場産業として定着したのは、丸亀藩が下級武士の副業として奨励したことと、材料が近隣の地域から供給されたことが大きかった。竹は伊予、紙は土佐、糊は阿波から供給されていた。明治期以降、持ち手の形状として丸柄より平柄の需要が高まると、平柄うちわである丸亀うちわの製造が飛躍的に増加した。さらに、平柄うちわは製造が容易で、大量生産に向いているため、うちわ生産の機械化にも素早く対応することができた。現在でもうちわ生産の主流は平柄のものになっており、その約85％は竹うちわではなく、ポリうちわになっている。しかし、竹うちわの製造は国の伝統工芸品に指定され、竹の節を取る「ふしはだけ」から始まり、切込

四国地方

みを入れる「割き」、「もみ」、「穴あけ」、「編み」、「貼り」など47工程に及ぶ作業が1人の職人の手で行われている。

◎**日本一の出荷額の衣服用ニット手袋**　経済産業省の経済構造実態調査によれば、2021年における香川県の衣服用ニット手袋の出荷額は28億1,000万円（全国シェア84.6％）と他の都道府県を圧倒して全国1位を誇っている。また、スポーツ用革手袋（合成皮革製を含む）の出荷額も全国シェアの70％以上を占めて全国1位を誇っている。主要な産地は東かがわ市であり、その始まりは明治期に製糖業や製塩業に代わる新たな商品生産として手袋製造が導入されたことであった。その後、手袋製造は工場や技術が地域に集積し、その集積の利益を最大限に活かして生産を拡大してきた。さらに、高度経済成長期以降、衣服用やスポーツ用など手袋製造の多様化を図るとともに、ファッション性やデザイン性を加味した高付加価値化も図り、加えてファッションメーカーやスポーツ用品メーカーとのコラボレーションなども実現させて、香川県産手袋の販路拡大を行ってきた。その結果、東かがわ市は手袋製造の一大拠点になっている。

◆**生活文化・その他**

◎**日本一の消費量のうどん**　総務省統計局の家計調査によれば、2020年における高松市の1世帯（2人以上）当たりのうどんの年間消費量と消費金額はそれぞれ1万8,984g（全国平均は10,489g）と6,294円（全国平均は3,617円）とともに全国で最も多く、香川県はまさに「うどん県」であり、香川県のうどんは「讃岐うどん」として周知されている。讃岐うどんが定着し発展したのは、瀬戸内の温暖少雨の気候風土によって生産された上質な小麦と、近海で漁獲される品質のよいいりこ（煮干し）、近くの製塩業から供給される塩、そして小豆島で醸造された醤油の存在が大きかった。さらに、江戸時代の瀬戸内沿岸の平野部では水稲の収量が水不足などで安定せず、米の代用食として麦が栽培され、うどん食が広く普及していた。このようなうどん食の伝統はうどんづくりの技術を高め受け継がれていくだけでなく、うどん食の日常的な消費につながった。讃岐うどの発祥の起源に関しては諸説あるが、最も知られているのは金刀比羅宮に訪れた人々が宿場町および門前町として栄えた綾川町で讃岐うどんを食べ、そのおいしさの評判が金刀比羅宮の参拝者を介して全国的に知られるようになったという説である。そのため、綾川町は讃岐うどん発祥の地といわれている。また、経済

産業省の経済センサス活動調査によれば、2021年における香川県の人口1万人当たりのうどん・そば屋数は5.08軒（全国平均は1.99軒）で2位の山梨県の4.33軒と3位の長野県の3.80軒を引き離して全国1位である。加えて、家計調査では2020年の香川県の1世帯当たりのうどん・そばの年間外食費も1万5,345円（全国平均は5,903円）で圧倒的な全国1位である。

◎日本一総延長が長い商店街のアーケード　高松市の中心部にある高松中央商店街は8つの商店街（兵庫町商店街、片原町商店街、高松丸亀町商店街、ライオン通商店街、南新町商店街、トキワ新町商店街、常磐町商店街、田町商店街の総称）であり、それぞれの商店街のアーケードはアーケードドームで繋がっている。それらのアーケードの総延長は2.7kmと日本一の長さである。さらに高松丸亀町商店街のアーケードドームの高さも日本一（ドーム直径26m、高さ32.2m）である。

香川県の特徴とさらに理解を深めるために

　香川県は瀬戸内沿岸の温暖少雨の気候風土の影響を強く受けて、地域の産業を発展させるとともに、独特の生活文化を築き上げてきた。水稲作においては、安定した生産を担保するため、ため池灌漑が必要であり、多くのため池が築造された。それでも水稲の安定した収穫は難しく、水稲作を補完する農作物や商品生産が検討され試みられてきた。特に、温暖少雨の気候風土に適した小麦栽培は米食を補完する食糧作物として栽培され、その粉食が今日のうどん食文化になった。また、下級武士の副業であったうちわ生産や、製塩業や製糖業に代わる地場産業として導入された手袋製造、そして明治期以降の試験栽培に成功したオリーブ栽培の発展も温暖少雨の気候風土と関係していた。つまり、香川県は日本で最も小さい県であるが、そこでの地域資源や気候風土をうまく活用して地場産業を発展させてきたといえる。将来的には、流通やサービス業の発展も瀬戸大橋による本州との結びつきにより見込むことができる。

〈香川県に関する理解を深めるための本〉
自然、歴史文化、地域景観、および現代の産業や社会から香川県を解説：
・香川大学教育学部監修（2022）『大学的香川ガイド』昭和堂
地形や地質、歴史、文化、産業などの特徴を地図で読み解きながら紹介：
・昭文社旅行ガイドブック編集部編（2021）『香川のトリセツ』昭文社

㊳ 愛媛県

日本一細長い佐田岬半島

愛媛県の概説

　愛媛県は四国の北西部に位置し、県域の北と西はそれぞれ瀬戸内海と宇和海に面し、海上で山口県や大分県と接し、多々羅大橋（西瀬戸自動車道）と岡村大橋（大崎下島広域農道）で広島県と接している。県域の東は香川県と徳島県と、南は四国山脈を境にして高知県と接している。四国山脈は県東部で西日本最高峰の石鎚山を中心に急峻な山岳地帯を形成し、県西部でも比較的標高は低いものの急峻な地形をつくっている。そのため、県西部の海岸線では総延長1,600kmに及ぶリアス海岸が発達し、その地形を利用した養殖業が発達している。県の東部や中央部でも四国山脈が海岸線まで迫っており、傾斜地が多く、そのような土地を利用して柑橘類の生産が発達した。急峻な山脈が海岸線まで迫る地形は水系にも影響を及ぼしており、四国山脈を源として瀬戸内海に注ぐ重信川と肱川の水系はいずれも急流であり、河川の貯留機能が小さいため、多量の雨が降ると洪水の危険性が高くなる。加えて、四国山脈を源に高知県を経て太平洋に流れる仁淀川と四万十川の水系もある。気候的には、四国山脈の南側では瀬戸内海沿岸の温暖少雨の特徴を呈し、県の西部や南部では宇和海や太平洋の影響で降水量が多くなる。全体的にみると、河川によってつくられた海岸平野や盆地は温暖少雨の気候風土に恵まれており、台風などの自然災害も比較的少ないため、人々の居住や経済活動の場所として古くから利用されている。愛媛県は旧国の伊予に相当し、江戸時代には松山藩や今治藩など8つの藩によって統治されていた。このように分割統治されていたのは、地形的に小規模な平地や盆地が分散していたことと、それらの地域ごとに多様な文化が発展していたこと、そして伊予全体としての統一性がなかったことが理由となっている。そのため、愛媛県の地域区分も県の東部の東予、中部の中予、西部の西予に分けられ、それぞれ異なる地域の性格を有している。

愛媛県の日本一

◆自然

◎日本一細長い半島　四国の最西端に伸びる佐田岬半島は、八幡浜市から伊方町まで全長約40kmに及び、最大幅が6.4km、最小幅がわずか800mしかないという日本一細長い半島である。半島は中央構造線に沿って直線的に突き出しており、北の瀬戸内海（伊予灘）と南の豊後水道（宇和海）とを隔てている。半島の主軸を標高300m前後の山脈が走り、全体的には平地に乏しく急峻な地形が目立っている。半島の南の宇和海側は白砂の連なる海岸になっている。それに対して、半島の北の瀬戸内海側と半島の付け根の地域はリアス海岸になっており、屈曲に富む海岸線、海食崖、奇岩などが見られる景勝地となっているが、自然の良港を活用した漁業も盛んである。また、佐田岬半島は北西に風を遮る陸地がないため、北西からの季節風を利用した風力発電の適地になっており、半島の稜線に沿って発電用の風車が林立する景観は独特である。半島は傾斜地が多く、農地に乏しかったが、温暖少雨の気候を利用して柑橘類が栽培されるようになり、斜面に築かれた段々畑での夏ミカンの栽培の景観も特徴的である。

◎日本一小さい在来馬　日本の在来馬は8種類（北海道和種［道産子］、木曽馬、野間馬、御崎馬、対馬馬、トカラ馬、宮古馬、与那国馬）あり、それらのなかで今治市において飼育されている野間馬は体高約110cmと日本で最も小さい在来馬である。野間馬は松山藩の軍馬育成の試みで誕生した。最初は瀬戸内海の小島で馬の放牧を行ったがうまくいかず、その後、今治藩野間郷の農家に繁殖を委託した。農家で育てられた馬は体高4尺（約121cm）以上のものが買い取られ、それ未満のものは農家に無償で払い下げられた。この払い下げられた小型の馬が交配され続けることで最小の在来馬が生まれた。野間馬は頑健で粗食に耐え、蹄鉄がなくとも70kg程度の荷物を運搬することができたため、江戸時代には農耕用や運搬用の役畜として多く飼育された。しかし、明治期になると小型馬の繁殖や育成が禁止され、農業の機械化と相まって、野間馬の飼育頭数は激減した。時代を経て1985年に全国で8番目の日本在来馬に認定されたことを契機に、野間馬の繁殖と育成が積極的に行われるようになり、1950年代には6頭程度残っていたにすぎなかったが、2022年現在で44頭が飼育されるまでになっている。

◆産業

◎日本一の収穫量の伊予柑　農林水産省の特産果樹生産動態等調査によれば、2021年における愛媛県の伊予柑の収穫量は2万1,611t（全国シェア91.7％）と圧倒的な全国1位を誇っている。また、その栽培面積も1,565.7ha（全国シェア91.6％）と圧倒的な全国1位である。伊予柑は日本原産で、明治期に山口県の萩市で発見され、それを松山市の園芸家が買い取って苗として育成し、周辺の農家に育成した苗を配って、柑橘類の栽培を勧めたことが伊予柑栽培の始まりであった。伊予蜜柑という名称で京浜市場に出荷されるようになったが、愛媛県産の温州ミカンと混同を避けるため、1930年に伊予柑と命名されて市場出荷された。その後、1955年には松山市で宮内伊予柑が発見され、従来のものよりも早く成熟し、実の付きもよく、皮も薄く、酸味も少ないため、1970年代には温州ミカンとともに主要な柑橘類の一つとして多く市場出荷されるようになった。伊予柑の主要な産地は松山市とその周辺の伊予市と砥部町である。収穫時期は12月上旬から1月上旬であり、一般的には柑橘類の栽培農家は複数の柑橘類を組み合わせて、収穫時期が集中することを避け、周年的に収穫できるように工夫している。例えば、最も多く栽培されている温州ミカンの収穫時期は6月から翌年の3月まで、それに加えて伊予柑が12月上旬から1月上旬まで、ポンカンが1月中旬から3月上旬まで、そして甘夏が2月から6月中旬までと、それぞれ収穫時期が異なる。そのため、栽培される柑橘類の種類は40種類以上になり、その数は日本一である。柑橘類全体の収穫量も全国1位ないし2位を常に争っている。このように、柑橘類の栽培が盛んなのは、愛媛県が3つの太陽に恵まれているからだといわれている。1つ目は空の太陽であり、2つ目は海に反射する太陽であり、もう1つは斜面に築かれた石垣に照り付けて反射する太陽である。ちなみに、ポンカンの収穫量と栽培面積もそれぞれ7,681.7t（全国シェア40.2％）と439.4ha（全国シェア30.2％）で全国1位である。

◎日本一の収穫量のキウイフルーツ　農林水産省の作物統計によれば、2022年における愛媛県のキウイフルーツの収穫量は4,790t（全国シェア20.9％）と都道府県別で最も多い。主要な産地は伊予市、大洲市、西条市、松山市など瀬戸内海に面した地域であり、温暖で日当たりがよく、風の弱い緩傾斜地で、水はけのよい土壌がキウイフルーツの栽培適地となっている。キウイフルーツはニュージーランドで多く栽培されている果実である

が、愛媛県では低迷する柑橘類の価格を補完することや消費者の嗜好変化に対応することなどを目指して1975年に導入され、1980年代には栽培面積は急激に拡大した。それは、貯蔵保管技術の革新によりキウイフルーツの市場出荷が長期に及ぶように調節できるようになり、柑橘類の栽培との組み合わせが技術面でも労働面でも円滑に行うことができ、収入面でもうまく補完できるためであった。しかし、1990年にはキウイフルーツの価格が暴落し、栽培面積の縮小を余儀なくされたが、エチレン処理などを行って甘くて柔らかいキウイフルーツの提供やゴールドキウイなど品種の多様化に努めて、キウイフルーツ栽培を存続発展させてきた。さらに、北向き斜面の果樹園など柑橘類の栽培に適していない場所がキウイフルーツ栽培の園地に転換されるなど、キウイフルーツの栽培は農地の有効利用にも貢献している。

◎日本一の養殖量のマダイ　農林水産省の漁業・養殖業生産統計によれば、2022年における愛媛県のマダイの養殖量（水揚げ量）は3万8,604t（全国シェア56.7％）と他の都道府県を圧倒して全国1位である。主要な産地は県西部の宇和海であり、そこではリアス海岸が展開し、太平洋から黒潮が流れ込むため栄養素やミネラルが豊富であるため、魚の養殖業には最適な環境になっている。江戸時代には、宇和海はイワシ漁が盛んであり、タイ漁は瀬戸内海で行われていた。明治期以降、手漕船（てこぎぶね）から機船（きせん）へと漁船も変わり、深い海に住むタイは底曳網（そこびきあみ）で漁獲されるようになると、次第に漁獲量が減少し、水産資源の枯渇が懸念されるようになった。そのため、魚を獲る漁業から育てる漁業へ転換が図られた。特に、自然条件に恵まれた宇和海には養殖業が集中し、1960年代初頭にはハマチの養殖が本格的に開始され、マダイの養殖はハマチ養殖の経験を活かしながら1970年代に始まった。宇和海の養殖はブリ類とマダイの生産を中心としているが、1980年代まではブリ類の養殖が中心であった。1990年代になりブリ類の価格が下落すると、マダイの水揚げ量がブリ類のそれを凌駕するようになり、宇和海は真鯛養殖の全国的な中心地になった。マダイは愛媛県の人々にとってなじみ深い魚であり、鯛めしなどの郷土料理の材料でもあるし、県の魚にもなっている。マダイ以外にも、シマアジの養殖量は日本一であり、ブリの養殖量は全国第2位である。また、真珠も宇和海で養殖されており、その生産量も全国1位である。

◎日本一の生産額のタオル　経済産業省の経済構造実態調査によれば、2021年における愛媛県のタオルの生産額（出荷額）は261億円（全国シェア51.7%）と圧倒的な全国1位を誇っている。主要な産地は今治市であり、「今治タオル」は日本のみならず、世界的にも地域ブランドとして広く知られている。今治市は江戸時代に伊予木綿（いよもめん）の産地であり、明治期には伊予木綿の伝統を引き継ぐ形で「綿ネル（片面だけ毛羽立たさせた丈夫な綿織物）」がつくられるようになった。さらに、大阪からタオル織機を導入して、地場産業としてのタオル生産が始まった。今治タオルの評価が高まり、生産が拡大したのは、伊予木綿の伝統と、雨が少なく晴れの日が多い気候風土、および四国山脈の石鎚山から流れる水が豊かであることと、その水も不純物が少なく、硬度成分の低いことが大きな要因となっている。特に、天然の軟水を使って晒し（さらし）を行うことで、繊細でやわらかな風合いのタオルがつくられる。それは、繰り返し使っても固くなることがないという今治タオルの特徴をつくりだしている。加えて、今治は江戸時代から海運の中継地として発展しており、モノの搬入搬出（はんにゅうはんしゅつ）だけでなく、新しい情報や技術の窓口にもなっていた。そのような今治の地理的位置による特色は現在にも引き継がれ、今治港はタオルの原料の輸入や製品の輸出において重要な役割を果たしている。

◎日本一の出荷額の手漉き和紙　経済産業省の経済構造実態調査によれば、2021年における愛媛県の手漉（てす）き和紙の出荷額は10億6,000万円（全国シェア40.3%）と都道府県別で最も多い。愛媛県には、大洲（おおず）和紙（内子町五十崎（いかざき））や泉貨紙（せんかし）（西予市野村）、周桑手漉き和紙（しゅうそう）（旧東予市）、伊予手漉き和紙（四国中央市）などがあり、現在、生産額が多いのは四国中央市の伊予手漉き和紙である。これら愛媛県の和紙は、近隣から入手できる楮（こうぞ）、三椏（みつまた）、雁皮（がんぴ）、麻、竹、藁（わら）、トロロアオイを原料とし、豊富な軟水の地下水を利用して漉くことができ、乾燥した晴天の下でつくられている。つくられた和紙は書道半紙、障子紙、凧紙（たこがみ）、色和紙などさまざまに利用されており、特に有名なのは書道半紙である。愛媛県の和紙は薄くて漉きムラが少ないため、高級で使いやすい書道半紙として重宝されており、多くの書家に愛用されている。ちなみに、四国中央市は映画「書道ガールズ‼わたしたちの甲子園」の舞台になった場所であり、製紙会社の煙突（えんとつ）が見える街の景観は「紙のまち」を象徴している。

◆生活文化・その他
◎日本一古い温泉　松山市の道後温泉は古事記や万葉集に記述があるように、約3000年の歴史があり、日本一古い温泉である。伊予風土記によれば、大国主命と少彦名神が伊予国を訪れたエピソードの記述に、具合を悪くして寝込んでしまった少彦名神を大国主命の掌にのせて温かい道後の湯で入浴させたとある。また、風土記には景行天皇と后、仲哀天皇と神功皇后、聖徳太子の行幸の記録があり、日本書紀にも舒明天皇、斉明天皇、および天智天皇と天武天皇の行幸の記録がある。さらに、道後温泉本館1階の神の湯の湯釜に刻まれているように、万葉集には額田王の和歌や山部赤人の長歌が載っている。このように、道後温泉は有馬温泉（兵庫県）と白浜温泉（和歌山県）とともに日本三大古湯の一つであるが、その中でも最も古い。
◎日本一低い消費支出額　総務省統計局の家計調査によれば、2023年における松山市の1世帯（2人以上）当たりの年間消費支出額は268万1,073円と2年連続で全国最少の数値となった。このことは、節約志向の強い県民性と松山市の物価の安さを反映している。内訳をみると、食料品の支出と家具や家事用品の支出（全国1位）は比較的高いが、それ以外の支出は比較的低く抑えられている。

愛媛県の特徴とさらに理解を深めるために

　愛媛県は8つの藩によって統治されていたことと、海岸平野や盆地によっていくつかの地域に分けられることを反映して、歴史的にそれぞれの地域のまとまりや地域差が多くみられる。現在においても、第2次産業が集積する東予地域（県東部）、第3次産業が盛んな中予地域（松山市を含む県中央部）、および第1次産業が中心の南予地域（県西南部）とそれぞれに特色がある。それらは地域の環境や資源をうまく利用した結果であり、それぞれの地域が連携しながらバランスのとれた社会経済構造が構築されている。

〈愛媛県に関する理解を深めるための本〉
地形や地質、歴史、文化、産業などの特徴を地図で読み解きながら紹介：
・昭文社旅行ガイドブック編集部編（2021）『愛媛のトリセツ』昭文社
歴史と文化、産業と経済、社会と生活の3つの側面から愛媛県を解説：
・愛媛大学・松山大学「えひめの価値共創プロジェクト」編（2020）『大学的愛媛ガイド』昭和堂

㊴ 高知県

収穫量日本一のニラ

高知県の概説

　高知県は四国の南半分を占め、北は四国山脈で愛媛県と徳島県に接し、南は東西に長く太平洋に面している。県域は東に室戸岬が、西に足摺岬が太平洋に突き出し、その内側に土佐湾を抱く東西に細長い扇状の形状をしている。太平洋を臨む海岸線は長く、西部はリアス海岸が、東部は隆起海岸で平坦な砂浜と海成段丘が続いている。県北の四国山脈は吉野川の源となり、四万十川、仁淀川、および物部川も四国山脈に源を発し南下して太平洋に注いでいる。これらの河川は急流であり、山地から海岸付近で流れが緩やかになるため、扇状地がつくられ、下流域ではそれぞれ中村平野や高知平野の低平地が形成されている。これらの海岸平野や扇状地、あるいは海成段丘面が人の居住や経済活動の主要な舞台となっている。気候は太平洋側気候で台風の常襲地帯でもあり、降水量が多く、高温多湿の性格を強くしている。高温多湿の気候を活かした米の二期作や野菜の促成栽培が行われているが、台風に対する日常的な備えも欠かすことができない。高知県は旧国では土佐に相当し、江戸時代には土佐藩によってほぼ全域が支配された。そのため、人々の居住地が地形的な影響で小盆地やポケット状の海岸平野に分散し、地域的な差異が大きくなる可能性が高いにもかかわらず、高知城下を中心にまとまった社会体制や経済構造がつくられた。このような中央集権的な社会・経済構造は明治期以降もほとんど変わることなく、現在も高知市は県内の政治や経済や文化の中心であり、プライメイトシティになっている。そのため、高知県は高知市が位置する県の中央部と、安芸市や室戸市を中心とする東部、および四万十市や土佐清水市を中心とする西部に地域区分されるが、中央部の重要性や中心性が著しく高い。

高知県の日本一

◆ 自然

◎日本一高い森林率　農林業センサスなどによれば、2020年における高知県の森林率は83.3%（全国平均は65.5%）と都道府県別で最も高く、県内の森林面積は59万9,179haである。高知県では森林が都市的土地利用の拡大で損なわれる可能性が低いこともあるが、高温多雨多湿の気候風土が森林の育成や維持管理に適していたことが高い森林率の保持につながっている。このような豊かな森林は豊富で清らかな水を生みだし、それが清流となって仁淀川や四万十川の日本を代表する水質良好な河川の流れとなっている。豊かな森林の多くはスギやヒノキであり、それらの材木は「土佐材」として室町時代から全国の神社仏閣や一般住宅で用いられてきた。また高知県の森林に占める人工林の割合は65%であり、その多くもスギやヒノキである。土佐スギは真直ぐで色目がよく、板目も柾目で美しく、主に構造材に適しており、古くは京都二条城や江戸城の築城にも用いられた。土佐ヒノキは材木の芯のあざやかな赤みと強い香りを特徴とし、油脂分を多く含んでいることで年月を経るごとに光沢が増し、耐久性も高くなるため、京都の西本願寺の修復や新国立劇場の舞台の床材にも使われた。土佐材の主要な産地は四万十川流域とその上流部の梼原地域、仁淀川流域、および吉野川上流域の嶺北地域と県東部である。

◎日本一低い可住地面積割合　それぞれの都道府県の総面積から林地や水域の面積を引いたものが可住地面積であり、その各都道府県の総面積に対する割合が可住地面積の割合となる。2021年における高知県の可住地面積の割合は16.3%（全国平均は33.0%）と都道府県別で最も低い割合である。これは、高知県における人々の居住空間が少ないことを表している。つまり、高知県では人々が盆地やポケット状の海岸平野など限られた土地にまとまってコンパクトに居住し、ひとまとまりの地域コミュニティがつくられているといえる。

◆ 産業

◎日本一の収穫量のナス　農林水産省の作物統計によれば、2022年における高知県のナスの収穫量は4万600t（全国シェア13.8%）と都道府県別で最も多い。ナスは夏野菜の一つとして知られているが、高知県では温暖な

気候と豊富な日照量を生かした促成栽培が盛んで、12月から6月に出荷される「冬春ナス」が栽培の中心になっている。主な産地は安芸市、芸西村、安田町、香南市、室戸市、田野町、奈半利町、高知市、大月町、四万十市、南国市、東洋町、土佐市であり、県内の太平洋沿岸の地域全体で展開している。特に、栽培が盛んなのは県東部の安芸地域で、県内一の生産量を誇っている。安芸地域は高知県の蔬菜園芸発祥の地として知られ、1917年にキュウリやナスなどの果菜類の栽培が始まり、その後、連作障害の影響でピーマン栽培に転換し、1960年頃からビニールハウスでナス栽培が増加するようになった。現在では、ナスとピーマンが施設栽培の中心であるが、ナスの販売額がピーマンのそれよりも約5倍多い。施設栽培では、ナスの定植が8月の中旬から下旬に行われ、9月から6月まで順次収穫されて、「高知なす」の地域ブランドで関東地方を中心に全国へ出荷されている。また、病害虫や雑草防除において、化学合成農薬だけに頼るのではなく天敵、防虫ネット、防蛾灯などさまざまな防除技術を組み合わせることで、減農薬や減化学肥料に努め、環境に配慮しながら、安全で安心な農産物の供給に配慮していることも市場における評価につながり、主産地の形成に大きく貢献している。

◎日本一の収穫量のニラ　　農林水産省の作物統計によれば、2022年における高知県のニラの収穫量は1万4,300t（全国シェア26.3%）と都道府県別で最も多い。主要な産地は県中央部の香南市と香美市を中心とする地域であり、温暖な気候、および物部川水系がもたらす豊かな水と肥沃な土壌がニラ栽培を支えている。この地域でニラ栽培が始まったのは1960年頃で、農作業が省力的であり、収益性が安定していることから、他の野菜生産を補完する商品として導入された。その後、地域環境がニラ栽培に適していたこともあり、肉厚で柔らかく、香りの強い良質のニラが生産されるようになり、市場での需要が高まった。そのため、ニラは露地と施設を組み合わせて栽培され、一年中出荷されるようになった。露地栽培では定植が4月上旬から中旬に行われ、7月中旬から11月上旬まで収穫が4回から5回行われる。施設栽培では定植が5月、6月、7月、8月に分けて行われ、収穫もそれぞれ8月から、9月から、10月から、11月からとなり、それぞれ6か月ほど続く。収穫したニラは遠隔地のため販売店の店頭に並ぶのは2日から3日後になるため、高知県では包装袋内を低酸素、高二酸化炭素状態にするパー

シャル包装を採用してニラの鮮度を保つ工夫をしている。

◎日本一の収穫量のミョウガ　農林水産省の地域特産野菜生産状況調査によれば、2020年における高知県のミョウガの収穫量は5,080t（全国シェア93.4％）と他の都道府県を圧倒して全国1位を誇っている。県内の主要な産地は須崎市、中土佐町、津野町などであり、平坦地から中山間地にかけて露地と施設を組み合わせて栽培され、周年的に市場に出荷されている。高知県では土耕栽培とヤシガラ培地による養液栽培が行われており、11月に定植して3月下旬から8月中旬まで収穫するものと、5月上旬に定植して10月下旬から2月中旬まで収穫するものを組み合わせた年二作が一般的である。ミョウガは種茎を定植して約半年、収穫期間は3か月から4か月に及び、農業労働力の調整がしやすいため、他の作物栽培との組み合わせもしやすい。さらに、ミョウガの収益性も高いこともあり、ミョウガ栽培は拡大する傾向にある。

◎日本一の収穫量のシシトウ　農林水産省の作物統計によれば、2022年における高知県のシシトウの収穫量は2,120t（全国シェア35.6％）と都道府県別で最も多い。主要な産地は県中央部の南国市の平野部で、かつては温暖な気候を利用した米の二期作が盛んな地域であった。しかし、米の過剰生産から施設園芸が導入されるようになり、早場米と施設園芸の組み合わせが南国市の主要な農業形態となった。施設園芸においてもシシトウの栽培はピーマンに比べて軽量で高齢者の農業に適していたことや、農作業の手間がかからないこと、そして収量と収益性が安定していたことなどから拡大し、主産地を形成するようになった。促成栽培における播種は7月下旬から8月上旬で、定植は9月に行われ、収穫は10月中旬から翌年の6月下旬までである。促成栽培とともに加温なしの雨よけ栽培も行われており、定植は4月上旬に、収穫は5月中旬から12月下旬まで行われている。このように、シシトウの収穫は1年中行われ、出荷も周年的に行われている。

◎日本一の収穫量と栽培面積のユズ　農林水産省の特産果樹生産動態等調査によれば、2021年における高知県のユズの収穫量と栽培面積はそれぞれ1万1,768t（全国シェア54.7％）と876ha（全国シェア39.5％）といずれも他の都道府県を圧倒して全国1位を誇っている。主要な産地は県東部の北川村と馬事村である。これらの地域がユズの主産地となったのは、温暖多雨で、涼しく、寒暖差の大きい気候と、山間部の水はけのよい土壌と日当た

りのよい斜面がユズの栽培適地であり、林業に代わる商品生産としてユズの栽培が奨励されたことが大きい。これらの地域でユズの栽培が始まるのは江戸末期であるが、商品として本格的な栽培は林業の低迷が顕著になる1970年代以降になる。ユズは黄玉と青玉があり、黄玉は露地栽培され、収穫は12月から4月まで続く。青玉はハウスや露地で栽培され、それぞれの収穫時期は4月から9月と、7月から10月になる。これらの地域ではユズの消費拡大を図ってジュースやポン酢などの加工品も製造販売し、6次産業が発達している。

◎日本一の漁獲量のソウダガツオ　農林水産省の漁業・養殖水産統計によれば、2022年における高知県のソウダガツオの漁獲量は1,331t（全国シェア20.6%）と都道府県別で最も多い。ソウダガツオは高知県ではメジカと呼ばれ、その漁場は土佐清水市の足摺岬から叶崎沖にかけてであり、ひき縄釣りという方法で主に漁獲されている。これは、冷凍のイワシシラス、イカナゴ、アミ類などを撒き餌に使い、集まってきたメジカをメジカカブラ（飾りのついた針の仕掛け）で釣る漁法である。メジカは鮮度が落ちやすく生食に向かないことから、その多くは宗田節に加工される。そのため、漁獲されたメジカは加工工場が集まる土佐清水港にすぐに水揚げされる。土佐清水市では、周辺から集められたウバメガシなどの天然木で、新鮮なメジカのカツオ節を燻す昔ながらの方法が受け継がれているため、味が濃厚でコクのあるだしを取ることができる。宗田節はソバやうどんのつゆに深い味わいを出すために欠かせない食材になっている。

◎日本一の生産量の備長炭　農林水産省の特用林産物生産統計調査によれば、2018年における高知県の備長炭の生産量は1,279.8t（全国シェア12.7%）と都道府県別で最も多く、土佐備長炭として知られている。土佐備長炭は高知県やその近隣地域のウバメガシあるいはカシ類を焼いた炭であり、とりわけウバメガシはゆっくりと成長するため木の密度が高く、良質の炭が焼き上がる。主要な産地は県東部の室戸市と東洋町と安芸市、および県最西端の大月町である。明治後期に紀州の炭焼き職人が原料のウバメガシなどのカシ類が豊富な室戸市に移住し、炭焼き場の窯の改良と製炭技術を伝授したことが土佐備長炭の始まりである。紀州の製炭技術に改良を加え、大窯で大量に良質の炭が焼けるようになり、土佐備長炭の生産が拡大した。土佐備長炭は火力が強く、長時間燃焼する上質の炭として高く評

価され、うなぎ専門店や料亭などで使用され需要も拡大している。その結果、備長炭の生産では長く和歌山県が全国1位であったところ、2014年には、高知県が全国1位になり、それ以降和歌山県と1位2位を争っている。

◆生活文化・その他

◎日本一明るい灯台　　室戸市室戸岬灯台は塔高15.4m（海面から灯火部分は154.7m）であり、光達距離と光度はそれぞれ26.5海里（49km）と160万カンデラでともに日本一である。灯台で使用しているレンズも直径2.6mと日本最大級で、第1等灯台（5基）になっている。また、歴史的価値から海上保安庁によって「保存灯台Aランク（23基）」にも指定されている。

◎日本一の消費量のカツオ　　総務省統計局の家計調査によれば、2020年における高知市の1世帯（2人以上）当たりのカツオの年間消費量と消費支出額はそれぞれ4,032g（全国平均は864g）と7,541円（全国平均は1,574円）でともに全国で最も多い。高知県の県魚であるカツオは、日常的に多く食べられている食材であり、調理法としての「カツオのたたき」は全国的にも知られている。もともとは漁師が鮮度の落ちたカツオを食べるため、塩やタレをかけて叩いて味を馴染ませ、カツオ特有の生臭さを軽減させていたもので、これが高知県の郷土食の「カツオのたたき」として定着し、全国にまで広まった。

高知県の特徴とさらに理解を深めるために

　高知県は温暖多雨な気候風土、および山地からの清流とその流れが運んだ肥沃な土壌などによって野菜の商品生産が行われており、大消費地の市場から遠隔地である不利な条件を、良質な商品生産への工夫や何かしらの付加価値を加味した商品の創出などを行うことで克服してきた。その結果、最初は全国1位ではないが、創意工夫によって全国1位に躍進した商品が少なくない。それは、高知県における地域資源を保全し有効活用してきた江戸時代からの伝統と、地域的なまとまりや統一性によるところが大きい。

〈高知県に関する理解を深めるための本〉
地形や地質、歴史、文化、産業などの特徴を地図で読み解きながら紹介：
・昭文社旅行ガイドブック編集部編（2022）『高知のトリセツ』昭文社
人口減少、高齢化、さらに中山間地域の限界集落化などから高知県を解説：
・関満博編（2014）『6次産業化と中山間地域』新評論

㊵ 福岡県

生産量日本一のタケノコ

福岡県の概説

　福岡県は九州の北部に位置し、北は日本海(響灘と玄界灘)、東は瀬戸内海(周防灘)、南西は有明海に面している。また、東は三郡山地や古処山地や耳納山地などの山塊で大分県と、南は筑肥山地で熊本県と、西は脊振山地で佐賀県と接する。それらの山塊からは遠賀川や筑後川や矢部川などの水系が生じ、それぞれ日本海と有明海に注いで、直方平野や福岡平野や筑紫平野を形成している。これらの平野が人々の主な居住地となり、さまざまな経済活動の場となる。特に、直方平野には政令指定都市の北九州市が、福岡平野にはもう一つの政令指定都市の福岡市が、そして筑後平野には久留米市が立地し、それぞれ都市圏を形成するとともに、商業や工業などの産業の中心地になっている。また、これらの都市圏が概ね福岡県の地域区分になっている。気候的にも、日本海沿岸地域と瀬戸内海沿岸地域と有明海沿岸地域に分けられ、それぞれ日本海側気候と瀬戸内気候と内陸性気候とに区分される。そのため、福岡市や北九州市の冬季は大陸からの寒気の影響を受けるが、筑後平野は温暖で、気温の年較差や日較差が大きい。

　福岡県のほとんどは旧国の筑前にあたり、日本史上においては重要な地域となる。古代には遠の朝廷と呼ばれた大宰府政庁や外国使節の迎賓館である鴻臚館がおかれ、中国大陸や朝鮮半島との交流の窓口になっていた。中世においても、博多の港は中国や朝鮮半島をはじめ、琉球や南海との貿易基地として栄え、筑前が外国との交流の窓口であることに変わりなかった。江戸時代には多くの街道や港、河川の水運が発達し、筑前は九州の交通の要衝となっていた。さらに明治期以降には、筑豊や大牟田で石炭の産出を背景にして鉄鋼、機械、電気、化学、窯業などを中心とする北九州工業地帯が、大牟田地区には重化学コンビナートが形成され、福岡県の産業が日本経済を牽引してきた。現代では、産業構造の変化にともなって、先端成

長産業の育成、集積に取り組み、自動車産業、先端半導体、バイオ、ロボットなどの新たな産業や企業の立地が進んでいる。

福岡県の日本一

◆産業

◎**日本一の生産量のタケノコ**　農林水産省の特用林産物生産統計調査によれば、2022年における福岡県のタケノコの生産量は5,875.1t（全国シェア27.0％）と都道府県別で最も多い。主要な産地は県南部の八女市立花町と県北部の北九州市小倉南区である。八女市では土壌が赤土でタケノコ栽培に適しており、11月から掘り出す早掘り出荷として知られている。北九州でも土壌が粘土質の赤土で、水はけの悪い土壌は他の農作物栽培に適さないが、タケノコ栽培には適しており、孟宗竹のタケノコが栽培されている。北九州市小倉南区では「合馬（おうま）たけのこ」の地域ブランドでタケノコが生産されており、えぐみが少なく香り豊かなタケノコであるため、京都の料亭を中心に関西市場に出荷される高級食材になっている。合馬たけのこの栽培は江戸末期から始まったが、地元で消費されるものにすぎなかった。しかし、1950年代後半にタケノコの水煮缶詰の工場が建設されて県外に出荷されるようになり、その後、タケノコが芽を出す前に地下茎の上に土を10cmから20cm被せる客土を行うことで、より品質の高いタケノコが生産されるようになった。その結果、1980年代後半には合馬たけのことしての市場評価が高まり、福岡県はタケノコの主要な産地となった。基本的には、傾斜地の竹が群生した竹林には重機が入れられないため、タケノコ栽培の作業は収穫も含めてすべて手作業で行われる重労働で、特に3月上旬から5月上旬の収穫時期に年間労働力の約80％が集中する。

◎**日本一の収穫量のカイワレダイコン**　農林水産省の地域特産野菜生産状況調査によれば、2020年における福岡県のカイワレダイコンの収穫量は1,090t（全国シェア22.5％）と都道府県別で最も多い。福岡市能古島（のこのしま）において水耕栽培方式によるカイワレダイコンの大量生産システムが考案され、それによってカイワレダイコンの量産体制が整った。カイワレダイコンは土がなくとも施設で栽培することができるため、その栽培地は県内に分散しているが、主要な産地は大規模な促成栽培施設が立地する岡垣町（おかがきまち）である。そこでのカイワレダイコンは水耕栽培されているため、良質な水が大

量に必要であり、三郡山地からの伏流水を地下から汲み上げている。カイワレダイコンは播種して10日から2週間で収穫できるようになり、施設栽培であることで需要と供給のバランスを取ることが可能なため、安定した価格と量で市場に出荷されている。また軟弱野菜のカイワレダイコンはすばやく市場に出荷する必要があるため、施設も交通利便性の高い場所に立地している。

◎日本一の収穫量のパクチー　　農林水産省の地域特産野菜生産状況調査によれば、2020年における福岡県のパクチーの収穫量は153 t（全国シェア26.8％）と都道府県別で最も多い。2010年代にパクチーのブームがあり、生産が拡大するようになり、福岡県が日本一の産地となっている。主要な産地は久留米市や大刀洗町などであり、パクチーは露地と施設で栽培されるが、福岡県は施設栽培が主になっている。パクチーは温暖な環境を好むが、暑すぎる環境や直射日光の強い環境はむしろ好まず、温度管理や、寒冷紗による直射日光の管理がしやすい施設が栽培に適している。パクチーは、播種して約50日、草丈が約20 cmになると収穫できるため、年に数回の収穫が可能になる。

◎日本一の収穫量の蓼　　農林水産省の地域特産野菜生産状況調査によれば、2020年における福岡県の蓼の収穫量は86 t（全国シェア81.9％）と他の都道府県を圧倒して全国1位を誇っている。蓼は刺身のツマとして使われている「紅たで」として知られており、その主要な産地は朝倉市で、周年的に栽培出荷されている。朝倉市で紅たでの栽培が始まったのは1982年であり、刺身の香味野菜として普及するようになったことを契機にしていた。ビニールハウス内の播種床に種をまいて、双葉が1 cmほどになると専用の包丁で刈り取られる。収穫された紅たではパック詰めされて全国の市場に出荷される。

◎日本一の出荷額の箪笥　　経済産業省の経済構造実態調査によれば、2021年における福岡県の箪笥の出荷額は38億6,000万円（全国シェア31.3％）と都道府県別で最も多い。主要な産地は大川市であり、「家具の街」として知られている。大川市は筑後川と有明海の境に位置する港町であり、船の乗り換えや休憩場所として港には多くの船とそれを修理補修するための熟練した船大工が多く集住していた。筑後川には上流の日田地域から良質の木材が筏で流され、その木材で船が造られていた。船大工たちは木工の技

術を活かし、釘を使わずに木材だけを差し合わせる指物をつくるようになり、その「榎津指物」が大川家具の発展の礎となった。最初、荷物を運ぶための長持ちと呼ばれる箱物が指物の技術でつくられ、その箱物がやがて箪笥に発展し、明治初期には榎津箪笥と呼ばれる独特のデザインと機能をもった箪笥がつくられた。大川市における箪笥製造の大きな特徴は日田地域の良質なスギ材や桐材を用い、船大工の指物技術を活かした手づくりにある。

◎**日本一の出荷額のゴム底布靴** 経済産業省の経済センサス活動調査によれば、2021年における福岡県のゴム底布靴の出荷額は39億3,000万円（全国シェア50.5％）と他の都道府県を圧倒して最も多い。主要な産地は久留米市であり、その歴史は明治初期の足袋製造から始まった。その後、1920年代には米国製のキャンパスシューズからヒントを得て、布とゴム底をゴム糊で貼りつけた地下足袋を生産して販売するようになり、地下足袋が関東大震災での復旧作業で活用されたことを契機に全国に普及した。この地下足袋がゴム底布靴の原型となり、1920年代の終わりにはゴム底布靴の典型的な商品である運動靴が製造され、海外にも輸出されるようになった。第二次世界大戦後になると、実用性や耐久性はもちろんのこと、デザイン性やファッション性も重視するようになり、スニーカーも多く製造されている。久留米市にはゴム加工品メーカーが多数立地しており、それはゴム底の地下足袋や布靴を製造する過程でゴムの輸入が盛んに行われてきたためである。現在では、ゴムの加工やゴム底布靴製造で発展した世界的なタイヤメーカーやシューズメーカーが立地し、久留米市は「ゴムの街」とも呼ばれている。

◎**日本一のタイヤの輸出量** 財務省の貿易統計によれば、2021年における博多港のタイヤの輸出量は27万3,009t（全国シェア24.5％）で全国1位である。博多港は昔から大陸との交流拠点としても重要な港であったが、近代港湾としての本格的な整備は1951年に重要港湾に指定されてからであった。1990年には博多港は特定重要港湾となり、世界と結びつく物流や人流の拠点として発展している。取り扱い輸出量は2022年で797万t、そのうちの46％が自動車、14％がタイヤであり、タイヤは国内最大の輸出港になっている。これは、タイヤの生産地の久留米市に最も近い重要港湾であることを反映している。タイヤの輸出先は米国、アラブ首長国連邦、サウジアラビアなどである。博多港は国際海路の搭乗人員数や外国・国内クルーズ

船の寄港回数に関しても、国内で1位、2位を争う港湾になっている。
◆生活文化・その他
◎**日本一の消費額のタラコ**　総務省統計局の家計調査によれば、2021年から2023年の平均値で、福岡市と北九州市の1世帯（2人以上）当たりのタラコの年間の消費額は4,647円と4,306円（全国平均は2,087円）とそれぞれ全国1位と2位であり、消費量も福岡市で1,128g（全国平均は626g）と青森県（1,144g）に次いで全国2位である。このようにタラコの消費額や消費量が多いのは、郷土食として明太子の存在が大きく、明太子を製造する食品メーカーも多く立地しているためである。明太子の発祥は、第二次世界大戦中に日本と朝鮮半島の交通の要所だった福岡に朝鮮半島から辛子漬けのスケトウダラの卵が輸入されたことを契機にし、1975年に山陽新幹線の博多駅までの開業にともなって博多の名産品として全国に広まった。
◎**日本一の滑走路1本当たりの発着数**　国土交通省航空局資料によれば、2021年における福岡空港の発着回数は11.9万回であり、羽田空港（27.4万回）と成田空港（13.1万回）に次いで3位である。しかし、滑走路の数は羽田空港と成田空港はそれぞれ4本と2本であり、福岡空港は1本であるため、滑走路1本当たりの発着数は日本一である。福岡空港は日本一混雑する空港であるため、滑走路を増設して2本にする工事が進められている（2025年完成予定）。

福岡県の特徴とさらに理解を深めるために

　福岡県は北九州市と福岡市と久留米市の3つの拠点とそれらの都市圏を中心に発達し、それぞれの性格を活かしながら地場産業を発達させてきた。北九州都市圏は本州との境界で筑豊炭田の伝統に基づく工業地域として、福岡都市圏は港湾や空港を経済・文化の交流地域として、久留米都市圏は筑後平野を基盤に農業や新たな産業の展開地として位置づけられる。

〈福岡県に関する理解を深めるための本〉
歴史、地学、産業、交通、統計などから様々な側面から福岡県を解説：
・河合敦監修（2022）『福岡の教科書』JTBパブリッシング
福岡の繁栄を歴史と地形から読み解き、人々の生活文化にも光を当てる：
・石村智（2020）『地形と歴史から探る福岡』エムディエヌコーポレーション

㊶ 佐賀県

収穫量日本一の二条大麦

佐賀県の概説

　佐賀県は北を玄界灘に、南を有明海に面し、東は脊振山地と筑後川で福岡県と、西は多良岳や経ヶ岳の火山地などで長崎県と接している。筑後川と脊振山地からの嘉瀬川、および多良岳山系・杵島丘陵からの六角川は有明海に注ぎ、下流に佐賀平野や白石平野を形成している。これらの平野は自然排水の困難な低地で、過去に大規模な水害が発生しており、排水と灌漑を兼ねたクリークが発達している。また、多良岳山系・杵島丘陵から北に流れる松浦川は玄界灘の唐津湾に注いでいる。地形的には日本海に面した北部と平野を中心とする有明海に面した南部に区分でき、それは気候的にも北部の日本海側気候と南部の太平洋側気候とに大きく分けることができる。さらに、歴史的にみると、佐賀県は旧国の肥前の東半分であり（西半分は長崎県）、江戸時代は主に佐賀藩と唐津藩によって領国統治されていた。このような領国支配体制は佐賀県の社会や産業経済、および生活文化にも影響を及ぼしており、現在でも佐賀市と唐津市の都市圏ないしは生活圏に区分される。つまり、佐賀県は自然環境的にも社会経済環境的にも北部と南部に地域区分できる。県南部は筑後平野と佐賀平野を通って長崎市に向かう鉄道や道路の交通幹線であり、鳥栖市は福岡県から長崎県に向かう交通と九州南部に向かう交通との分岐点（ターミナル）として重要である。そのターミナルとしての重要性は長崎新幹線の開業にともなって高まっている。他方、県北部は福岡県から日本海沿いに佐世保市に向かう交通幹線であり、唐津市からは佐賀市よりも福岡市の方がアクセスしやすい。

佐賀県の日本一

◆自然
◎日本一大きい干満差　　有明海は遠浅の海で、干満差の大きいことで知

九州・沖縄地方　237

られており、日本記録認定協会でも日本で最も干満差の大きい海（干満差5.7m）として認定している。さらに、有明海の最奥部の六角川河口の住之江では6.8mの干満差があり、日本一の干満差になっている。有明海は佐賀県と長崎県、および福岡県と熊本県に面しており、干満の差は湾の入口で3mから4mであるが、奥に向かうにつれて大きくなる傾向にある。このように干満の差が大きくなるのは、太陽と月の潮汐力が重なることや筑後川が阿蘇の火山灰を含む土砂を有明海に大量に運び込み、遠浅の海にしていること、および有明海と外海の潮汐がともに引き合ったり押し出したりすること（共振）で干潮と満潮の水位差が大きくなるためである。そのため、干潮時には沖合約7kmまで干潟が広がるが、満潮時には海が陸地まで押し寄せるので、堤防で陸地を守らなければならなかった。実際、標高4m以下の地域は平均勾配1万分の1であり、満潮時には大半が海面下になる。

◎日本一の高い人工林の割合　　林野庁森林整備部計画課の資料によれば、2022年における佐賀県の人工林の割合（森林面積に対する割合）は66.5％（全国平均は40.3％）と都道府県別で最も多い。佐賀県で人工林が多いのは、1950年代後半から1960年代にかけての拡大造林により常緑広葉樹などの天然林がスギやヒノキなどの資源価値のある樹種に転換されたためである。また、佐賀県の森林の占める割合は約44％と低く、限られた森林域においてスギやヒノキの造林が行われたため、森林域に占める人工林の面積の割合は高くなった。

◆産業

◎日本一高い耕地利用率（耕地面積に対する作付面積の割合）　　農林水産省の作物統計統計調査によれば、2020年における佐賀県の耕地利用率は132.5％（全国平均は91.3％）と全国1位である。耕地利用率が高い理由は「佐賀段階」や「新佐賀段階」と呼ばれる水稲作の生産性向上が大きい。佐賀段階は灌漑・排水整備や圃場整備により水田の乾田化を進めて水稲作の生産性を向上させる方策で、水稲の生産性の向上だけでなく、米麦の二毛作が可能になった。二毛作の実施により耕地利用率は高まった。さらに、新佐賀段階は集団的農作業（集落営農）や集団的土地利用により農地とその利用を団地として持続させるもので、米麦を中心とする二毛作の農業がまとまって維持され、高い耕地利用率は持続されている。1970年代の米の生産調整以降は、生産調整の奨励作物の大豆が導入されるようになり、表作に

水稲ないしは大豆、裏作に麦類という作付けが一般的となっており、集落営農や集団的土地利用を二毛作で行うことで、地域の農地利用は農家の兼業化や高齢化が進む中でも持続している。

◎日本一の収穫量の二条大麦　　農林水産省の作物統計によれば、2022年における佐賀県の二条大麦の収穫量は4万6,200t（全国シェア30.6％）と都道府県別で最も多い。佐賀県では、二毛作が温暖な気候などの好条件を活かして行われており、水稲や大豆の収穫後の11月に麦類が播種され、その収穫が5月上旬から中旬に行われ、6月からは再び水稲ないしは大豆が栽培されている。表作の水稲や大豆の裏作の麦類の中で、麦粒が二列に並ぶ大麦はビールや焼酎の原料として重要な農作物となっている。主要な産地は二毛作が盛んな佐賀平野や白石平野であり、それらの地域における大麦栽培は二毛作をさらに発展させた1年3作物で、水稲 – 麦類 – 大豆 – 麦類の輪作体系が取られている。麦類もビール・焼酎用か、パン・麺用かによって大麦と小麦が選択され、集落営農によってまとまった農業的土地利用が展開し、大型のトラクターやコンバインを利用した栽培が行われている。

◎日本一の収穫量のハウスミカン　　農林水産省の果樹生産出荷統計によれば、2022年における佐賀県のハウスミカンの収穫量は6,180t（全国シェア35.9％）と他の都道府県を圧倒して全国1位である。佐賀県では、唐津市でハウスミカンの栽培が1973年頃から始まった。ハウスミカンは10月頃からハウスを加温し、冬の間にミカンを成長させ、4月下旬から9月にかけて市場出荷するもので、秋から収穫する露地栽培のミカンよりも早く市場出荷される。主要な産地は唐津市とその周辺であり、水はけのよさ、日照の多さ、雨の少なさとともに、ハウス栽培による温度や水分の適切な管理によって良質なミカンが生産されている。出荷先は東京市場や大阪市場が多い。

◎日本一の漁獲量のエビ　　農林水産省の漁業・養殖業生産統計によれば、2022年における佐賀県のエビの漁獲量は2,303t（全国シェア17.8％）と都道府県別で最も多い。県内では南部の有明海域（佐賀市、神埼市、小城市、鹿島市、白石町、太良町）ではシバエビが主に投網で、北部の唐津湾と7つの離島を含む玄海海域（唐津市、伊万里市、玄海町）ではクルマエビが底曳網で漁獲されている。それぞれの漁期は、シバエビが10月から翌年の3月であり、クルマエビは8月から10月である。

◎日本一の養殖量（水揚げ量）の海苔　　農林水産省の漁業・養殖業生産統

計によれば、2022年における佐賀県の海苔の養殖量は5万4,415t（全国シェア24.4％）と都道府県別で最も多い。海苔は有明海のいくつかの利点を生かして養殖されている。1つ目は山地から栄養分を含んだ河川が流入していること、2つ目は河川水と海水が混じり、適度な塩分濃度になること、3つ目は干満の差を活かした支柱立て方式の養殖法が確立したことである。支柱立て方式では、満潮時に海水の栄養分やミネラル分を吸収させ、干潮時には海面から海苔網を出して太陽光で光合成を行わせることができる。その結果、豊かな香りと旨みを凝縮し、口どけの柔らかい海苔が生産され全国に出荷される。収穫時期は10月から翌年の3月までであり、秋海苔と冬海苔の2回に分けて収穫される。海苔の葉長が15cm前後まで育つと、海苔の摘み取り作業（摘採）が始まり、1回の摘採で海苔網1枚から板海苔300枚から500枚分が収穫される。

◎日本一の出荷額のシリコンウェーハ　　経済産業省の経済構造実態調査（製造業事業所調査）によれば、2021年における佐賀県のシリコンウェーハの出荷額は1,780億9,600万円（全国シェア30.0％）と他の都道府県を圧倒して全国1位である。シリコンウェーハはパソコンやスマートフォンなどの電子製品に搭載する半導体の基板となるもので、その基幹工場が兵庫県尼崎市から県南部の江北町に移転し1975年から操業している。その後、生産規模を拡大し、工場も伊万里市に新たに2か所建設し、シリコンウェーハが増産されている。このような産業立地はいくつかの要因から成り立っている。1つ目は佐賀県や地元自治体の補助金や優遇措置だけでなく、人材育成や雇用などにおいて手厚い支援があったこと、2つ目は大規模な地震などの自然災害が少なく、安定した操業が行なえること、3つ目は良質な工業用水が利用できたことであった。このような産業立地は人口減少の抑制にもなっている。

◆生活文化・その他

◎日本一多い人口10万人当たりの薬局数　　厚生労働省の衛生行政報告例によれば、2020年における佐賀県の人口10万人当たりの薬局数は62.4か所（全国平均は48.3か所）と全国で最も多い。日本における配置売薬の大きな拠点は4つあり、富山（富山県）は有名であり、残り3つは大和（奈良県）と近江（滋賀県）と田代（佐賀県）である。つまり、配置売薬の拠点の一つであったことが佐賀県の薬局の多さにつながっている。また、田代（現在の

鳥栖市）は長崎街道の宿場としても機能し、物流や人流の拠点であり、売薬の販売や流通にも好都合であった。さらに、田代以外の地域の売薬が飲み薬を中心としていたのに対して、田代売薬は貼り薬を中心としていたことも差別化の要因となり、売薬の普及に効果があった。明治期になると、政府による売薬の制限や西洋からの輸入の拡大などにより売薬は衰退したが、田代地区の薬産業は貼り薬の製造販売や軍への専売を通じて発展し、それは現代の薬産業にもつながっている。実際、現代の鳥栖市田代地区には日本を代表する貼り薬メーカーが立地している。

◎日本一の消費量のタイ　　総務省統計局の家計調査によれば、2021年から2023年の平均における佐賀市の1世帯（2人以上）当たりのタイの年間消費量は1,332g（全国平均は498g）と全国1位である。マダイは祭りや祝い事に欠かせないハレの日の食材である。他方、日常的な食材としてはレンコダイが用いられる。そのため、タイの消費量が多い。

◎日本一の消費額の海苔　　前出の家計調査によれば、2021年から2023年における佐賀市の1世帯当たりの海苔の年間の平均消費額は5,227円（全国平均は2,981円）と全国1位である。海苔の消費額が多いのは海苔の日本一の産地で、良質の海苔を手に入れやすいためである。

佐賀県の特徴とさらに理解を深めるために

　佐賀県は日本海に面した北部と有明海に面した南部とに地域区分でき、地域の性格も大きく異なる。北部では山地斜面を利用したみかん栽培や窯業、および玄海灘での漁業が発達した。一方、南部では沖積低地を活かした二毛作と有明海の干満を活用した海苔養殖が発展した。このように土地条件に適応した地域産業が発達したが、県の北部と南部を、さらに広域的に統合するインフラの整備や産業立地も進められている。

〈佐賀県に関する理解を深めるための本〉
地形や地質、歴史、文化、産業などの特徴を地図で読み解きながら紹介：
・昭文社旅行ガイドブック編集部編（2021）『佐賀のトリセツ』昭文社
佐賀県における農業の発展とその営力を時間的、空間的、地域的に解説：
・小林恒夫（2016）『佐賀農漁業の近現代史』農林統計出版

㊷ 長崎県

漁獲量日本一のサバ

長崎県の概説

　長崎県は九州の西部に位置し、東は多良岳山系と国見山系で佐賀県に接し、有明海を隔てて熊本県と福岡県と相接している。さらに、北は日本海に、そして西と南は東シナ海に面しており、日本海には壱岐島や対馬が、東シナ海には五島列島があり、それらの海域には多くの島々が位置している。県域は島原半島や西彼杵半島などの半島と島嶼から成り立ち、全体的に山がちで平地が少ない。山地と丘陵地と台地が県域の約90％を占め、低地は約10％にすぎない。実際、南部の多良岳や雲仙岳などの火山斜面に平地が広がるが、多くは複雑なリアス海岸の湾入部にポケット状の平地が広がるにすぎない。これらの平地が人々の居住地となるため、斜面地の利用を含めて居住密度は高くなる傾向にある。リアス海岸の湾入部は天然の良港となるため、長崎港や佐世保港などの港湾が発達している。実際、県内には日本全体の7.4％に相当する83か所の港湾が立地し、海運や人の移動や漁業のために役立っている。半島と島嶼の地形は気候にも反映され、暖流と季節風の影響を強く受け、北部の日本海側気候と有明海沿岸の内陸性気候、および島嶼や南部の海洋性の太平洋側気候とに大きく分けられる。また歴史的にみると、長崎県は旧国の肥前の西半分と壱岐、および対馬から成り立ち、江戸時代には幕府直轄地の天領と、佐賀、大村、島原、平戸、福江、厳原の諸藩に分割されて領国統治されていた。そのため、分割されて領国統治されていたことや、生活空間が地形で分断されていたことなどにより、地域の統一性はあまりなかったが、それぞれの地域で独特の生活文化が維持発展してきた。そのことは、現在の長崎県の地域区分にも影響しており、佐世保市を中心とする北部と大村市や諫早市を中心とする中央部、島原地域、長崎地域、五島地域、壱岐地域、対馬地域と地域区分は複雑である。

長崎県の日本一

◆ 自然

◎ 日本一多い島の数　　国土地理院が「海洋法に関する国際連合条約」第121条（主に自然に形成された陸地で、水に囲まれ、高潮時でも水面上にある）に基づいて島を定義し、日本の島を地形図で集計した資料によれば、2022年1月現在における長崎県の島の数は1,479島（全国の10.5％）と都道府県別で最も多い。それらのうち、有人島は72島で、それらの総面積は県全体の44.1％に当たる1,823 km^{2}に及んでいる。他方、無人島も1,407島と多い。有人島の総人口は、2022年現在、15万5,516人と少なくないが、それは県人口の9.6％を占めているにすぎない。人口が多いのは福江島（3万1,945人）と対馬島（2万8,374人）と壱岐島（2万4,678人）、および中通島（1万6,112人）であり、それら以外の多くは人口1,000人に満たない島である。

◎ 日本一温度の高い温泉　　島原半島西側における雲仙市の小浜温泉の源泉温度は105℃と日本一の高温である。小浜温泉の源泉は30か所にも及び、それらの源泉からの湧出量も1日に1万5,000tと豊富である。小浜温泉の歴史は古く、713（和銅6）年に編纂された「肥前風土記」にも記載されている。しかし、温泉湯治場として利用されるようになったのは江戸時代からであり、1923年から1938年まで小浜鉄道が開通していたことを契機に、多くの観光客が訪れるようになった。2010年には、日本一高温の温泉に因んで105mに及ぶ足湯「ほっとふっと105」が開業した。

◆ 産業

◎ 日本一の収穫量のビワ　　農林水産省の作物統計によれば、2022年における長崎県のビワの収穫量は853t（全国シェア33.7％）と都道府県別で最も多い。主要な産地は長崎市茂木地区であり、その栽培の始まりは江戸後期に茂木地区の住人が出島の中国人から譲り受けた種を播種したことであった。明治期にはビワ園の整備が進み、そこでの本格的な栽培が行われるようになった。茂木地区でビワ栽培が発展したのは、温暖な気候、および日当たりと水はけのよい斜面地によるもので、斜面地は他の農作物の栽培に適さなかったが、ビワの栽培には適していた。さらに、ビワの収穫が5月下旬から6月であることも栽培の発展に大きく関わっている。つまり、ビワの収穫時期は他の果実の端境期になり、ビワと競合する果実が少ないため、市

九州・沖縄地方　　243

場価格もよく、安定していたのだ。長崎県のビワは基本的に気候風土を活かして露地で栽培されているが、2月から4月にかけて市場に出荷できるようにするため、現在ではハウス栽培も行われている。さらに、ビワを使った加工品を製造し販売する6次産業化や、「茂木びわ」の地域ブランド化も進んでいる。

◎日本一の漁獲量のアジ　農林水産省の漁業・養殖業生産統計によれば、2022年における長崎県のアジの漁獲量は5万3,564t（全国シェア46.6％）と他の都道府県を圧倒して全国1位である。アジの中でも真アジは東シナ海から日本海西部に主に分布し、特に、五島灘や長崎市の野母崎沖は、対馬海流により餌となるプランクトンも豊富なため真アジの主要な漁場になっている。漁獲のシーズンは4月から9月であり、真アジの旬は4月から6月である。漁獲された真アジは松浦市や五島市や長崎市の漁港に水揚げされている。五島灘のまき網で漁獲された250g以上の真アジは「ごんあじ」の地域ブランドで出荷されている。他方、野母岬沖で一本釣りされた真アジは「野母んあじ」の地域ブランドで高級魚として出荷されている。

◎日本一の漁獲量のサバ　農林水産省の漁業・養殖業生産統計によれば、2022年における長崎県のサバの漁獲量は7万903t（全国シェア22.2％）と都道府県別で最も多い。サバの漁期は10月から翌年の2月にかけてであり、対馬海流により豊かな漁場となっている五島列島から対馬海域において大中型のまき網漁業で漁が行われている。特に、400g以上の寒サバは「旬サバ」のブランドで松浦港などに水揚げされている。サバの漁獲量は毎年、茨城県と全国1位、2位を争っている。

◎日本一の漁獲量のタイ　農林水産省の漁業・養殖業生産統計によれば、2022年における長崎県のタイの漁獲量は4,373t（全国シェア18.3％）と都道府県別で最も多い。タイの中でも収益性の高い真ダイの漁期は1月から6月までで、真ダイは潮の流れの速い、深いところを好み、海峡や瀬戸（幅の狭い海峡）などが漁場となる。そのような場所は長崎県の沿岸部には多いが、特に長崎市の野母崎沖はよい漁場として知られている。

◎日本一の漁獲量のブリ　農林水産省の漁業・養殖業生産統計によれば、2022年における長崎県のブリの漁獲量は1万775t（全国シェア11.6％）と都道府県別で最も多い。ブリの漁期は8月から12月までで、最盛期は9月から10月である。主な漁場は五島列島から壱岐島、対馬島にかけての海域であ

る。それらの漁場では餌付け漁業（延縄や一本釣り）や大型定置網により漁が行われている。漁獲されたブリは松浦港や佐世保港に水揚げされる。

◎日本一の漁獲量のサザエ　　農林水産省の漁業・養殖業生産統計によれば、2022年における長崎県のサザエの漁獲量は648t（全国シェア16.2％）と都道府県別で最も多い。長崎県は海岸線が複雑で、浅海の岩礁域が多いため、サザエの生息に適しており、県内の島嶼部を含めて産地が多く存在する。特に、対馬西岸地域や平戸地域は主要な産地で、その漁期（採捕）期は5月から8月である。漁獲は刺網、潜水、貝突きで行われているが、資源保護のため、殻蓋長径2cm以下のものは獲らないことになっている。

◎日本一の養殖量（水揚げ量）のクロマグロ　　農林水産省の漁業・養殖業生産統計によれば、2022年における長崎県のクロマグロの水揚げ量は7,233t（全国シェア35.2％）と都道府県別で最も多い。県内の最大の養殖地は対馬であり、壱岐や五島の島嶼地域、および県北や県南でも、リアス海岸の海底地形を利用して養殖が行われている。また、県内の養殖地は国内の他のそれと比べて北に位置しており、海水温が低くマグロの成長に時間がかかるが、それによってよく締まった身ときめの細かい脂をもつマグロが養殖されている。水揚げの最盛期は11月から翌年の2月である。

◎日本一の養殖量（水揚げ量）のフグ　　農林水産省の漁業・養殖業生産統計によれば、2022年における長崎県のフグの水揚げ量は1,237t（全国シェア44.0％）と他の都道府県を圧倒して全国1位である。主要な産地は長崎市と松浦市、および佐世保市九十九島であり、いずれもリアス海岸や島嶼による穏やかな海と潮通しのよいことがトラフグの養殖に適している。水質や餌を徹底的に管理して良質のトラフグを養殖し、12月から3月にかけて水揚げし、下関市の市場に出荷している。

◆生活文化・その他

◎日本一の消費額のバス代　　総務省統計局の家計調査によれば、長崎市の1世帯（2人以上）当たりのバス代の年間の消費額は、2021年から2023年の平均値で7,064円（全国平均は2,239円）と全国1位である。これは、傾斜地が多く、平坦地が少ないという地形の特徴を反映している。特に、長崎市は港湾を中心にしてすり鉢状になっており、傾斜地や坂道が多く、移動手段は公共交通のバスが用いられている。長崎市では公共交通として路面電車も発達しているが、それは平坦地に限定されている。また、自家用車

の利用も考えられるが、傾斜地が多いため駐車のスペースが少ない。そのため、安く手軽に利用できるバス交通が発達している。

◎**日本一の消費額のカステラ**　総務省統計局の家計調査によれば、長崎市の1世帯（2人以上）当たりのカステラの年間消費額は、2021年から2023年の平均値で5,017円（全国平均は851円）と圧倒的な全国1位である。カステラはポルトガルから伝来した菓子であるが、明治期になり良質の砂糖が使われるようになると、製法が工夫されて甘く柔らかくしっとりした菓子に変化した。その結果、日常的な菓子として普及し、一般に消費されるようになった。さらに、カステラは贈答品や土産品としても用いられるようになり、その消費量が着実に拡大した。

長崎県の特徴とさらに理解を深めるために

　長崎県は地形的にも歴史的にもさまざまな地域に分断され、それぞれの地域で独自の生活文化や産業が発達してきた。そのため、それぞれの地域の産物はその土地ならではのものとなり、地域ブランド化されることが少なくなかった。その一方で、産業立地が地形的な制約から広域的に展開することも多くなかった。しかし、海域は陸域と異なり隔てるものがほとんどないため、対馬海流による豊かな漁場を多くの地域の漁家が利用し、それぞれの漁港に水揚げされた魚が長崎のプライドフィッシュ（地元漁師が勧める季節ごとの魚。県の漁協・漁連が選定する）として出荷されている。さらに、リアス海岸を利用した養殖業も長崎県のプライドフィッシュの出荷に貢献してきた。これらの水産業の発達は島嶼部と本土を結ぶ役割も担っている。

〈長崎県に関する理解を深めるための本〉
歴史、地学、産業、交通、統計など様々な側面から長崎県を解説：
・河合敦監修（2023）『長崎の教科書』JTBパブリッシング
地形や地質、歴史、文化、産業などの特徴を地図で読み解きながら紹介：
・昭文社旅行ガイドブック編集部編（2021）『長崎のトリセツ』昭文社

㊸ 熊本県

収穫量日本一のデコポン（不知火）

熊本県の概説

熊本県は九州のほぼ中央に位置し、北を筑肥山地で福岡県と接し、北から東にかけて九州山地で大分県と宮崎県に接し、南を国見山地で鹿児島県と接している。西は八代海や島原湾や有明海に面して天草諸島と対峙し、さらにその西は天草灘、東シナ海と続く。九州山地は九州の脊梁であり、日本で2番目に大きいカルデラの阿蘇山や国見岳などの山々が連なり、山地を水源とする河川が東から西に流れ、菊池平野や熊本平野や八代平野がそれぞれ菊池川、白川と緑川、および球磨川により形成されている。これら平野部は山地から豊富な水が供給されるため、人々の居住や経済活動の場所として昔から利用されてきた。山間部と平野部の地域的差異は気候にも反映されており、山間部は内陸性気候の、平野部と島嶼部は温暖湿潤な太平洋側気候の特徴をもっている。歴史的にみると、熊本県は旧国の肥後に相当し、江戸時代には主に熊本藩と人吉藩が肥後を領国支配していたが、多くの地域は熊本藩の支配地であったため、地域的なまとまりはあり、それはその後の産業立地や地域振興に影響を及ぼした。実際、明治期以降の熊本市は南九州における政治、経済、軍事、文化教育の中心地として位置づけられ、交通インフラの整備や中枢管理施設の設置、およびさまざまな産業の立地が図られた。その結果、現在の熊本市は県内におけるプライメイトシティとなり、南九州で唯一の政令指定都市にもなった。さらに、博多駅から鹿児島駅までの九州新幹線の開業にともない首都圏や関西圏との近接性も高まり、熊本市の中心性は県内だけでなく、九州においても高まっている。

九州・沖縄地方　247

熊本県の日本一

◆自然

◎日本一の名水百選の選定数　環境省は1985年に昭和の名水百選と2008年に平成の名水百選の2回選定を行っている。これらの選定資料によれば、熊本県は昭和の名水百選で4か所、平成の名水百選で4か所選定されており、それらの選定数は日本一である。昭和の際には宇土市の「轟水源」、南阿蘇村の「白川水源」、菊池市の「菊池水源」、産山村の「池山水源」の4か所であり、平成の際には熊本市の「水前寺江津湖湧水群」、熊本市と玉名村の「金峰山湧水群」、嘉島町の「六嘉湧水群・浮島」、南阿蘇村の「南阿蘇村湧水群」の4か所である。いずれの場所も熊本県を取り囲む九州山地などの山岳地を水源とし、山岳からの伏流水や地下水の湧水を中心して選定されており、湧水の水質や周辺の環境だけでなく、その保全状況や地域住民による維持管理の持続性も評価されている。

◎日本一の地下水都市　熊本市環境局の資料によれば、熊本市は人口約74万人を擁し、1日約40万tの湧水量の地下水をもっている。そのため、市民の水道水の100％を地下水で賄っている。人口50万人以上の都市で、水道水をすべて地下水で賄っている都市は熊本市のみであるため、熊本市は日本一の地下水都市といえる。熊本地域における地下水の水源となる阿蘇山には年間3,000mmに及ぶ降水があり、その降水量の多さが豊かな地下水の一因でもある。また、阿蘇火砕流の厚さ100m以上の地層は隙間が多く水が浸透しやすいため、阿蘇山からの地下水が流れやすくなっている。さらに、肥後に入国した加藤清正が白川中流域に堰や用水路を築き大規模な水田開発を行い、地下水利用の施設整備をしたことも地下水都市熊本の礎になっている。現在、阿蘇外輪山の西側から連なる面積約1,041km^{2}の熊本地域には、熊本市を含む11市町村があり、約100万人の人々が暮らしており、この熊本地域の水道水源のほぼすべてが阿蘇山からの地下水で賄われている。阿蘇山に降った雨は地下水となり約20年で熊本市に到達して水道水となる。熊本市の水道は市内98本の井戸から1日平均約22万m^{3}取水されて配水されており、それらの井戸の一つである「八景水谷水源地」は熊本市の水道発祥の地であり、日本近代水道百選の一つでもある。熊本市水道の最大の水源地は11本の井戸のある健軍水源地で、代表的な井戸の「5号井」

の1日の取水能力は6万人以上の人口を賄える1万5,000m³もある。

◆産業

◎日本一の収穫量のトマト　農林水産省の作物統計によれば、2022年における熊本県のトマトの収穫量は13万300t（全国シェア18.4%）と都道府県別で最も多い。熊本県のトマト栽培地域は促成栽培や半促成栽培、および抑制栽培を主体とした平野地域（玉名、熊本、宇城および八代地域）と、夏秋栽培の高原地域（阿蘇、矢部および清和地域）に代表され、熊本産トマトは1年を通じて安定して市場に出荷されている。特に、栽培面積や収穫量が多いのは八代市で、八代海沿岸の塩分濃度の高い土地で栽培されるトマトは「塩トマト」として農林水産省の地理的表示の登録を受けて地域ブランドとして市場出荷されている。また、八代地域の農家は地域ブランドの「はちべえトマト」としても市場出荷しており、いずれにしても八代地域のトマトは評価が高い。八代地域のトマト栽培は1950年代前半から始まり、1966年には冬春トマトの、1978年には夏秋トマトの指定産地の指定を受けて施設園芸が本格的に行われるようになった。当初、農家はメロン栽培などと組み合わせて経営を行っていたが、次第にトマト栽培に専門化する傾向を強めている。それは、トマトの収益性の高さもあるが、120アール(a)から150アールのトマト栽培では10月から翌年の6月までの長期にわたって収穫するための人手が足りず、他の農作物を栽培する余裕がないためである。八代地域のトマト栽培では収穫期の人手不足は大きな課題であり、外国人労働者の雇用も増えている。

◎日本一の収穫量のスイカ　農林水産省の作物統計によれば、2022年における熊本県のスイカの収穫量は4万8,000t（全国シェア15.2%）と都道府県別で最も多い。主要な産地は熊本市北区植木町から山鹿市鹿央町にかけての鹿本地域であり、400弱の農家がハウスでスイカを栽培している。この地域でスイカ栽培が始まったのは1960年代であり、盆地状の土地は日較差が大きいことや日照時間の長いこと、水はけのよい火山灰土壌が広がっていること、そして豊富な地下水で灌漑できることなどがスイカ栽培に適していたため、1970年代にはスイカの主産地として発展し周知されるようになった。この地域では春スイカが3月から6月にかけて、秋スイカが10月から12月にかけて収穫され市場出荷されたり、直売所で販売されたりしている。

九州・沖縄地方

◎日本一の収穫量のデコポン（不知火）　　農林水産省の特産果樹生産動態等調査によれば、2021年における熊本県のデコポン（不知火）の収穫量は1万614t（全国シェア29.0％）と都道府県別で最も多く、栽培面積も634haと全国1位である。デコポン（不知火）は清見にポンカンを交配したもので、なりくちがポコッと盛り上がったデコの形状に特徴ある。「デコポン」という名称はJA熊本果実連の商標で、糖度などの一定の条件を満たした優良品につけられる商標である。そのため、一般的には「不知火」として出回っている。デコポンの発祥の地は熊本市の南にある宇城市不知火町であり。1970年代に甘夏みかんに代わる商品として開発されたが、酸味が強く、市場出荷できるものではなかった。しかし、1980年代後半にデコポンが収穫後に熟成させることで甘みを増すことが発見されると、デコポンは市場価値を高め、1990年代には熊本県の主要な農産物の1つになった。デコポンの主要な産地は発祥の地である宇城市とその周辺地域であり、冬でも温暖で日照に恵まれ、水はけのよい緩傾斜地が栽培適地となっている。生産農家はハウス栽培と露地栽培を組み合わせて12月から翌年の6月まで収穫しており、12月から1月まではハウスの、2月以降は露地のデコポンを収穫している。収穫後、2週間から3週間貯蔵し、酸味が抜けてから市場に出荷される。

◎日本一の収穫量のい草　　農林水産省の作物統計によれば、2022年における熊本県のい草の収穫量は5,810t（全国シェア100％）と圧倒的な全国1位である。い草は温暖な気候風土と長い日照時間と豊かな水利を栽培適地としており、500年前から八代市を中心とする地域で行われてきた。江戸時代にはい草栽培が奨励されたが、明治維新までは「お止草」として栽培地が限られていた。明治期以降、い草は収益性の高い農作物として普及したが、第二次世界大戦後、畳（たたみ）の需要の減少や外国産の畳表（たたみおもて）の輸入増加により、その生産量は減少している。国産い草とそれで製造される畳表の評価の高さは変わらないため、国産い草生産は維持されているが、その生産地は熊本県に集中する傾向にある。それはい草栽培に適した環境と、栽培を支えてきた伝統と技術によるものである。実際、八代地域のい草栽培では、収穫したい草を、すぐに染土（せんど）と呼ばれる天然土を適度な濃度で水に溶かした液にまんべんなく浸漬（しんし）させる「泥染（どろぞめ）」という製法が取られている。これにより、染土がい草をコーティングして葉緑素や内部構造のダメージを抑制し、光沢や色調のよい良質ない草となり、い草の乾燥も万遍なくできる。

◎日本一の生産量の馬肉　　農林水産省の畜産物流通調査によれば、2021年における熊本県の馬肉の生産量は1997.8t（全国シェア43.9％）と他の都道府県を圧倒して全国1位であり、馬肉の年間消費量（購入額）も2015年の資料において1,912円と全国1位である。熊本県における馬肉の生産と消費の始まりは諸説あるが、加藤清正によってもたらされたという説がよく知られている。熊本県で馬肉の生産と消費が広まる契機となったのは、第二次世界大戦後の食糧難の時代、軍馬の産地であった阿蘇地域で馬肉を食べたことであり、その食文化が県内に広まっていった。現在においても、馬肉の主要な生産地は阿蘇地域であり、そこは阿蘇外輪山の自然草地の入会地を利用した放牧、および牧草や配合飼料を利用した肥育に適している。馬肉になる馬は主に重種馬であり、海外や北海道から運ばれてきた馬は一定期間肥育された後、馬刺し用の馬肉として市場に出荷される。

◆生活文化・その他

◎日本一低い上水道給水人口比率　　日本水道協会の水道統計によれば、2020年における熊本県の上水道給水人口比率は87.3％（全国平均97.4％）と他の都道府県と比較して最も低い。熊本県において上水道の普及の割合が低いことは、社会生活におけるインフラの整備が遅れていることを示すものではない。熊本県では熊本市をはじめ多くの地域で地下水が豊かであり、地下水を汲み上げた飲用井戸を使用する世帯が少なくなく、上水道を必要としない場所が多かった。そのため、上水道を整備しても、利用してもらえない地域が広くあり、上水道の普及率は低くなっている。

◎日本一数の多い装飾古墳　　熊本県立装飾古墳館の資料によれば、古墳の内側に浮彫などの装飾が施された装飾古墳は全国で660基ある。そのうち195基が熊本県にあり、その数は日本一である。装飾古墳は5世紀から7世紀にかけて九州の北部や中部に集中して造られており、内部の壁や石棺に浮彫、線刻、彩色などの装飾を施したもので、奈良県高松塚古墳やキトラ古墳のような8世紀からの壁画古墳と異なる。そのため、装飾古墳の集中する菊池川流域は独自の文化圏が発達した地域とも考えられている。装飾古墳の彩色に使われた顔料は、赤色、白色、灰色、緑色、黒色2種の計6色であり、赤色は鉄分を多く含む阿蘇黄土を焼いたベンガラであり、黒色は粉末状にした鉄鉱石や木炭、黄色は酸化鉄を含んだ黄色の粘土である。赤の顔料の原料となる阿蘇黄土の手に入れやすさが装飾古墳の分布に影響して

いた。
◎日本一大きい水路橋　阿蘇山麓に位置する山都町(やまとちょう)にある通潤橋(つうじゅんきょう)は石造アーチの水路橋で、長さ約78m、高さ約21.3mと日本一の大きさを誇っている。この水路橋は四方を河川に囲まれた白糸台地(しらいとだいち)に農業用水を送るため、1854（嘉永7）年に建設された。この橋は通潤用水からの水路の一部で、用水は北側の取水口から橋の上に設置されている凝灰岩(ぎょうかいがん)製の通水管を通って、白糸台地のある南側に吹き上がる仕組みになっており、通潤橋を渡った用水は白糸台地上の約100haの水田を昔も今も灌漑している。
◎日本一長い石段　美里町(みさとまち)の釈迦院(しゃかいん)御坂(みさか)遊歩道は3,333段あり、日本一長い階段となっている。町は1200年の歴史をもつ釈迦院（八代市泉町(いずみまち)）の表参道である御坂に日本一の石段を建設し、文化遺産として後世に残すとともに地域活性化を図ろうとした。この石段は1988年に建設され、600mの高低差を3,333段の石段で上り下りができるようになった。石段には、全国各地の名石が用いられるとともに、中国や韓国、インド、旧ソ連、ブラジル、米国、南アフリカなど世界各国の御影石が使用されている。

熊本県の特徴とさらに理解を深めるために

　熊本県は自然環境的にも歴史的にも比較的まとまりのある地域で、東部の阿蘇山を中心に県域を囲むような山地地域と、山地地域に抱かれる山麓地域とそれに続く平野地域に概ね区分される。山地地域は阿蘇山に代表されるように火山噴火の怖れもあるが、さまざまな自然の恵みを山麓地域や平野地域にもたらしてきた。自然の恵みのなかで最も重要なのは水であり、その水は地下水や湧水となって山麓地域と平野地域の人々の生活や経済活動を支えてきた。平野地域における水稲作や施設園芸の発展は気候や土地条件、中でも水が果たしてきた役割が少なくない。さらに、生活用水に供給される地下水も重要であり、地下水が利用できる場所であることが過去においても現在においても熊本市の中心性を高めている。

〈熊本県に関する理解を深めるための本〉
地形や地質、歴史、文化、産業などの特徴を地図で読み解きながら紹介：
・昭文社旅行ガイドブック編集部編（2021）『熊本のトリセツ』昭文社
自然と災害、歴史文化、地場産業、都市と農村、地域振興などから解説：
・山中進・鈴木康夫編著（2015）『熊本の地域研究』成文堂

㊹ 大分県

収穫量日本一のカボス

大分県の概説

　大分県は九州の北東部に位置し、東は豊後水道を臨んで愛媛県と対峙し、西は阿蘇火山の東斜面で熊本県に、南は祖母傾連山で宮崎県に、北は周防灘と福岡県に接している。県西部には、霧島火山帯が南北に連なり、それに沿って北西部に英彦山々系が、南西部には祖母山々系が連なっており、山地地域は起伏に富む地形を形成している。山地地域から筑後川や大野川などの河川が流れ、中流域には日田盆地や竹田盆地などがある。筑後川は県域を越えて有明海に注ぐが、多くの河川は周防灘や別府湾に注ぎ、下流域には中津平野や大分平野のような海岸平野がポケット状に形成されている。これらの海岸平野には中心地が立地し、人々の居住や経済活動や生活文化が集積している。海岸地域では豊後水道に沿ってリアス海岸が続き、大分市からは神戸への、別府市からは大阪への、臼杵市や佐伯市からは四国への航路がそれぞれ延びている。山地や高原、内陸盆地、海岸平野などの地形をもつ大分県の気候は複雑で、山地気候や内陸性気候、瀬戸内気候、太平洋側気候と地域差が大きく、基本的には北部と南部の、および山間部と海岸部の地域差が目立っている。大分県の旧国は豊後1つでまとまっているが、江戸時代の豊後は中津、杵築、日出、府内（大分）、臼杵、佐伯、岡（竹田）、森（玖珠）の8つの藩で領国支配され、幕府の管轄地や他国の藩の飛地もあり、複数の小さな地域に分割されていた。そのため、それぞれの地域で独特の生活文化や地場産業が発達し、そのことが後の時代に大分県で始まる「一村一品運動」の基礎にもなっている。また、現在における県内の地域区分も中津市を中心とする北部地域、別府市を中心とする東部地域、大分市を中心とする中央地域、日田市を中心とする西部地域、佐伯市を中心とする南部地域、および竹田市を中心とする豊肥地域に細分化されているが、大分市の中心性は高く、中核市として影響が広範囲に及んでいる。

九州・沖縄地方　253

大分県の日本一

◆自然

◎日本一の温泉数　環境省の温泉利用状況によれば、2021年現在、大分県の温泉数は5,102か所であり、2位の鹿児島県の2,751か所を大きく引き離して全国1位である。また、大分県の温泉の湧出量も毎分29万8,416ℓと2位の北海道の毎分19万7,557ℓを大きく引き離して全国1位である。これらのことは、大分県が「温泉県」と呼ばれる理由にもなる。県内の多くの温泉は火山周辺に分布する火山性温泉であり、北東部の鶴見岳や由布岳の周辺には別府温泉、湯布院温泉、塚原温泉、湯平温泉が、南西部の九重火山群の周辺には筋湯温泉、川底温泉、宝泉寺温泉、七里田温泉、長湯温泉、筌ノ口温泉、赤川温泉などが立地している。県内の温泉数を市町村別にみると、別府市が県全体の温泉数の52.3％に当たる2,291か所を有しており、次いで湯布院の941か所、九重町の405か所と続いており、別府市の温泉数が他市町村を圧倒している。しかし、温泉の湧出量に関しては、別府市が毎分8万7,360ℓと1位であるが、次いで九重町が毎分8万3,882ℓと拮抗しており、それは九州の脊梁山脈に連なる九重火山群からの豊富な湯量を反映している。県内の温泉の泉質は多様であり、10種類の泉質のうち、単純温泉、塩化物泉、炭酸水素塩泉、硫酸塩泉、二酸化炭素泉、含鉄泉、酸性泉、硫黄泉の8種類の温泉が各地に分布し、それらの豊かな泉質と湯量を求めて年間約320万人の観光客が訪れている。環境省では、温泉利用の効果が十分期待され、健全な温泉地として優れた条件を備えている地域を国民保養温泉地に指定しており、県内では別府市の鉄輪温泉、明礬温泉、柴石温泉と竹田市の竹田温泉群（長湯温泉、久住高原温泉郷、竹田・荻原温泉）、および由布市の湯布院温泉郷（由布院温泉、湯平温泉、塚原温泉、庄内温泉、挾間温泉）が指定されている。

◎日本一の地熱発電量　資源エネルギー庁の都道府県別発電実績によれば、2023年1月における大分県の地熱発電量は7,670万kwであり、2位の秋田県の3,530kwを大きく引き離して全国1位である。また、大分県の地熱発電総出力は12万5,500kwと全国の約46％を占めている。県内には発電設備容量1,000kW以上の地熱発電所は別府市に1か所、九重町に5か所立地しており、それらのなで九重町の八丁原発電所は日本一の発電設備容量を誇

る地熱発電所であり、そこの1号機と2号機を合わせると110,000kWの出力で、年間の発電電気量は約8億7,000万kWhに達する。これは、一般家庭約3万7,000戸の電力消費分に相当する。発電所内には深さ60mから3,000mの蒸気井が31本あり、それらから毎時890tの蒸気が発生し、その蒸気でタービンを回して、発電が行われる。地熱エネルギーの熱源はプレートの移動による摩擦熱などで生じたマグマ溜りで、八丁原地域ではこのマグマ溜りによる火山活動が約20万年前に起こり、その熱源で現在の地熱貯留層が形成されている。

◎日本一多いトンネル数　　国土交通省の道路統計年報によれば、2021年における大分県のトンネルの数は562本（全国の5.4％）で2位の北海道の494本を引き離して全国1位である。県内には山地や丘陵地が多く、河川で開析された谷や小盆地も多い。また海岸部でも小さな半島や入江が多く、複雑に入り組んだリアス海岸が続いている。このような複雑な地形を反映して交通網の整備にはトンネルの建設が欠かせない。そのため、道路や鉄道の敷設にともなってトンネルの数は多くなる。さらに、トンネル建設のために全国から熟練のトンネル専門の抗夫集団が集まり、技術の交流や蓄積を進めながら、工事を行ってきたこともトンネルの多さにつながっている。

◆産業

◎日本一の収穫量のカボス　　農林水産省の特産果樹生産動態等調査によれば、2021年における大分県のカボスの収穫量は5,900t（全国シェア98.7％）と圧倒的な全国1位を誇っている。また、栽培面積も537ha（全国シェア98％）と圧倒的な全国1位であった。江戸時代に薬用として竹田地域や臼杵地域で栽植されたのがカボス栽培の始まりであるが、それらの地域における商品としての本格的な生産は県の奨励を反映した1960年代後半からである。そのため、カボスの主要な産地は竹田市、臼杵市、および豊後大野市であり、温暖な気候と豊かな日照量とともに、日較差の大きさによってカボス栽培の適地となってる。カボスはハウス栽培と露地栽培を組み合わせて生産されており、ハウス栽培の収穫が3月下旬から7月、露地栽培の収穫が8月から10月である。最盛期は8月と9月であり、10月に収穫されたものについては、カボスの緑色を維持するような工夫をして貯蔵し、1年中出荷できるようにしている。

◎日本一の生産量の乾シイタケ　　農林水産省の特用林産物生産統計調査

によれば、2022年における乾シイタケの生産量は768.8t（全国シェア37.8％）と都道府県別で最も多い。温暖な気候と年間降水量の多いことは豊かな森林を、とりわけシイタケ栽培に適した落葉広葉樹を多く育んでいる。江戸初期に現在の佐伯市宇目で炭焼き職人が木材に自然発生したシイタケを発見し、シイタケ菌が付着しやすいよう原木にナタで切れ込みを入れる方法（ナタ目式栽培）を考案し、シイタケ栽培が始まった。第二次世界大戦後すぐに、シイタケの種駒栽培が普及し、生産量が安定するようになった。シイタケは乾燥させると貯蔵性が増し、運びやすくなり、出汁も出やすくなるため、乾シイタケの出荷が江戸時代から続いている。シイタケ栽培には原木栽培と菌床栽培があり、大分県のシイタケは原木栽培されている。原木栽培はクヌギやコナラを伐採し、半枯らしした原木に直接シイタケ菌を接種して自然環境の中でシイタケを発生させる方法で、乾シイタケに適した肉厚で旨味が凝縮されたものが生産される。

◎日本一の生産量の真竹　　農林水産省の特用林産基礎資料（特用林産物生産統計調査結果報告書）によれば、2022年における大分県の真竹の生産量は2万1,900束（全国シェア42％）と他の都道府県を圧倒して全国1位である。別府市は古くから竹工芸・竹細工の産地として知られており、別府竹細工は1979年に伝統的工芸品の指定も受けている。竹細工に必要なのは、節が少なく、節と節との間隔が長く、細工しやすい真竹であり、その栽培と生産は温暖な気候と適度な降雨、および丘陵斜面を利用して盛んに行われてきた。真竹の栽培面積においても大分県は日本一である。別府竹細工は明治期以降に温泉客が多くなるにつれて、普段使いや土産用の竹細工の籠や笊などが求められるようになり、真竹の栽培と生産は現在も維持されている。

◎日本一の出荷額のデジタルカメラ　　経済産業省の経済構造実態調査（製造業事業所調査）によれば、2021年における大分県のデジタルカメラの出荷額は1,228億5,900万円（全国シェア56.3％）と他の都道府県を圧倒して全国1位である。大分県においてデジタルカメラの出荷額が多いのは、日本のカメラメーカーの基幹工場が1982年に国東市に立地して、デジタルの一眼レフカメラやデジタルビデオカメラなどの製造を開始したためである。その後、この大手メーカーは2005年に大分市に、2008年に日田市に工場を増設し、デジタルカメラなどの製造を行っている。基幹工場が大分県に置

かれたのは、自然環境が豊かであること、地域社会との交流連携が取れること、そして大分空港に隣接するため国内外とのアクセスも容易なことからであった。

◆生活文化・その他
◎日本一の都道府県指定の建造物文化財件数　文化庁の資料によれば、2023年現在、大分県は都道府県指定の建造物文化財件数が207件で全国1位である。大分県は豊かな自然環境をもち、複雑な地形によって地域社会が細かく区分され、独自の伝統や生活文化を維持するとともに、それを反映した建造物が多く残されている。そのため、県指定の文化財数が多い。例えば、中津市の耶馬渓橋、宇佐市の宇佐神宮南中楼門、別府市の別府タワー、臼杵市の龍源寺三重塔などがある。

◎日本一高い歩行専用の吊り橋　九重町の九重"夢"大吊橋は標高777mの地点に2006年に架設され、長さ390m、高さ173mであり、人が渡れる吊り橋としては日本一の高さを誇っている。足下には筑後川の源流域となる鳴子川渓谷の原生林が広がり、遠くには九重火山群が連なっており、四方八方に絶景を見ることができる。

大分県の特徴とさらに理解を深めるために

　大分県の特徴は地形が複雑で、河川に開析された谷や小盆地が多く展開し、海岸部も複雑に入り込み、小規模な入江が多く存在することである。また、歴史的にみても、いくつかに区分されて領国支配された歴史があり、そのことによって地域社会の伝統が存続し、その伝統や生活文化が現代まで影響を及ぼしている。しかも、地域社会の伝統や資源を活かして地域を活性化し振興を図る取り組みは、「一村一品運動」として結実し、一つの地域振興の方法として大分県から全国に発信された。さらに、大分県のもう一つの取り組みも日本一の地域資源を最大限に活かすものであり、それは「温泉県」としての観光立県を目指すもので、全国の手本にもなっている。

〈大分県に関する理解を深めるための本〉
地理的特徴、古代からの神話、大地の成り立ちなどから大分県を解説：
・美術手帖編集部編（2018）『おおいたジオカルチャー』美術出版社
古代から近世にいたる豊後の地理・歴史・風俗・産物などを体系的に解説：
・太田由佳・松田清（2018）『訓読 豊後国志』思文閣出版

㊺ 宮崎県

収穫量日本一のライチ（レイシ）

宮崎県の概説

　宮崎県は九州の東南に位置し、北は祖母傾（そぼかたむき）山系で大分県と、西は九州山地で熊本県と、南は韓国岳（からくに）などの霧島山系で鹿児島県と接し、東は太平洋（日向灘）に面している。県域には山地地域が多く、山林や原野が総面積の74.6％に及んでいる。山地地域からは北から五ヶ瀬川（ごかせがわ）、耳川（みみかわ）、一ツ瀬川（ひとつせがわ）、大淀川（おおよどがわ）が流れ、いずれも太平洋に注いで、下流域には宮崎平野などの平坦地が形成されている。宮崎平野は南北約60km、内陸側へ約30kmと広く、多くの人々の生活空間や経済活動の場になっている。平野を取り囲むように山麓丘陵や台地が分布し、それらの中に小林盆地や都城（みやこのじょう）盆地などの比較的広い平坦地が展開している。このような山麓や丘陵の外側に山地地域が取り囲むように連なり、西から東に向かって山地－山麓・丘陵・台地－平野という地形構成になっている。この地形構成は気候にも影響を及ぼしており、全域的に温暖多湿の気候であるが、山地になるにつれて気温は低くなり、年降水量は増加する傾向にある。梅雨や台風の時期は長雨が続き、降水量は多くなる。一方、冬季は海岸部において晴れの日が続き、温暖で乾燥した日が続くため、多くのプロスポーツチームがキャンプ地として利用している。歴史的には、宮崎県は旧国の日向であり、江戸時代には大きな藩が置かれず、天領と延岡藩、高鍋藩（たかなべ）、佐土原藩（さどわら）（薩摩藩支藩）、飫肥藩（おび）などの小藩に分割されて領国支配された。この影響もあり、現在の地域区分も延岡市と日向市を中心とする県北地域、宮崎市を中心とする県央地域、日南市と串間市（くしま）を中心とする県南地域、および都城市と小林市を中心とする県西地域になる。しかし、宮崎平野や盆地の広がりを基盤にして、延岡都市圏と宮崎都市圏と都城都市圏が発展しており、それらの都市圏に基づく地域区分が一般的になっている。

宮崎県の日本一

◆自然

◎日本一多い年間降水量　気象庁のデータによれば、2021年における宮崎県の年間降水量は3,126mmと全国1位であり、2位の高知県の3,121mmとは僅差で、毎年1位、2位を争っている。地形的にみると、宮崎県の西側は九州山地が北から南に連なり、東側は太平洋に面している。そのため、夏季には太平洋から温かく湿った空気が上昇して吹き込み、九州山地にぶつかって上昇気流が発生し、多くの積乱雲ができやすい。特に、これらの積乱雲が梅雨前線とぶつかると積乱雲のまとまりが発生し、線状降水帯となって、まとまった雨が長期間降ることになる。また、宮崎県は台風の接近や通過も多く、そのことによっても降水量は多くなる。さらに、県内の降水最多月の分布をみると、県南部から中部以北の沿岸部にかけては6月が、山地地域は7月が、そして中部から南部と北部にかけての山地と沿岸の中間地帯は8月である。6月と7月に降水が多いのは梅雨の影響であり、8月に降水が多いのは台風やそれにともなう湿った偏東風によるものである。宮崎県における降水分布は地形や太平洋からの風によって地域差が生じており、降水量が多くなる傾向にあるのは山地やそれに続く山麓斜面や盆地である。実際、県南西部に位置する盆地のえびの市では1993年に8,670mmとアメダスにおける日本最多の年降水量を記録した。

◎日本一広い照葉樹自然林　九州森林管理局の資料によれば、綾町には中核部分（コアエリア）の約700haを含めて、約2,500ha（東京ドーム約535個分）の照葉樹自然林が残り、その規模は日本で最大級であり、それらはユネスコのエコパークに認定されている。照葉樹林はシイ類やカシ類の常緑広葉樹で、温暖で降水量の多い地域に分布しているが、伐採や開発などの人為的な攪乱により落葉広葉樹林との混交林に変化し、まとまった自然林は少なくなっている。ユネスコのエコパークは人間と自然の共生を目指すため、多様な生きものが生息する自然を厳正に保護するだけでなく、その周辺で生活する人々の持続可能な発展も目指している。具体的には、綾町の照葉樹自然林とそこに生息する動植物を保護するだけでなく、自然林を源とする豊かな水とその水を活用する人々の生活文化や経済活動も持続的に保全されている。

九州・沖縄地方

◎日本一の高さの柱状節理

日向市の馬ヶ背の絶壁は70mの高さで、溶結凝灰岩による柱状節理としては日本最大級である。馬ヶ背がある日向岬は日豊海岸国定公園の南端に位置し、約5kmに及ぶリアス海岸になっている。馬ヶ背を含む日向岬の柱状節理は2018年に国指定天然記念物にもなっている。日向岬の柱状節理は約1500万年前の海底火山噴火によって隆起し流れ出た溶岩が冷えて固まった後、波の浸食で形成された。

◆ 産業

◎日本一高い農地の土地生産性

農林水産省の生産農業所得統計によれば、2020年における宮崎県の農地1ha当たりの土地生産性は513万5,000円(全国平均は204万8,000円)と他の都道府県を圧倒して全国1位である。宮崎県は日照時間や快晴日数が多く、平均気温も高く温暖な気候に恵まれており、そのような環境は「日本のひなた」と呼ばれ、様々な農業に適したものになっている。しかし、県域は山地地域が多く、森林が76%を占め、農地は9%を占めるにすぎず、その農地の多くは火山灰土壌に覆われて、農業の土地生産性は高くなかった。そのため、施設園芸などの土地集約型農業を立地展開させ、そのような土地集約型農業の方法は畜産や果樹にも波及するようになった。その結果、収益性の高い農業部門が立地し、宮崎県における農地の土地生産性は向上するようになり、日本有数の高さを誇るまでになった。

◎日本一の収穫量のキュウリ

農林水産省の作物統計によれば、2022年における宮崎県のキュウリの収穫量は6万4,500t(全国シェア11.8%)と都道府県別で最も多い。冬暖かく日照に恵まれる気候を活かし、傾斜地を利用して油障子で保温したキュウリの早出し栽培が明治期に宮崎市で行われ、大正期には日豊本線と港湾が整備されて早出し栽培は本格化した。そのため、現在でもキュウリの主要な産地は宮崎市とその周辺である。1960年代になると、大型ビニールハウスの導入により、従来のトンネル栽培からハウス栽培に急速に移行し、キュウリの作型は多様化し、収穫と出荷が周年的に行われるようになった。実際、冬春キュウリのハウス栽培は8月下旬からの播種で始まり、収穫が10月から翌年の7月上旬まで続き、この期間には短期間で収穫する作型と長期間で収穫する作型がある。短期間で収穫するハウス促成栽培は、8月下旬から9月上旬に播種を行い、9月中下旬に定植し、10月上旬から12月下旬まで収穫を行う。また、ハウス後作の半

促成栽培は12月下旬に定植し5月下旬まで収穫を行う。一方、長期間で収穫する抑制栽培は9月下旬に播種を行い、10月下旬に定植、11月下旬から3月下旬まで収穫が行われる。キュウリのさまざまな作型を組み合わせ、キュウリの長期収穫が可能になったことは、宮崎産キュウリの市場占有率を高めることにもなった。

◎日本一の収穫量のキンカン　農林水産省の特産果樹生産動態等調査によれば、2021年における宮崎県のキンカンの収穫量は2,559.6t（全国シェア71.5%）と他の都道府県を圧倒して全国1位である。また、栽培面積も107ha（全国シェア60.2%）と全国1位を誇っている。温暖な気候と豊かな日照量が良好な栽培環境となっており、主要な産地は日南市、串間市、宮崎市である。作型には露地栽培（11月下旬から3月上旬に収穫）と温室栽培（11月上旬から12月下旬に収穫）、および完熟栽培（1月下旬から3月中旬に収穫）があり、農家はそれらの作型を組み合わせている。完熟栽培の宮崎産キンカンは代表的な商品であり、開花結実後210日樹上完熟させ、糖度16度以上で直径28mm以上のものが出荷されている。

◎日本一の収穫量の日向夏　農林水産省の特産果樹生産動態等調査によれば、2021年における宮崎県の日向夏の収穫量は3,591.6t（全国シェア58.0%）と全国1位である。また、栽培面積も154.9ha（全国シェア48.8%）と全国1位を誇っている。江戸後期に赤江村（現在の宮崎市）で発見され、宮崎市（清武町・高岡町）や綾町、および日南市を中心に宮崎県独自の柑橘類の品種として栽培されている。保温用の袋がけを施すなど冬季の寒害防止栽培方法により、安定供給が可能になり、皮を剥きやすくするなど食べやすいように品種改良を進め、市場での需要も増加するようになった。作型は露地栽培（3月から5月）とハウス栽培（12月から3月収穫）があり、栽培農家の多くはそれらを組み合わせている。

◎日本一の収穫量のライチ（レイシ）　農林水産省の特産果樹生産動態等調査によれば、2021年における宮崎県のライチの収穫量は16.7t（全国シェア73.9%）と他の都道府県を圧倒して全国1位である。また、栽培面積も5.6ha（全国シェア59.6%）と全国1位を誇っている。農業試験場での栽培研究のためにライチが導入されたのは1975年であり、本格的な栽培が始まるのは2005年以降である。亜熱帯性の果樹であるため、ハウス栽培を行い、温度や水の管理を適切に行い、土壌管理にも工夫を施し、大玉の宮崎産ライ

チが生産されるようになった。主要な産地は県中央部の新富町である。

◎日本一の生産量のスギ　　宮崎県山村・木材振興課の資料によれば、2022年における宮崎県のスギの生産量は187万8,000m³（全国シェア14.8％）と全国1位を誇っている。県南部の日南市は江戸時代の「飫肥杉」の名産地であり、飫肥杉を起源とする宮崎のスギは現在も県内全域に植林されている。豊かな日照量で生育する宮崎のスギの特徴は油分を多く含み、虫がつきにくいことであり、水を弾きやすく、軽量で弾力性に富み、加工しやすい。そのため、宮崎のスギは建築資材や生活素材にも適している。スギは植林して伐採するまで最低35年かかり、その間の除伐や枝打ちや間伐などの作業が重要であり、それらの作業にも飫肥杉生産の伝統が活かされている。

◎日本一の漁獲量のムロアジ　　農林水産省の漁業・養殖業生産統計によれば、2022年における宮崎県のムロアジの漁獲量は4,517t（全国シェア29％）と都道府県別で最も多い。豊後水道の入口にあたる北浦や島浦ではリアス海岸により魚が多く、アジ類ややサバ、イワシなどのまき網漁が盛んである。また黒潮の流れに近い県南部の日南・串間周辺（油津、大堂津、目井津）では、マカジキ、カツオ、マグロ、シイラ、トビウオなどの回遊魚が多く、それらの漁が盛んである。実際、マカジキの漁獲量も、農林水産省の漁業・養殖業生産統計によれば、2022年で336t（全国シェア30％）と日本一である。

◎日本一の生産量の焼酎（単式蒸留）　　国税庁の統計年報によれば、2022年における宮崎県の焼酎の生産量（製成数量）は10万8,653kℓ（全国シェア29.5％）と全国1位を誇るが、鹿児島県（10万4,985kℓ）と1位、2位を争っている。宮崎県において温暖で土地が肥沃な平野部では米で、北部山間部ではそばやあわなどの雑穀類で、鹿児島県に近い県南部ではサツマイモでと身近な素材を原料にして焼酎が造られてきた。また、田植えや稲刈りなどの農作業の節目に、あるいは五穀豊穣を祝う祭りやハレの日の祝い事に焼酎が用いられ、焼酎は宮崎県の人々の生活文化の一つになっている。現在、宮崎県内には焼酎の醸造所は39か所あり、原料の手に入れやすさを反映して、南部で芋製焼酎が、中央では芋製焼酎と米製焼酎が、北部では雑穀や麦を原料とする焼酎が主として生産されている。宮崎県において焼酎の生産が盛んなのは、日本酒醸造で用いる黄麹では発酵が温暖な気候で上手く進まず、温暖な気候でもうまく発酵する黒麹が醸造に用いられていること

や、米以外の原料を用いて醸造できることが大きな要因となっている。また、焼酎の消費量が多いことも醸造が盛んな理由の一つである。実際、総務省統計局の家計調査によれば、2021年から2023年における宮崎市の1世帯（2人以上）当たりの焼酎の年間平均消費量は1万5,643mℓ（全国平均は8,883mℓ）と全国1位であるが、2位の鹿児島市（1万3,396mℓ）と僅差で毎年1位2位を争っている。一方、焼酎の消費額では鹿児島市が1万1,530円で全国1位であり、宮崎市は1万1,158円で全国2位であった。

◆生活文化・その他

◎日本一低い消費者物価地域差指数　　総務省の小売物価統計調査によれば、2021年における宮崎県の消費者物価地域差指数は96.2と全国で最も低い数値を示している。消費者物価地域差指数は、世帯が購入する各種の財やサービスの価格を総合した物価水準を、全国平均価格を100とした場合の指数で示したもので、その値が100よりも低いことは全国平均よりも物価が安いことを示している。つまり、宮崎県の物価は日本で最も低いということになる。

◎日本一の消費量の餃子　　総務省統計局の家計調査によれば、宮崎市の1世帯（2人以上）当たりの餃子の年間消費額は、2021年から2023年の平均値で3,912円（全国平均は2,031円）と全国1位であるが、2位浜松市と3位の宇都宮市と僅差であり、それぞれの順位は年によって変化する。宮崎市の場合は、餃子のお持ち帰り文化を反映しているといわれている。

宮崎県の特徴とさらに理解を深めるために

　宮崎県は歴史的にいくつかの小藩で分割した領国支配であったが、現代においては宮崎市を中心とする地域構造で比較的まとまっている。これは、山地から沿岸までの地形構成や気候に基づいて、地域産業や人々の生活文化が比較的広い平野に位置する宮崎市を中心に配置されているからである。

〈宮崎県に関する理解を深めるための本〉
地形や地質、歴史、文化、産業などの特徴を地図で読み解きながら紹介：
・昭文社旅行ガイドブック編集部編（2021）『宮崎のトリセツ』昭文社
山や野や川での生活の知恵、および他地域との交流交易などを解説：
・那賀教史（2018）『生業と交流の民俗』鉱脈社

㊻ 鹿児島県

収穫量日本一のオクラ

鹿児島県の概説

　鹿児島県は本土の南端に位置し、北は国見山地で熊本県と、北から東にかけて霧島山系で宮崎県と接し、東から南にかけては太平洋に、西は東シナ海に面している。県の中央には薩摩半島と大隅(おおすみ)半島に挟まれて鹿児島湾があり、南の海上には種子(たねが)島や屋久島や奄美(あまみ)群島(ぐんとう)などの多くの離島が位置している。県内には霧島火山帯となる霧島、桜島、薩摩半島の開聞(かいもん)岳(だけ)、それらに連なる火山性離島が多く分布し、火山灰、火山砂、火山礫(れき)、軽石層の火山噴出物が多く堆積し、平野に乏しい地形が形成されている。火山噴出物の堆積による地形はシラス台地として知られており、それは県域の約50％を占め、人々の生活や経済活動に影響を及ぼしている。気候的には、温帯から亜熱帯の気候帯まで、さらに屋久島の山岳地域には冷帯の気候帯もあるが、多くの地域は温暖多雨で性格づけられる。歴史的には、鹿児島県は本土最南端の地理的特性を生かして、古くから中国や朝鮮、東南アジアなどと交易を重ね、多くの文化を受け入れてきた。その伝統は江戸時代の薩摩藩にも受け継がれた。薩摩藩は薩摩と大隅(離島を含む)を領国支配し、1つの藩による統一的な統治が行われた。しかし、自然環境が場所によって異なり多様であることと、鹿児島湾を挟んで対岸の地域と交流が難しいことなどを反映して、現代においても地域区分は比較的細かく分割されている。主な地域区分は、薩摩半島中央部の鹿児島市を中心とする鹿児島地域、薩摩半島南部の南薩(なんさつ)地域、薩摩半島北部の北薩(ほくさつ)地域、県北部の姶良(あいら)・伊佐(いさ)地域、大隅半島の大隅地域、そして離島地域の6つになる。鹿児島市は人口約60万人の中核都市であり、薩摩藩の時代も現代も地域の政治、経済、文化の中心地として位置づけられる。加えて、九州新幹線が2011年に博多駅と鹿児島中央駅間で開通し、鹿児島市と京阪神圏や首都圏との近接性や結びつきが高まった。

鹿児島県の日本一

◆自然

◎日本一の長い樹齢の杉　　屋久島の標高1,300mの高塚山尾根の南斜面にある縄文杉は推定樹齢約7200年ともいわれ、日本一の樹齢の杉となっている。縄文杉は1966年に発見され、1993年には世界自然遺産に登録された屋久島の主要な自然資源となっている。屋久島では年間降水量が多いため、森林が豊かに発達し、島の約90％が森林となっている。島の中央の奥岳地域を中心に、標高600mから1,800mにかけて天然スギが分布する。また、降水が多く湿度が高い屋久島では、天然スギの生長は遅く、年輪が緻密で樹脂が豊富であるため腐りにくいという特徴をもち、樹齢が1000年以上になることは珍しくない。樹齢1000年以上のものが屋久杉と呼ばれている。

◎日本一の年間噴火回数　　気象庁の資料によれば、桜島は毎年100回以上の噴火があり、特に2011年には1,355回の噴火があり、年間噴火回数は日本一である。桜島は鹿児島湾北部に位置する直径約20kmの姶良カルデラ南縁付近の成層火山で、北岳、中岳、南岳の3峰と権現山、鍋山、引ノ平などの側火山から成り立っている。有史以降の山頂噴火の多くは南岳からのものであるが、山腹や付近の海底からも噴火している。1914（大正3）年の噴火までは、桜島は鹿児島湾内の火山島であったが、大正噴火で流出した溶岩で大隅半島と陸続きになった。桜島の火山活動では、噴出物（火山ガス、火山灰、火山礫、噴石など）や爆発時の振動、土石流などが周辺地域に被害を及ぼしている。桜島による降灰は日常的であるため、住民は火山灰を清掃して黄色い「克灰袋」に詰め、それを自治体の収集車が集めて処分している。

◎日本一多いツルの渡来数　　出水市ツル博物館の資料によれば、出水市に渡来するツルは2021年の調査で1万6,840羽と日本一の渡来数を誇っている。渡来するツルの種類では、ナベヅルが1万5,511羽と全体の92.1％を占めていた。出水市には10月中旬から12月にかけてツルがシベリアから渡来し、3月まで越冬しており、出水ツルの渡来地は国の特別天然記念物に指定されるとともに、2021年にはラムサール条約指定湿地に登録された。出水ツル渡来地は県北西部の出水平野の水田地帯にあり、収穫後の水田や休耕田の二番穂や雑草類、あるいはカエルやタニシやバッタなどの餌が多い

九州・沖縄地方　265

こともツルの越冬地になった理由である。また、収穫後の水田を乾田にしないで、湛水化し、ツルの生息環境を整えるなども行われている。

◎**日本一広い離島面積と日本一多い離島人口**　国土交通省国土政策局離島振興課の資料によれば、鹿児島県の離島の総面積は2,476.0km²と全国1位であり、2位の長崎県（1,551.12km²）と3位の沖縄県（1,011.87km²）を大きく引き離している。また、離島の総人口（2015年の国勢調査）においても、鹿児島県は15万9,486人と全国1位であり、順次、沖縄県（125,940人）、長崎県（12万4,462人）と続いている。特に、面積が広く、人口が多い離島は種子島と屋久島と奄美大島、徳之島、沖永良部島であり、それぞれ島の人口は1万人を超えている。

◆ 産業

◎**日本一の収穫量のオクラ**　農林水産省の地域特産野菜生産状況調査によれば、2020年における鹿児島県のオクラの収穫量は5,210t（全国シェア43.4％）と他の都道府県を圧倒して全国1位である。主要な産地は指宿市であり、第二次世界大戦後に東南アジアから持ち帰って温暖な気候を活かして栽培したのが始まりであったが、本格的な栽培は南薩台地の国営灌漑排水事業が始まり、水不足の心配がなくなった1970年代後半からである。オクラはハウスと露地を組み合わせて栽培されており、それぞれ収穫時期は4月から7月までと6月から10月までである。冬季にソラマメなどの豆類の栽培をオクラ栽培と組み合わせる生産者も多い。収穫したオクラをネットに詰めて出荷する作業があり、それは地域の非農家の雇用創出に役立っている。

◎**日本一の収穫量のソラマメ**　農林水産省の作物統計によれば、2022年における鹿児島県のソラマメの収穫量は3,230t（全国シェア24.5％）と都道府県別で最も多い。県内の主要産地は指宿市と南九州市、および出水市と阿久根市である。指宿地域では温暖な気候を活かして、露地栽培が盛んであり、9月に播種が行われ、収穫が12月から翌年の4月までであるソラマメ生産は、冬季の重要な商品生産である。他方、出水地域でも温暖な気候を活かして露地栽培を行っているが、そこにハウス栽培を組み合わせた生産が行われており、それぞれの収穫時期は4月から5月と12月から2月になっている。

◎**日本一の収穫量のサツマイモ**　農林水産省の作物統計によれば、2022

年における鹿児島県のサツマイモの収穫量は21万t(全国シェア29.5％)と都道府県別で最も多い。主要な産地は薩摩半島南部の指宿市と南九州市、および大隅半島内陸部の曽於市であり、ともにシラス台地が広がる地域である。また、サツマイモが江戸前期に琉球からはじめて伝来したとされる種子島も主要な産地である。サツマイモは火山灰土壌のような痩せた水はけのよい土地でも栽培でき、暑さに強く連作障害もないため、稲作ができない土地の重要な食糧作物として普及した。火山灰土壌で栽培できるサツマイモは江戸中期に関東地方にもたらされ、関東ロームに覆われた土地の主要な農作物となり、現在では茨城県(全国2位)や千葉県(全国3位)が鹿児島県の地位を脅かす存在になっている。サツマイモは県内の農地の約20％に作付けされ、澱粉や焼酎の原料用、青果や菓子(加工)用として幅広く利用されている。サツマイモの栽培は収穫を長期化させるため、いくつかの品種を組み合わせている。例えば、紅さつま(8月から9月収穫)、安納いも(9月から3月収穫)、紅はるか(11月から3月収穫)、マロンゴールド(10月から11月収穫)が組み合わされて栽培されている。

◎**日本一の収穫量の茶葉**　農林水産省の作物統計によれば、2022年における鹿児島県の茶葉の収穫量は13万400t(全国シェア39.4％)と都道府県別で最も多いが、毎年、静岡県と1位、2位を争っている。鹿児島県における本格的な茶の栽培や生産は第二次世界大戦後であり、茶産地づくりをめざした積極的な茶業振興は1960年代後半からである。県内の多くの地域で茶の栽培が行われているが、とりわけ主要な産地は南九州市の知覧町や頴娃町、霧島市の溝辺、および大隅半島の志布志市、そして西之表市(種子島)などである。鹿児島県では長い日照時間から茶葉が厚く、苦渋味が強くなるため、収穫前には被覆栽培を行い、苦渋味を抑え、蒸しを長くしてまろやかな味わいに仕上げることで、鹿児島産茶葉の需要を拡大することができた。また、平坦な茶園が多いことで機械化が進み、茶畑の管理作業の省力化や低コスト化が進められ、茶の生産の拡大や大規模化が可能となったことも鹿児島県の茶栽培が急速に発展した理由の一つである。さらに、温暖な気候を利用して種子島の西之表市や南種子町では4月上旬から新茶の出荷が始まり、それは日本一早い新茶として周知されている。4月以降、県内の多様な産地と機械化による栽培により、一番茶や二番茶だけでなく三番茶や四番茶、そして秋冬番茶と幅広く生産でき、茶葉が途切れる

九州・沖縄地方

ことなく市場出荷できることも鹿児島県の強みである。

◎日本一の飼育頭数の豚　　農林水産省の畜産統計によれば、2023年における鹿児島県の豚の飼養頭数は115万3,000頭（全国シェア12.9%）と都道府県別で最も多い。鹿児島県では、1960年代まで黒豚を飼養し耕種農業と組み合わせる複合零細経営が広く行われていたが、1970年代以降、生産効率のよい白豚が飼養され、さらに飼料供給、生産、加工等の一連の過程を結合した生産グループが形成されたことにより、茨城県と全国1位、2位を争う豚肉の供給地となった。1990年代になると、黒豚生産が急速に復興し、黒豚のブランド化が進められ、白豚の高い生産効率や安定供給の体制も継続しながら産地の存続発展が図られている。特に黒豚生産では、品種の維持や肥育後期にサツマイモを給餌すること、そして肥育日数を長くすることなどを明確に規定し、肉質や味を担保しながら、ブランド管理が徹底されている。

◎日本一の養殖量（水揚げ量）のブリ　　農林水産省の漁業・養殖業生産統計によれば、2022年における鹿児島県のブリの養殖量は2万1,590t（全国シェア25.5%）と都道府県別で最も多い。本県のブリの養殖は1960年代から鹿児島湾や八代海（やつしろかい）で盛んに行われるようになり、県内各地に普及した。主要な産地は鹿児島湾と八代海であり、市町村別では北薩地域の長島町（おさしまちょう）が特に盛んである。そこでは温暖な気候とともに、日本三大急潮として知られる八代海の長嶋海峡で育つことで身が引き締まり、天然物にも勝る食感のブリが生産されている。養殖ブリは稚魚から出荷まで最低でも2年かかり、体重4kg以上のものが出荷される。

　養殖ブリの水揚げは通年的に行われているが、その最盛期は12月から翌年の2月になる。長島町のブリは「鰤王（ぶりおう）」として地域ブランド化している。

◎日本一の養殖量（水揚げ量）のカンパチ　　農林水産省の漁業・養殖業生産統計によれば、2022年における鹿児島県のカンパチの養殖量は1万3,896t（全国シェア56.9%）と他の都道府県を圧倒して、全国1位を誇っている。本県のカンパチの養殖は1990年代からブリの代替魚として養殖されるようになり、ブリよりも高水温を好むため、桜島以南の鹿児島湾で盛んに行われている。特に、主要な産地は大隅半島に位置する垂水市（たるみず）や鹿屋市（かのや）で、最深部で200m以上の水深を有する内湾の静穏な海域特性が活かされている。カンパチは稚魚から2年程度養殖され、体重が3kg以上になったものが出荷

される。垂水市の養殖カンパチは「海の桜勘(おうかん)」の名でブランド化されており、鹿児島茶や焼酎の絞り粕を餌に加え、魚臭さを消し旨味を増加させる工夫を行っている。養殖カンパチの水揚げは通年で行われるが、最盛期は6月から9月である。

◎日本一の養殖量(水揚げ量)のウナギ　　農林水産省の漁業・養殖業生産統計によれば、2022年における鹿児島県のウナギの養殖量は7,858t(全国シェア41.0%)と都道府県別で最も多い。本県でウナギの養殖が盛んになるのは1960年代後半からで、澱粉(でんぷん)産業が斜陽化し、その施設の再利用を図るため川内(せんだい)市や大隅地域で導入された。温暖な気候とシラス台地からの豊富な地下水、そして大隅半島沖に集まるシラスウナギなどが要因となり、ウナギの養殖業が発展し、その水揚げ量は1998年に愛知県を抜いて全国1位となった。それ以来、鹿児島県の養殖ウナギの水揚げ量は連続して日本一を維持している。主要な産地は大隅地域の志布志市と大崎町(おおさきちょう)であり、一定の水温の豊富な地下水に支えられている。

鹿児島県の特徴とさらに理解を深めるために

　鹿児島県は温暖な気候と火山灰、海、水などの自然資源を活用して農畜産業や水産業を発展させ、多くの部門で日本一ないしは日本有数の地位を確立してきた。また、鹿児島県の大きな特徴は2つの半島と島嶼(とうしょ)部でいくつかに地域区分されるが、それぞれの地域の環境を活かして農畜産物や水産物を生産し、ブリの養殖地域とカンパチの養殖地域が異なるように、地域産業の役割分担が行われている。そのような役割分担とともに地域連携も行われ、生産物の増産や市場拡大、あるいは鹿児島ブランドの定着に寄与してきた。例えば、鹿児島産茶葉は種子島の日本一早い出荷に始まり、順次、県内の産地に収穫出荷が移動し、晩秋まで途切れることなく市場に出荷されている。さらに、サツマイモや黒豚のように、沖縄や、中国など海外からの文化やモノの流入しやすさも、地域の産業発展に貢献している。

〈鹿児島県に関する理解を深めるための本〉
地形や地質、歴史、文化、産業などの特徴を地図で読み解きながら解説：
・昭文社旅行ガイドブック編集部編(2021)『鹿児島のトリセツ』昭文社
奄美群島における自然環境の多様性とそれに育まれた文化的多様性を解説：
・渡辺芳郎編著(2020)『奄美群島の歴史・文化・社会的多様性』南方新社

㊼ 沖縄県

収穫量日本一のゴーヤー（にがうり）

沖縄県の概説

　沖縄県は日本列島の西南部に位置し、九州と台湾の間に弓なりに連なる琉球弧に属し、沖縄諸島、先島諸島、大東諸島など有人島47、無人島113の大小の島々から構成される日本唯一の島嶼県である。県内では、標高500m以上の山地は石垣島の於茂登岳と本島の与那覇岳のみで、他は低山性の小起伏山地となっている。多くの島では沖積低地が発達せず、丘陵地や台地や段丘が大部分を占め、河川の流路延長が短く、降った雨はすぐに海へ達する。島々の周辺ではサンゴ礁も発達し、島々の多くはサンゴが発達してできた琉球石灰岩で形成されている。また、沖縄県は黒潮が流れる暖かい海に囲まれて海洋の影響を強く受けるため、気候は亜熱帯海洋性気候区に属し、高温多湿の特徴をもっている。年間を通して温暖な気候で、気温の年較差や日較差が少ないことも特徴になっている。沖縄県は15世紀から19世紀まで琉球王国として独立国家であったが、江戸時代の薩摩藩の支配を経て、1879年に沖縄の島々が日本に併合され、琉球王国の終焉となった。しかし、琉球王国と中国やアジア諸地域との結びつきの伝統は沖縄県の生活文化の形成に大きな役割を果たしてきた。さらに第二次世界大戦後、米国の占領統治は1972年に日本に返還されるまでの27年間続き、アメリカ文化は工芸、音楽、料理などの沖縄の生活や文化に今なお影響を及ぼしている。現在の沖縄県は大きく沖縄本島と南部離島地域と宮古・八重山地域（先島諸島地域）に地域区分できるが、県人口の約90％は沖縄本島に集中しており、さらに本島中南部に県人口の約80％が集中している。特に、県都の那覇市は中核市や中枢中核都市に指定されている。

沖縄県の日本一

◆自然

◎日本で最も西にある場所　日本の最西端の場所は八重山諸島の与那国島最西端の西崎であったが、2019年に国土地理院の2万5,000分の1地形図が改訂され、与那国島の北北西約260mに位置し、西崎から眺望できる「トゥイシ」が最西端の地点となった。西崎の岬の先端は海面から50m以上の断崖に囲まれており、晴れた日には遠くに台湾を望むことができ、日本で最後に沈む夕日を見ることもできる絶景スポットとして知られている。また、与那国島は、人気ドラマのロケ地としても知られている。日本の最西端と関連して、与那国空港は日本一西にある空港であり、同じ八重山諸島にある波照間島の波照間空港は日本一南にある空港になる。

◎日本一高い年平均気温　気象庁の過去の気象データによれば、2021年における沖縄県の年平均気温は23.6℃と全国1位であり、2位の鹿児島県（19.3℃）を大きく引き離している。年平均気温の高さと関連して、年最低気温も14.4℃と日本一高い。しかし、年間の快晴日数は台風と梅雨や秋雨の影響で8.4日（全国平均は28.4日）と日本一少ない。これらのことは、沖縄県の高温多雨の気候を特徴づけている。

◆産業

◎日本一の収穫量のゴーヤー（にがうり）　農林水産省の地域特産野菜生産状況調査によれば、2020年における沖縄県のゴーヤーの収穫量は7,130t（全国シェア39.8%）と都道府県別で最も多い。ゴーヤーは東インドまたは熱帯アジア原産であり、琉球には1424年に中国から導入され、高温多雨の亜熱帯環境を利用して栽培が始まった。主要な産地は沖縄本島南部の那覇市、豊見城市、糸満市、八重瀬町、南城市、与那原町、南風原町と中部の今帰仁村、および久米島町と宮古島市である。ゴーヤーは露地栽培とハウス栽培を組み合わせて栽培されているが、ハウス栽培が中心となっている。ハウス栽培の促成栽培では9月中旬播種、10月上旬定植で12月から翌年の5月まで収穫でき、半促成栽培では1月中旬播種、2月上旬定植で、4月から8月まで収穫できる。また露地栽培では、3月上旬播種、3月下旬定植で5月下旬から10月まで収穫できる。このように、ゴーヤーは周年で栽培され、収穫出荷されている。出荷先の約80%は県内市場であり、本県で生

産されたゴーヤーの多くは県内消費される。沖縄県の代表的な家庭料理に「チャンプルー」があり、それは焼いた島豆腐と季節野菜の炒め物である。そのチャンプルーにおいて最も典型的なものがゴーヤーチャンプルーであり、それは苦味のあるゴーヤーを島豆腐や卵と炒めたもので、ゴーヤーの消費の多い理由でもある。

◎**日本一の収穫量のシークワーサー**　農林水産省の特産果樹生産動態等調査によれば、2021年における沖縄県のシークワーサーの収穫量は3,878.7t（全国シェア99.9％）と圧倒的な全国1位を誇っている。また、栽培面積も421.8haと全国1位である。シークワーサーは琉球諸島や台湾などで自生していた柑橘類で、琉球王朝時代には芭蕉布(ばしょうふ)を織り上げた際に、そのままでは固い布をシークワーサーの果汁で洗浄し柔らかくしていた。明治期以降、沖縄県ではレモンやすだちの代わりにシークワーサーの果汁を飲み物や料理、醤油に加えるなどして使用するようになり、自家消費用に栽培されていた。しかし、1990年代以降の沖縄ブームを契機にして、シークワーサーの果汁の需要が拡大し、本格的な栽培が行われるようになった。主要な産地は沖縄本島北部の大宜味村(おおぎみそん)と中部の名護市と本部町(もとぶちょう)である。栽培は露地で行われ、収穫時期は料理用の青果（緑の果実として出荷）は8月から9月、加工用は10月から12月、生食用は1月である。シークワーサーの収穫量の約90％は加工用であり、ジュースだけでなく、果汁入りの調味料や菓子・ケーキ類にも加工され、シークワーサーのブランド化も進んでいる。

◎**日本一の収穫量のパイナップル**　農林水産省の作物統計によれば、2022年における沖縄県のパイナップルの収穫量は7,420t（全国シェア100％）と他の都道府県を圧倒して全国1位である。沖縄県におけるパイナップル栽培の始まりは、石垣島沖に座礁したオランダ船から漂着した苗を植えた1868年といわれる。水はけのよい酸性の赤土土壌と糖度を高める夏季の高温がパイナップルの栽培適地とされるため、主要な産地も石垣島と沖縄本島北部の東村(ひがしそん)などと比較的限定されている。パイナップルは収穫できる実がつくまでに2年かかり、収穫時期は石垣島で4月下旬から7月下旬、沖縄本島で5月中旬から8月初旬である。パイナップルは輸送や貯蔵に弱く、もともと主に缶詰など加工原料用となっていたが、近年では観光の土産用の需要の増大もあり、生食用の生産も拡大している。

◎**日本一の収穫量のバナナ**　農林水産省の特産果樹生産動態等調査によ

れば、2021年における沖縄県のバナナの収穫量は84.8t（全国シェア50.5％）と全国1位を誇っている。しかし、栽培面積は8.1haと1位の鹿児島県（35.6ha）に大きく引き離されている。沖縄県では1870年頃に小笠原諸島から沖縄に移入された島バナナが庭先で自給用に栽培されたが、台風の到来や害虫の影響から大規模化ができず、商品用の栽培は1990年代の沖縄ブーム以降となった。主要な産地は石垣市、および沖縄本島中部の恩納村や南部の中城村などである。バナナは植え付けてから実をつけるまで最低でも14か月ほどかかるため、少なくとも1回は台風の影響を受けることになり、倒伏や幹折れを防ぐため、上部の2枚程度を残して葉を刈り取らなければならない。そのため、バナナの成長が遅れたり、大きさが小さくなったりする。バナナの収穫は1年中行われるが、最盛期は5月から9月である。

◎日本一の収穫面積のマンゴー　　農林水産省の特産果樹生産動態等調査によれば、2021年における沖縄県のマンゴーの収穫量は2,201.7t（全国シェア54.6％）と全国1位を誇っている。また、栽培面積も275.2haと全国1位である。主要な産地は宮古島市と石垣市、および沖縄本島の豊見城市や沖縄市である。沖縄県でマンゴーが本格的に栽培されるのは1980年代以降であり、沖縄産マンゴーの大きな特徴は亜熱帯気候を利用した無加温の露地栽培であり、自然の太陽光と高温で熟した大玉のマンゴーが8月から9月にかけて収穫される。さらに、琉球石灰石の風化した土壌は水はけがよく、マンゴーの栽培に適している。

◎日本一の収穫量のサトウキビ　　農林水産省の作物統計によれば、2022年における沖縄県のサトウキビの収穫量は73万7,600t（全国シェア58.0％）と他の都道府県を圧倒して全国1位である。サトウキビ栽培は1623年に琉球で始まって以来、沖縄県の主要な農産物になった。それは、サトウキビが台風などの強風や旱魃に強い作物であるためで、沖縄県の約70％の農家はサトウキビを栽培している。主要な産地は宮古島市と石垣市、久米島町、南大東村などの島嶼部、沖縄本島の糸満市や伊是名村などである。サトウキビは3つの方法で栽培されている。すなわち、春に定植し、翌年の冬に収穫する春植、夏に定植し、翌々年の冬に収穫する夏植、および冬の収穫後の株から出る芽を育てて翌年の冬に再度収穫する株出しである。高温と豊かな太陽光で1年から1年半で3mほどに成長したサトウキビは糖度が落ちないようにするため、収穫後に素早く製糖工場に運ばれ、黒糖などになる。

◎日本一の養殖量（水揚げ量）のクルマエビ　　農林水産省の漁業・養殖業生産統計によれば、2022年における沖縄県のクルマエビの水揚げ量は372t（全国シェア31.1％）と都道府県別で最も多い。沖縄県においてクルマエビの養殖は1970年代初頭に始まり、亜熱帯気候で水温が高い海域はクルマエビの養殖に適していたため、養殖がすぐに広まった。主要な養殖地は沖縄本島の宜野座村、うるま市、八重瀬町、および久米島、宮古島、石垣島、竹富島、与那国島などである。沖縄産の養殖クルマエビの大きな特徴は水温が高く冬眠しないため、旬の時期が11月から翌年の3月にかけてになり、年末年始の出荷に合わせることができることと、サイズが大きく身も引き締まっていることである。

◎日本一の養殖量（水揚げ量）のもずく　　農林水産省の漁業・養殖業生産統計によれば、2022年における沖縄県のもずくの水揚げ量は1万5,172t（全国シェア99.6％）と圧倒的な全国1位である。沖縄県では1970年代後半からもずくの養殖が始まり、太陽光が届く浅くおだやかできれいな沖縄の海がもずく養殖に適していた。もずくは4月から6月にかけて収穫され、掃除機のような長いホースがついたポンプで吸い取られる。吸い取ったもずくは小さな魚や貝殻などを取り除き、小分けして加工され、全国に出荷される。主要な産地は八重山諸島、宮古島、および沖縄本島の島嶼部とうるま市などである。

◆生活文化・その他

◎日本一高い合計特殊出生率　　厚生労働省の人口動態調査によれば、2019年における沖縄県の合計特殊出生率は1.82人（全国平均は1.36人）と都道府県別で最も高い。合計特殊出生率は女性が生涯で産む子どもの数を示しており、それに関連して人口1,000人当たりの粗出生率も10.18人（全国平均は6.67人）で全国1位である。また、人口の自然増減率（出生数－死亡数／総人口）も0.17（全国平均は－0.42）と全国1位である。合計特殊出生率が高いのは、若年層の結婚している女性の出生率が高いことと、それにともない年齢的に第2子以上の出生率が高くなるためである。

◎日本一高い第3次産業事業所率　　総務省統計局の「経済センサス基礎調査」によれば、2014年における沖縄県の第3次産業事業所の事業所全体に対する割合は88.25％（全国平均は81.75％）と都道府県別で最も高い。他方、第2次産業事業所率は11.08％（全国平均は17.65％）と都道府県の中で最も

低い。これは、沖縄県において観光産業とそれに関連するサービス業が基幹産業であることを表している。

◎日本一多い消費量のかつお節・削り節　総務省統計局の家計調査によれば、2021年から2023年の平均におけるの那覇市の1世帯（2人以上）当たりのかつお節・削り節の年間の消費額と消費量はそれぞれ1,981円（全国平均は819円）と722g（全国平均は193g）でともに全国1位である。第二次世界大戦前、かつお節工場が多く立地し、かつお節を多く用いる出汁の食文化が定着していることが、かつお節・削り節の消費を現在でも多くしている。

◎日本一多い人口100万人当たりのハンバーガーショップ　総務省統計局の経済センサスの事業所数によれば、2016年における沖縄県の人口100万人当たりのハンバーガーショップは88.3店舗（全国平均は43.4店舗）であり、2位の東京都の60.0店舗を大きく引き離して全国1位である。これは、米国の生活文化の影響を反映している。

◎日本一多い消費金額のミネラルウォーター　総務省統計局の家計調査によれば、那覇市の1世帯（2人以上）当たりのミネラルウォーターの年間消費額は、2021年から2023年の平均値で7,061円（全国平均は3,990円）と2位の水戸市の5,172円を引き離して全国1位である。石灰岩質の土壌による地下水は硬度が比較的高いため、料理などにもミネラルウォーターが使われる。

沖縄県の特徴とさらに理解を深めるために

沖縄県では琉球伝統の生活文化が日本や外国からのものと共存して、独特な生活文化が展開しており、そのことが沖縄の魅力につながっている。さらに、生活文化や産業経済が、地域環境の亜熱帯気候と石灰岩質の土壌と台風に上手く適応することで、さまざまな分野で日本一が生まれている。

〈沖縄県に関する理解を深めるための本〉
歴史、社会、文化、自然などに分けて沖縄を諸々の時間軸と空間軸で解説：
・松島泰勝編著（2021）『歩く・知る・対話する琉球学』明石書店
地形や地質、歴史、文化、産業などの特徴を地図で読み解きながら解説：
・昭文社旅行ガイドブック編集部編（2021）『沖縄のトリセツ』昭文社

付録1　人口密度に関する都道府県別ランキング

	1930年	1975年	2020年
1	東京都 (2,522人/km²)	東京都 (5441.25人/km²)	東京都 (6,410人/km²)
2	大阪府 (1,953人/km²)	大阪府 (4454.87人/km²)	大阪府 (4,641人/km²)
3	神奈川県 (688人/km²)	神奈川県 (2675.99人/km²)	神奈川県 (3,824人/km²)
4	福岡県 (512人/km²)	埼玉県 (1269人/km²)	埼玉県 (1,934人/km²)
5	愛知県 (505人/km²)	愛知県 (1158.37人/km²)	愛知県 (1,458人/km²)
6	香川県 (394人/km²)	福岡県 (867.89人/km²)	千葉県 (1,219人/km²)
7	埼玉県 (384人/km²)	千葉県 (811.2人/km²)	福岡県 (1,030人/km²)
8	京都府 (336人/km²)	兵庫県 (596.94人/km²)	兵庫県 (651人/km²)
9	兵庫県 (318人/km²)	京都府 (525.68人/km²)	沖縄県 (643人/km²)
10	長崎県 (303人/km²)	香川県 (511.51人/km²)	京都府 (559人/km²)

資料：国勢調査

　第二次世界大戦前（1930年）と第二次世界大戦後の高度経済成長期（1975年）、および現代（2020年）の都道府県別の人口密度を比較すると、大都市をもつ都道府県の人口密度が高くなっていることがわかる。1930年では、大都市をもつ都道府県とともに、地方中心都市が発達し、比較的狭い領域にコンパクトに人口分布している都道府県も上位にランクされていた。しかし、高度経済成長期においては東京大都市圏、阪神大都市圏、名古屋大都市圏、および北九州・福岡大都市圏に人口が集中するようになり、そのような大都市圏を抱える都道府県の人口密度が急激に増加した。特に、東京大都市圏の一部を担う千葉県は1930年にランク外であったが、1975年にはトップ10入りし、人口密度の急増が目立っていた。この傾向は近年においても継続してみられるが、東京大都市圏を構成する都道府県が上位を占めており、東京大都市圏へのさらなる人口集中が予想できる。また、近年は沖縄県の人口密度の高さも特徴的である。

付録2　高齢化率（65歳以上の人口の割合）に関する都道府県別ランキング

	1930年	1975年	2022年
1	和歌山県 (7.34%)	島根県 (12.5%)	秋田県 (38.6%)
2	鳥取県 (7.29%)	高知県 (12.2%)	高知県 (36.09%)
3	山口県 (7.23%)	鹿児島県 (11.5%)	山口県 (35.19%)
4	愛媛県 (6.82%)	鳥取県 (11.1%)	徳島県 (34.94%)
5	島根県 (6.54%)	長野県 (10.7%)	島根県 (34.80%)
6	福井県 (6.36%)	岡山県 (10.7%)	青森県 (34.80%)
7	滋賀県 (6.36%)	佐賀県 (10.7%)	山形県 (34.77%)
8	千葉県 (6.31%)	熊本県 (10.7%)	岩手県 (34.55%)
9	香川県 (6.23%)	大分県 (10.6%)	和歌山県 (34.00%)
10	広島県 (6.20%)	香川県 (10.5%)	大分県 (33.97%)

資料：高齢社会白書「都道府県別高齢化率の推移」

　高齢化率は総人口に占める65歳人口の割合であり、1930年と1975年、および2022年の高齢化率のランキングを比較すると、高齢化率が年次を重ねるにつれて急速に拡大していることがわかる。例えば、1位の高齢化率を比較しても、1930年は7.34％であったが、1975年には12.5％、2022年には38.6％と急増している。高齢化率のランキングを地域的にみると、1930年においては和歌山県や滋賀県や千葉県など大都市の後背地域で高齢化が進んでおり、東北地方や九州地方などの地域では高齢化率が必ずしも高くない。これは、高齢者医療への近接性の程度によるものであり、大都市圏では医療へ近接性が高く、高齢者は長生きする傾向にある。第二次世界大戦後になると、高齢者医療の充実にともない、周辺地域でも高くなる傾向にある。特に、1975年では西日本の周辺地域で、2022年では東日本の周辺地域で高齢化率が高くなっている。これは、働き盛りの人口の大都市地域への流出と地域における少子化が主に影響している。

付録3　1世帯当たりの家族数に関する都道府県別ランキング

	1930年	1980年	2020年
1	宮城県 (6.15家族/世帯)	秋田県 (3.65家族/世帯)	三重県 (3.33家族/世帯)
2	山形県 (6.14家族/世帯)	新潟県 (3.53家族/世帯)	山形県 (2.61家族/世帯)
3	岩手県 (6.10家族/世帯)	石川県 (3.48家族/世帯)	福井県 (2.57家族/世帯)
4	青森県 (5.99家族/世帯)	神奈川県 (3.47家族/世帯)	佐賀県 (2.51家族/世帯)
5	秋田県 (5.9家族/世帯)	三重県 (3.45家族/世帯)	富山県 (2.50家族/世帯)
6	福島県 (5.76家族/世帯)	山形県 (3.44家族/世帯)	岐阜県 (2.49家族/世帯)
7	新潟県 (5.62家族/世帯)	福岡県 (3.43家族/世帯)	新潟県 (2.48家族/世帯)
8	北海道 (5.61家族/世帯)	長野県 (3.40家族/世帯)	滋賀県 (2.44家族/世帯)
9	栃木県 (5.60家族/世帯)	福島県 (3.39家族/世帯)	鳥取県 (2.44家族/世帯)
10	静岡県 (5.53家族/世帯)	和歌山県 (3.38家族/世帯)	秋田県 (2.41家族/世帯)

資料：国勢調査

　1世帯当たりの家族数の都道府県別ランキングの推移によれば、全体的に家族数が減少していることは明らかである。例えば、1世帯当たりの家族数の1位は1930年で6.15人、1980年で3.65人、そして2020年では3.33人となっている。また、家族数のランキングの都道府県の推移をみると、1930年では東北地方が上位を占めていたが、第二次世界大戦後になると北陸地方や大都市周辺の県が上位を占めるようになっている。このような地域的差異の一つの要因として、居住家屋の構造がある。第二次世界大戦前の東日本では、広間型間取りの家屋構造が一般的であり、三世代の同居する大家族の居住が少なくなかった。そのような居住形態は労働集約的な稲作農業にも適していた。第二次世界大戦後になると、機械化により稲作が労働集約的農業でなくなり、家屋構造も個室を重視する四間取り（田の字型）に変化し、核家族化が進んだ。それでも、比較的大きな住宅や部屋数の多い住宅を建てることができる地域では、比較的多くの家族数が維持されている。とはいえ、3人ないし4人の家族数が標準である。

付録4　住宅の広さ（畳数）に関する都道府県別ランキング

	1948年	1973年	2018年
1	石川県 (28.33畳)	石川県 (43.24畳)	富山県 (45.86畳)
2	新潟県 (26.52畳)	富山県 (42.66畳)	秋田県 (44.14畳)
3	長野県 (25.95畳)	新潟県 (40.64畳)	福井県 (42.89畳)
4	秋田県 (25.64畳)	秋田県 (40.55畳)	山形県 (42.84畳)
5	富山県 (24.64畳)	長野県 (39.07畳)	岐阜県 (41.96畳)
6	青森県 (24.16畳)	岐阜県 (38.71畳)	新潟県 (41.76畳)
7	山形県 (23.41畳)	岩手県 (38.65畳)	石川県 (40.92畳)
8	佐賀県 (23.39畳)	青森県 (38.61畳)	青森県 (40.61畳)
9	鳥取県 (22.59畳)	山形県 (37.12畳)	岩手県 (40.37畳)
10	北海道 (22.02畳)	福井県 (37.41畳)	長野県 (40.37畳)

資料：住宅・土地統計調査

　住宅の広さ（畳数）の推移をみると、1948年から2018年まで一貫して増加傾向がみられる。これは、国民の生活水準が向上したことで居住空間が増大したことと、核家族化が進んだことで個室の需要が高まったこと、および台所や洗面所や居間などそれぞれの機能別にスペースが用意されるようになったためである。しかし、このような生活環境の変化を十分に受け入れられる地域とそうでない地域が住宅の広さのランキングに反映されている。1948年から2018年までのランキングでは、住宅の広さは大都市圏とその後背地よりも離れた地域が上位を占めている。実際、北陸地方の石川県や富山県や新潟県は常に上位にランクされ、東北地方の秋田県や山形県も上位にランクされている。これらの県では、広い土地が空間的にも価格的にも手に入りやすいため、広い住宅を建てることができる。

付録5　10アール(a)当たりの米の生産性に関する都道府県別ランキング

	1930年	1980年	2020年
1	大阪府 (494kg/10a)	山形県 (584kg/10a)	青森県 (628kg/10a)
2	奈良県 (491kg/10a)	青森県 (576kg/10a)	山形県 (622kg/10a)
3	山梨県 (467kg/10a)	秋田県 (574kg/10a)	長野県 (606kg/10a)
4	香川県 (465kg/10a)	長野県 (559kg/10a)	秋田県 (602kg/10a)
5	愛知県 (439kg/10a)	新潟県 (530kg/10a)	北海道 (581kg/10a)
6	静岡県 (439kg/10a)	佐賀県 (518kg/10a)	福島県 (562kg/10a)
7	神奈川県 (435kg/10a)	岩手県 (510kg/10a)	新潟県 (558kg/10a)
8	兵庫県 (433kg/10a)	福島県 (509kg/10a)	富山県 (556kg/10a)
9	群馬県 (432kg/10a)	富山県 (507kg/10a)	岩手県 (553kg/10a)
10	和歌山県 (431kg/10a)	宮城県 (506kg/10a)	宮城県 (552kg/10a)

資料：農林水産省の作物統計

　水稲は高温多湿の環境が栽培適地であるため、第二次世界大戦前までは西日本の府県における10a当たりの生産性は上位にランクされ、東北地方や北陸地方の県、および北海道はほぼ下位にランクされていた。しかし、第二次世界大戦後になると様相は一変し、東北地方や北陸地方の諸県、および北海道が上位にランクされるようになった。また、第二次世界大戦後においては全体的に米の生産性も増大している。これは、水稲の品種改良が進み、食味のよい耐寒多収穫品種が栽培されるようになったこと、保温折衷苗代の開発など水稲の栽培技術が進み、5月上旬に田植えをする早期栽培が可能になったこと、機械化により田植えや稲刈りなどの省力化が進んだことなどによるものである。さらに、北日本における昼と夜の寒暖差によって、歩留まりの高い、粒の大きい米が生産されている。

付録6　キャベツの収穫量に関する都道府県別ランキング

	1935年	1985年	2022年
1	北海道 (3万7,400t)	群馬県 (16万8,600t)	群馬県 (28万4,500t)
2	岩手県 (2万400t)	愛知県 (15万600t)	愛知県 (26万8,900t)
3	東京都 (1万4,700t)	千葉県 (11万8,100t)	千葉県 (10万9,600t)
4	長野県 (1万t)	神奈川県 (9万100t)	茨城県 (10万6,900t)
5	青森県 (7,470t)	長野県 (8万t)	鹿児島県 (7万4,500t)
6	静岡県 (7,030t)	北海道 (7万9,100t)	神奈川県 (6万7,700t)
7	秋田県 (5,819t)	兵庫県 (4万2,100t)	長野県 (6万8,600t)
8	埼玉県 (5,590t)	福岡県 (4万1,100t)	北海道 (6万1,400t)
9	大阪府 (5,520t)	茨城県 (3万7,100t)	熊本県 (4万4,800t)
10	沖縄県 (5,210t)	鹿児島県 (3万6,000t)	兵庫県 (2万5,800t)

資料：農林水産省の野菜生産出荷統計

　キャベツは秋冬野菜であるため、西日本の暖地で栽培されるか、あるいは東北の夏冷涼な地域で栽培される傾向にあった。1935年のランキングでは、北海道や東北地方などの夏冷涼な地域のキャベツの収穫量が上位にランキングされている。さらに、東京都や大阪府も上位にランキングされている。これは、キャベツが新鮮な蔬菜として都市市場に出荷されるため、近郊農業でキャベツが多く栽培されていたためである、第二次世界大戦後になると、キャベツの収穫量のランキングは夏冷涼な高冷地で栽培される夏野菜としてのものと、秋冬野菜として暖地で栽培されるものとに明確に分けられ、栽培地域は大都市市場において端境期をつくらないように、役割分担されている。群馬県や長野県は夏野菜や高原野菜としての産地であり、愛知県や千葉県や茨城県も夏野菜としての産地である。鹿児島県や熊本県は秋冬野菜としての産地である。

付録7　ジャガイモの収穫量に関する都道府県別ランキング

	1635年	1985年	2022年
1	北海道 (70万2,650t)	北海道 (60万8,110t)	北海道 (181万9,000t)
2	福島県 (6,299t)	長野県 (6万750t)	鹿児島県 (9万7,600t)
3	青森県 (4,396t)	長崎県 (2万2,110t)	長崎県 (8万3,900t)
4	新潟県 (4,369t)	千葉県 (2万1,650t)	茨城県 (4万8,500t)
5	長野県 (4,331t)	新潟県 (2万940t)	千葉県 (2万8,100t)
6	長崎県 (4,279t)	埼玉県 (1万9,560t)	長野県 (1万5,200t)
7	宮城県 (3万7,290t)	宮城県 (1万9,000t)	福島県 (1万5,300t)
8	岩手県 (3万3,970t)	青森県 (1万8,480t)	熊本県 (1万4,800t)
9	埼玉県 (3万2,400t)	群馬県 (1万5,240t)	静岡県 (1万3,800t)
10	群馬県 (3万1,980t)	岩手県 (1万4,650t)	青森県 (1万3,000t)

資料：農林水産省の野菜生産出荷統計

　ジャガイモは慶長年間（1596年から1614年）に、オランダ人によりジャカルタから長崎に伝えられ、冷涼な気候や肥沃でない土地でもよく育つため、寒冷地・高冷地の救荒作物として全国に広まった。サツマイモが低暖地の救荒作物として普及したのと対照的である。そのため、1935年におけるジャガイモの収穫量のランキングでは、寒冷地や高冷地に栽培地が広がる北海道や東北地方の県が主に上位を占めている。長崎県が上位にあるのは日本で最初にジャガイモを導入した地域であることや、島原半島の火山灰土壌が栽培に適していることを反映している。また、北海道での栽培は、北海道の風土がジャガイモの起源地のアンデスに似ていることや、明治期以降の大農場経営に適した作物として品種改良されたことなどが発展の要因となった。第二次世界大戦以降の収穫量のランキングも大きな変化がないが、鹿児島県のシラス台地や千葉県の下総台地のような火山灰土壌の地域での収穫量の拡大が目立っている。

付録8 豚枝肉生産量に関する都道府県別ランキング

	1935年	1975年	2021年
1	沖縄県 (5万5,926t)	茨城県 (10万4,121t)	鹿児島県 (21万5,751t)
2	愛知県 (4万7,605t)	鹿児島県 (7万2,976t)	北海道 (10万2,812t)
3	群馬県 (4万2,355t)	千葉県 (5万9,764t)	茨城県 (10万1,977t)
4	神奈川県 (4万2,304t)	北海道 (5万7,399t)	青森県 (8万7,334t)
5	北海道 (4万1,870t)	埼玉県 (5万554t)	宮崎県 (8万374t)
6	静岡県 (4万1,965t)	愛知県 (4万9,815t)	千葉県 (6万9,666t)
7	千葉県 (4万1,336t)	東京都 (4万4,268t)	群馬県 (5万9,848t)
8	埼玉県 (3万7,800t)	群馬県 (4万4,731t)	神奈川県 (4万7,424t)
9	鹿児島県 (3万7,336t)	神奈川県 (4万963t)	長崎県 (4万5,963t)
10	長野県 (3万714t)	大阪府 (3万8,523t)	埼玉県 (4万5,255t)

資料：農林水産省の畜産物流統計

　第二次世界大戦前までは多くの農家が豚を副業的に小規模に飼育しており、軒下養豚あるいは残飯養豚と呼ばれていた。そのため、豚枝肉生産量のランキングでは、上位の都道府県に大きな差が生じていない。しかし、第二次世界大戦後の豚枝肉生産量のランキングでは、上位の都道府県に大きな差が生じている。実際、1975年のランキングでは茨城県と鹿児島県が、2021年のランキングでは鹿児島県と北海道と茨城県が抜きんでている。これらの道県が養豚の大産地となったのは、茨城県ではサツマイモなどの澱粉加工業の残渣の利用によるものであり、鹿児島県ではシラス台地における芋栽培とその食品加工の残渣の利用、および黒豚の開発によるものであり、北海道でも食品加工の残渣の利用やウイルス伝染を防ぐ広い土地空間、そして豚が好む冷涼な気候によるものであった。

付録9　リンゴの生産量に関する都道府県別ランキング

	1935年	1975年	2022年
1	青森県 (11万7,400t)	青森県 (43万3,827t)	青森県 (39万8,600t)
2	北海道 (2万8,800t)	長野県 (16万9,720t)	長野県 (12万4,200t)
3	長野県 (5,810t)	山形県 (4万9,740t)	岩手県 (4万1,500t)
4	秋田県 (1,980t)	秋田県 (4万5,851t)	山形県 (3万6,500t)
5	福島県 (1,880t)	岩手県 (4万4,567t)	福島県 (2万1,000t)
6	岩手県 (1,540t)	福島県 (4万2,260t)	秋田県 (2万1,000t)
7	山形県 (537t)	北海道 (3万8,734t)	群馬県 (7,200t)
8	石川県 (327t)	宮城県 (6,557t)	北海道 (6,280t)
9	香川県 (217t)	群馬県 (3,607t)	宮城県 (2,330t)
10	宮城県 (82t)	山梨県 (2,753t)	広島県 (1,570t)

資料：農林水産省の果樹生産出荷統計

　明治初期に米国からリンゴの苗がもたらされ、全国でリンゴ栽培が試みられた。しかし、リンゴは年平均気温6℃から14℃の地域を栽培適地としているため、北海道や東北地方、および長野県でリンゴ栽培が定着した。そのため、1935年のリンゴ生産量の都道府県ランキングでは、北海道や東北地方諸県、および長野県が上位を占めており、とりわけ青森県の生産量が抜きんでている。これは、県農試園芸部（現在の青森県りんご試験場）で、りんごの品種改良や栽培の技術革新が行われてきたためであり、その成果として「ふじ」や「つがる」などの優れた品種が生みだされ、収穫量のランキングの1位を堅持している。第二次世界大戦後のランキングにおいても、リンゴの栽培適地であり、日照量に恵まれた盆地の地域をもつ県が上位にあることは変わらない。

付録10　ブドウの生産量に関する都道府県別ランキング

	1935年	1975年	2022年
1	大阪府 (1万1,700t)	山梨県 (7万400t)	山梨県 (4万600t)
2	山梨県 (1万1,200t)	山形県 (3万6,900t)	長野県 (2万8,800t)
3	岡山県 (5,520t)	岡山県 (2万5,300t)	岡山県 (1万5,100t)
4	広島県 (3,410t)	福岡県 (1万8,500t)	秋田県 (1万4,600t)
5	長野県 (3,330t)	長野県 (1万7,900t)	福岡県 (6,910t)
6	茨城県 (2,710t)	大阪府 (9,350t)	北海道 (6,720t)
7	新潟県 (2,700t)	北海道 (9,210t)	青森県 (4,510t)
8	福島県 (2,660t)	青森県 (8,890t)	大阪府 (3,890t)
9	山形県 (2,500t)	香川県 (7,500t)	愛知県 (3,450t)
10	秋田県 (1,880t)	新潟県 (6,530t)	岩手県 (3,310t)

資料：農林水産省の果樹生産出荷統計

　ブドウは平均気温が10℃から20℃の温暖気候と長い日照時間、少ない降水、および昼と夜の寒暖差がある場所を栽培適地としており、瀬戸内の県や内陸盆地をもつ県で収穫量が多くなっている。1935年において収穫量1位の大阪府では柏原市から太子町にかけての生駒山系の丘陵地において、ブドウ栽培が瀬戸内気候と市場への近接性を利用して盛んに行われ、収穫されたブドウは生食用だけでなく、ワインの醸造用にもなった。第二次世界大戦後においても、大阪府のブドウの収穫量は気候条件と市場への近接性から上位にランキングされている。1975年においては、内陸盆地をもつ山梨県や山形県、および瀬戸内の岡山県が良好な気候条件を反映して、上位にランキングされていた。しかし2022年になると、伝統的なブドウ産地に加えて、東北地方の新たなブドウ産地も施設栽培の利用や品種改良などによって上位にランキングされるようになった。

索　引

あ 行

相対売り……………………………207
会津西街道…………………………48
IT産業………………………………188
秋冬野菜……………………………281
麻織物………………………………153
亜熱帯海洋性気候…………………270
亜熱帯気候…………………………273

筏垂下式養殖………………………202
筏流し………………………………174
出雲風土記…………………………189
一日漁………………………………190
一極集中………………5, 82, 85, 86
一村一品運動………………………253
糸井川－静岡構造線………………132
糸井川大火…………………………93
稲作農業……………………………278
伊予風土記…………………………225

うどん食文化………………………219
ウバメガシ…………………………230
海なし県…………59, 65, 114, 120, 173

エコツーリズム…………………15, 127
餌付け漁業…………………………245
越冬地………………………………94
縁起…………………………………147
園芸農業地域………………………138
遠洋漁業……………………………136

奥羽街道……………………………48
奥州街道……………………………59
近江商人………………………149, 153

か 行

大型底曳網船………………………185
沖合底曳網……………………190, 207
飫肥杉………………………………262
親潮（寒流）……………………17, 56
温室栽培……………………………261
温泉……………………15, 37, 88, 254
温泉街………………………………66
温泉観光……………………………11
温泉県………………………………254
温暖………76, 78, 83, 135, 140, 144, 212,
　222, 243, 255, 260, 261, 266, 285
温暖湿潤…………………8, 53, 58, 59, 64
温暖少雨………………………194, 215, 220
温暖多湿………87, 135, 144, 229, 258, 264

か 行

海岸地形……………………………211
海岸低地……………………………76
海岸平野……………………210, 227, 253
外国人観光客………………………7
外国人居住者………………………7
外国人人口…………………………85
外国人労働者………………………69
海上交通の要衝……………………161
海成段丘……………………………226
海跡湖………………………………184
海洋性気候……………3, 25, 48, 162
海洋性の太平洋側気候……………242
家屋景観……………………………3
家屋構造……………………………278
化学合成農業………………………228
花卉園芸……………………………148
夏季冷涼……………………………27
核家族化………………………46, 118, 278
学生の街……………………………158

家具の五大産地	129	寒冷な気候	16
家具の街	234		
火山活動	265	機械化	278, 280
火山性温泉	15, 254	基幹工場	257
火山性離島	264	気候風土	47, 52, 97, 98, 117, 135, 157, 170, 195, 196, 217, 220, 224, 227, 231, 244, 250
火山灰土壌	14, 22, 62, 67, 249, 267, 282		
鍛冶職人	170	技術革新	19, 21, 61, 68, 78, 96, 123, 284
過疎化	71, 167, 182, 193		
過疎地域	5	北関東自動車道	63, 65
活火山	2, 206	北九州・福岡大都市圏	276
雷	105	北前船	42, 92
空っ風	65	北前船経済圏	5
カルデラ構造	88	喫茶文化	130
寒害防止栽培	261	絹織物	112, 114, 157
柑橘類	222	ギネス世界記録	58, 80, 216
観光	54, 59, 272	規模の経済	10
観光産業	11, 52, 76, 104, 174, 188, 193, 275	キャップ栽培	116
		九州新幹線	247, 264
観光資源	45, 120, 125, 187	急流	2
観光振興	19	共振	238
観光地	60, 87, 90, 109, 134	郷土食	29, 231, 236
観光農園	84	京都の三大漬物	160
関西圏	247	郷土料理	33, 47, 102, 192, 196, 214, 223
関西広域連合	210		
完熟栽培	261	漁場	133
乾燥した気候	124, 171	居住環境	90, 132, 162, 279
干拓事業	38, 94, 196, 199	近海漁業	23
干拓地	197	近畿圏	6, 144
寒暖差	22, 42, 61, 124, 169, 229	近郊	6
乾田化	95, 238	近郊外縁部	6
関東三大雛市	73	近郊農業	75
関東自動車道	73	菌糸培養	123
関東大震災	124, 128, 142	菌床栽培	45, 94, 156, 213, 256
関東ローム層	53, 56, 60, 83, 267	近接性	53, 57, 58, 61, 64, 68, 73, 81, 87, 126, 213, 215, 247, 277, 285
旱魃	273		
寒ブリ	102		
漢方薬	181	くだもの王国	47
干満差	211, 237	国指定重要文化財	30, 156, 159, 177, 192, 198
寒冷地	282		

国指定天然記念物	26, 206, 260
国指定特別天然記念物	44, 206
クリーク	237
黒潮	56, 138, 223, 270
黒豚	268
黒ボク土	68
経済産業大臣指定伝統的工芸品	155
系統出荷	123
京阪神圏	7, 138, 264
京阪神大都市圏	173, 178
京浜工業地帯	10
京葉臨海工業地帯	81
外宮先祭	147
結節点	65
圏央道	53
減化学肥料	228
兼業化	56, 239
減農薬栽培	139, 198, 228
原木栽培	94, 213, 256
濃口醬油	79
広域中心都市	31, 138
広域都市	10
高温多湿	50, 153, 226, 227, 271, 280
郊外住宅化	87
高原野菜	67, 122
合祀政策	96
甲州街道	114
洪水	72, 75
洪水常襲地	71
豪雪地帯	15, 42, 92, 98, 183
構造材	227
高速道路	30
交通アクセス	74
交通インフラ	6, 59, 92, 123, 142, 154, 247
交通ネットワーク	71, 204
交通の要衝	210, 232
交通の利便性	51, 62, 91, 152

高度経済成長期	63, 89, 159, 164, 218, 276
後背地	279
合薬	152
高齢化	6, 40, 71, 113, 125, 167, 182, 186, 239
高冷地	281, 282
港湾立地型	10
国際拠点港湾	81
国際空港	138
穀倉地帯	37
国土地理院	32, 43, 211, 243, 271
国宝	177
国民保養温泉地	254
国立公園	15
国連海洋法条約	83
ゴムの街	235
「米と繭」	8
米の生産調整	38, 55, 56, 58, 238
混淆林	259

さ 行

最先端技術	161
栽培適地	81, 284, 285
在留外国人	143
竿釣操業	136
先染め	171
砂丘地	95, 184
桜島	2, 265
刺し網	79, 146
指物	235
砂壌土	195
茶道文化	108
里山	4, 121
産学官連携	213
山岳性気候	173
産業経済	188, 210
産業集積	51
産業振興	158
産業の空洞化	10

産業用水	150
産業立地	241
サンゴ礁	270
山地斜面	214
残飯養豚	283
山陽新幹線	152
三陸津波	26
ジオパーク	12, 192
塩ブリ	102
資源保護	146
地震	152
施設園芸	35, 55, 229, 249, 260
施設栽培	33, 61, 228, 234, 285
自然環境	188
自然資源	269
自然ツーリズム	104
支柱立て方式	240
指定産地	249
地場産業	154, 171, 177, 204, 210, 217, 219, 253
地撒き式	18
若年人口	85, 186
遮光栽培	195
舟運	168
重化学工業	10
重化学コンビナート	232
集積の利益	10
周年栽培	162
周辺地域	277
重要港湾	235
集落営農	238
首都圏	6, 25, 31, 36, 42, 48, 52, 65, 66, 68, 75, 92, 98, 122, 124, 132, 138, 247, 264
首都圏周辺	63
少雨地域	216
上越新幹線	97
少子(高齢)化	6, 176
上信越自動車道	65

醸造所	262
浄土真宗	107
常磐自動車道	53
商品化	174
商品生産	9
照葉樹林	173, 259
常緑広葉樹	4, 45, 238
殖産振興	14
職住近接	24
食品加工の残渣	283
食文化	24, 35, 40, 47, 90, 105, 122
ジョレン	191
シラス台地	2, 264, 267, 283
白豚	268
人為的な撹乱	201
新幹線	30, 48, 138
神宮	147
人口減少	186
人口重心	5
人口流出	178
新田開発	36, 71, 94, 96, 201
神仏分離	143
森林資源量	21
水運	65, 175, 232
水害	4, 139
垂下式	18
水源涵養	21
水耕栽培	234
水産資源	133, 151, 193
水質汚染	89
水田開発	248
水田酪農	68
水稲作	8, 148
水道水	159
水力発電	101, 103
水力発電専用	99
製塩	201
生活空間	258

索 引 289

生活圏················183, 200, 204, 215
生活文化·····76, 144, 172, 187, 188, 205, 210, 257, 262, 275
生活用水·································150
青函トンネル···························20
製糸業·································9, 124
聖地巡礼·································41
晴天日数·································114
生物圏保存地域······················12
西洋化······································82
政令指定都市·····31, 87, 132, 161, 194, 200, 232, 247
世界三大恐竜博物館············110
世界三大漁場····················26, 34
世界三大潮流·······················211
世界ジオパーク····················137
世界自然遺産·····11, 21, 36, 39, 82, 265
世界都市·································82
世界の歴史的灯台百選········192
世界文化遺産·····3, 11, 24, 59, 137, 145, 148, 173, 176, 179
積雪········36, 41, 48, 95, 109, 120, 155
石油化学工業····················57, 88
石油化学コンビナート·····80, 90
脊梁山脈··························2, 3, 14, 93
石灰岩···································206
瀬戸内気候·····167, 178, 180, 194, 200, 205, 210, 215, 232, 253
瀬戸内工業地帯····················200
繊維工業·····························9, 142
繊維産業·······························197
繊維商社·······························165
線状降水帯····························259
扇状地···················37, 43, 104, 226
先端成長産業·······················233
前方後円墳···························166

早期栽培·······························280
宗田節···································230
ソウルフード·······················203

促成栽培·············61, 228, 233, 249, 260
底曳網···················79, 105, 223, 239
蔬菜園芸·······························228

た 行

大家族······································41
大気汚染·································89
大規模経営·····························17
大規模栽培·····························16
大工職人·······························170
大都市·································5, 10
大都市近郊外縁部··················74
大都市市場························58, 70
大都市周縁······························76
大都市の後背地域················277
台風···············44, 144, 220, 259, 271, 273
太平洋側気候·····20, 87, 132, 178, 210, 226, 237, 247, 253
太平洋ベルト地帯····················5
太陽光···································274
大陸棚······································17
宅地化·······························75, 149
たたら製鉄······················192, 201
棚仕立て·······························115
種駒栽培·······························256
田畑複合経営··························38
玉川上水·································82
ため池百選···························216
多毛化······································78
鍛造加工·······························128
段々畑···························180, 221

地域区分·····24, 42, 70, 76, 98, 104, 108, 120, 132, 143, 148, 167, 183, 188, 194, 199, 200, 204, 215, 220, 226, 232, 241, 242, 258, 264, 269, 270
地域コミュニティ················227
地域差···································188
地域産業·······························178
地域資源·········177, 187, 193, 205, 219, 231

地域振興	27, 30, 47, 137, 209, 247
地域づくり	158
地域ブランド	22, 27, 34, 62, 79, 111, 158, 164, 181, 185, 190, 202, 212, 224, 228, 233, 244, 249, 268
チェーンマイグレーション	143
地下水	61, 248, 251, 269
治水	72, 75
治水工事	99, 114
地方中心都市	10
チャンプルー	272
中央構造線	132, 144, 173, 210, 221
中核都市	253
中京圏	6, 122, 132, 138, 144, 152
中京工業地帯	10, 127, 148
中山間地域	76, 229
柱状節理	192, 260
中心性	42, 215, 226, 247, 253
中枢中核都市	270
沖積地	92, 200
沖積土壌	212
沖積平野	2, 8, 31, 33, 35, 53, 104, 178, 214
超高齢化社会	6
潮汐	189, 238
潮流	111
地理的位置	70, 75, 175, 224
地理的環境	91
地理的表示	117
地理的表示（GI）保護制度	45, 201
対馬海流	109, 111, 190, 244
低湿地	54, 71, 94
低地	237
定置網	102, 111, 245
低落差発電	98
適採	240
手摘技術	135
デニム生産	197

テロワール	117
天下の台所	161
天空の城	198
電照栽培	38, 140
伝統工芸	106, 218, 256
伝統産業	104
伝統的建造物保存地区	12
天然温泉	23
東海工業地帯	127
東海道	149
東海道新幹線	152
東京市場	21, 53, 57, 62, 68, 73, 116, 124
東京スカイツリー	86
東京大都市圏	7, 64, 76, 81, 88, 276
杜氏	169
島嶼県	270
東北自動車道	48, 62, 73
東北新幹線	25, 35
東洋のスイス	124
登録有形文化財	154, 192, 216
特定重要港湾	235
土耕栽培	229
土佐材	227
都市化	87
都市近郊農業	76, 91
都市圏	187, 199, 200, 204, 209, 215, 232, 237
年取り魚	102
都市農業	84, 91
都市用水	66
都心通勤	90
利根川の東遷	71
度量衡法	152
泥染	250

な 行

内陸県	71, 126
内陸性気候	25, 48, 120, 153, 155,

173, 205, 232, 242, 247, 253	
長崎街道	241
長崎新幹線	237
中山道	65, 73, 149
名古屋大都市圏	126, 148, 276
夏野菜	281
夏冷涼	62, 281
成田国際空港	80
鳴門金時	214
軟水	224
二期作	229
西陣織	157, 163, 171
日較差	16, 22, 25, 44, 47, 94, 115, 120, 122, 180, 232, 249, 270
日常食	191
日光街道	59
日照時間	16, 20, 36, 42, 47, 55, 72, 78, 92, 98, 100, 114, 140, 180, 195, 215, 249, 250, 267, 285
日照量	135, 212, 228, 255, 261
日本遺産	64, 199
日本海側気候	20, 36, 43, 92, 98, 149, 155, 167, 183, 188, 194, 200, 205, 232, 237, 242
日本近代水道百選	248
日本三大カルスト地形	206
日本三大急潮	268
日本三大急流	133
日本三大ケヤキ	43
日本三大古湯	225
日本三大桜	115
日本三大雪渓	121
日本三大陶磁器	127
日本三大美林	40
日本三大名橋	209
日本三大山城	198
日本三大和菓子処	107
日本三名泉	66
日本三名瀑	179

日本ジオパーク	206
日本水仙の三大群生地	110
日本農業遺産	180, 182
日本の三大都市圏	138
日本の三大饅頭	52
日本の滝百選	99, 127
日本のダム湖百選	99
日本の渚100選	145
日本の白砂青松100選	145
日本のひなた	260
日本百名山	120
二毛作	238
入湯税	88
人形のまち	73
年較差	25, 120, 232, 270
年間降水量	256
農鍛冶	204
農業用水	100, 162, 168
農地解放	92
農地灌漑	140
農地整備	92
農地保全	84
軒下養豚	283

は　行

廃城令	198
配置売薬	240
配置薬	101
廃仏毀釈	143
ハウス栽培	39, 116, 134, 163, 202, 212, 239, 250, 255, 260, 266, 271
ハウス施設	139
延縄漁	34
箱根七湯	88
端境期	122, 243
パーシャル包装	228
バスケットの街	41
機織り	174

発電事業	100	ブランド品種	94
刃物鍛冶	128	ブリ起こし	105
早出し栽培	260	ブリ街道	103
早場米	144, 229	ビールの里	27
晴れの国	195	分岐点（ターミナル）	237
阪神淡路大震災	172	分業	157
阪神工業地帯	10	分水界	194
阪神大都市圏	276	分水嶺	121, 167
半促成栽培	249, 260		
坂東の大学	64	ベイエリア	161, 164
		ベッドタウン(化)	71, 75, 76, 173
日当たり	222	偏西風	3
東日本大震災	17, 32, 48	偏東風	259
干潟	141, 238		
飛山濃水	126	紡績会社	165
肥前風土記	243	紡績機	163
常陸国風土記	58	保温折衷苗代	280
ヒートアイランド現象	65	北陸新幹線	97, 98, 104, 113
被覆栽培	267	圃場整備	238
広間型間取り	278	保存灯台Ａランク	231
品種改良	78, 94, 280, 282, 284	牡丹鍋	169
		北海道新幹線	20
風水害	152	北国街道	149
フェーン現象	36, 46, 65, 93, 98, 115, 183	ホルスタイン種	17
付加価値	171, 218	**ま　行**	
複合扇状地	100	まき網	244
伏流水	195, 234	まき網漁業	56
袋かけ	195		
袋セリ	207	三国街道	65
不耕作地	198	水資源	41, 124, 155
ブナ材	129	宮水	169
船曳網漁	169		
冬寒冷	39	ムラ共同体	8
プライドフィッシュ	246		
プライメイトシティ	5, 59, 86, 209, 226	明治三陸地震	26
ブランド	61, 146, 156, 171, 202, 244, 269	名神高速道路	152
		名水百選	26, 248
		綿花栽培	163
ブランド化	28, 110, 207, 268	綿糸製糸	174

索　引　293

綿毛布	163	**ら 行**	
孟宗竹	233	雷雨	60
木材資源	129	落葉広葉樹林	4, 24, 256, 259
モノづくり	51, 63, 69, 96, 101, 108, 118, 124, 131, 137, 142, 161, 167	ラジウム温泉	189
		ラムサール条約	14, 32, 94, 150, 265
木綿織物	174		
門前町	218	リアス海岸	25, 34, 109, 111, 144, 148, 155, 220, 226, 242, 245, 255
や 行		陸前浜街道	48
屋久杉	265	離島農業	83
野菜栽培地域	162	利便性	74
簗漁	151	隆起海岸	226
山形新幹線	42	流入人口	84
やませ	20, 27	領海	83
山田錦	170	領国支配	237, 247, 253, 258, 263, 264
有機栽培	198	漁師料理	192
有人島	243	林業	131, 174
湧水	33, 52, 248		
雪解け水	94, 97, 124, 133	例幣使街道	73
輸出産業	96	冷涼な気候	17, 22, 27, 78, 95, 122, 282
輸出商品	128		
輸送の利便性	73	歴史環境	167
ユネスコのエコパーク	259		
ユネスコ無形文化遺産	20, 28	6次産業	56, 230, 244
		露地栽培	39, 50, 55, 61, 202, 212, 228, 230, 239, 250, 255, 261, 266, 271
溶岩台地	206		
窯業	201	ロングライフ牛乳	17
養蚕(業)	9, 34, 57, 114, 116, 134, 223, 245, 268, 274	**わ 行**	
余暇空間	82	和菓子文化	108
抑制栽培	261	輪中集落	139
四つ手網漁	151	渡り鳥	32
四間取り	278		

47都道府県・日本一百科		
	令和6年12月30日　発　行	

著作者	菊　地　俊　夫	
発行者	池　田　和　博	
発行所	丸善出版株式会社	

〒101-0051 東京都千代田区神田神保町二丁目17番
編　集：電話（03）3512-3264／FAX（03）3512-3272
営　業：電話（03）3512-3256／FAX（03）3512-3270
https://www.maruzen-publishing.co.jp

© Toshio Kikuchi, 2024

組版印刷・富士美術印刷株式会社／製本・株式会社 松岳社

ISBN 978-4-621-31015-1　C 0560　　　　Printed in Japan

JCOPY 〈（一社）出版者著作権管理機構　委託出版物〉
本書の無断複写は著作権法上での例外を除き禁じられています．複写される場合は，そのつど事前に，（一社）出版者著作権管理機構（電話 03-5244-5088, FAX 03-5244-5089, e-mail：info@jcopy.or.jp）の許諾を得てください．

【好評既刊書】

47都道府県・寺社信仰百科　ISBN 978-4-621-30122-7
47都道府県・伝統行事百科　ISBN 978-4-621-08543-1
47都道府県・魚食文化百科　ISBN 978-4-621-08406-9
47都道府県・伝統食百科　ISBN 978-4-621-08065-8
47都道府県・米/雑穀百科　ISBN 978-4-621-30182-1
47都道府県・地名由来百科　ISBN 978-4-621-08761-9
47都道府県・花風景百科　ISBN 978-4-621-30379-5
47都道府県・民話百科　ISBN 978-4-621-30418-1
47都道府県・やきもの百科　ISBN 978-4-621-30592-8 ★
47都道府県・戦国大名百科　ISBN 978-4-621-30773-1 ★
47都道府県・名門/名家百科　ISBN 978-4-621-30549-2 ★
47都道府県・産業遺産百科　ISBN 978-4-621-30830-1 ☆
47都道府県・城下町百科　ISBN 978-4-621-30837-0 ☆
47都道府県・文学の偉人百科　ISBN 978-4-621-30920-9 ☆

定価 4,180円
（本体3,800円＋税10%）
ただし★は
定価 4,400円
（本体4,000円＋税10%）
また☆は
定価 4,840円
（本体4,400円＋税10%）

ISBN 978-4-621-30379-5

ISBN 978-4-621-30920-9 ☆

ISBN 978-4-621-30697-0 ★

ISBN 978-4-621-30295-8

ISBN 978-4-621-08996-5

ISBN 978-4-621-30592-8 ★